I0606777

DISCARD

This book donated by
Winters Friends
of the Library

Celia

YOLO COUNTY LIBRARY
226 BUCKEYE STREET
WOODLAND, CA 95695-2600

Celia MI VIDA

CELIA CRUZ
con Ana Cristina Reymundo

Introducción por MAYA ANGELOU

 Una rama de HarperCollins*Publishers*

CELIA: MI VIDA. Copyright © 2004 por Sarao Entertainment.

Todos los derechos reservados. Impreso en los Estados Unidos de América. Se prohíbe reproducir, almacenar, o transmitir cualquier parte de este libro en manera alguna ni por ningún medio sin previo permiso escrito, excepto en el caso de citas cortas para críticas. Para recibir información, diríjase a: HarperCollins Publishers Inc., 10 East 53rd Street, New York, NY 10022.

Los libros de HarperCollins pueden ser adquiridos para uso educacional, comercial o promocional. Para recibir más información, diríjase a: Special Markets Department, Harper-Collins Publishers Inc., 10 East 53rd Street, New York, NY 10022.

Diseño del libro por Shubhani Sarkar

Cubierta co-diseñada por Carlos Rodríguez REG/SI

PRIMERA EDICIÓN RAYO, 2004

Impreso en papel sin ácido

Library of Congress ha catalogado la edición en inglés.

ISBN 0-06-072606-7

04 05 06 07 08 DIX/RRD 10 9 8 7 6 5 4 3 2 1

Un son para *Celia Cruz*

Celia Cruz canta que canta,
   y de su canto diré
   que el son, de Cuba se fue
   escondido en su
   garganta.
Hay en su voz, una santa
   devoción por la palmera;
   vibra en ella Cuba entera,
   y es tan cubano su acento
   que su voz, al darse al
   viento,
   flota como una bandera.
En su más leve gorjeo
   hay el grito de un mambí,
   que unas veces es Martí,
   pero que siempre es
   Maceo.
Su voz, ardiendo en deseo
   por la Cuba soberana,
   tan pronto es una
   campana,
   como se torna en clarín
   queriéndole poner fin
   a la esclavitud cubana.

Canta, Celia Cruz, en tanto,
   ya que no hay nada que
   vibre
   y recuerde a Cuba libre
   como el sabor de tu canto.
Tu canto, que sabe al llanto
   de los hijos de tu tierra;
   tu canto, donde se aferra
   la libertad al decoro
   y es como un himno
   sonoro
   llamándonos a la guerra.
Dios puso en tu piel oscura
   de reciedumbre mambisa
   la claridad de tu risa
   y el ritmo de tu cintura.
De canela y sabrosura
   ungió tu carne africana,
   y al viento de la mañana,
   quien te haya visto bailar
   habrá visto tremolar
   una bandera cubana.
Muñequita de café,
   de caña, tabaco y ron,

dame tu son, ese son
que sabe al Cucalambé.
Dame ese son que se fue
entre lágrimas y penas
huyendo a manos ajenas
en tu garganta sonora.
dame tu son, que ya es
hora
de ir a romper las cadenas.
Dame el son. Dámelo ya.

Y al dármelo, negra linda,
dámelo como el que
brinda
en cristal de bacará.
Que Cuba te premiará
con un manto de capuz,
y así que brille la luz
de la dignidad del hombre,
el son cambiará de nombre,
se llamará Celia Cruz.

Ernesto Montaner
NOVIEMBRE 1967

Índice

Introducción

HAY ALGUNOS ARTISTAS QUE PERTENECEN A TODO EL mundo, en todo lugar y todo el tiempo. La lista de cantantes, músicos y poetas que entran dentro de esta categoría tendría que incluir a los santos del Antiguo Testamento, a Esopo el fabulista, a Omar Khayyam el tendero, Shakespeare el poeta de Avon, Louis Armstrong el genio de Nueva Orleáns, Om Kalsoum el alma de Egipto, Frank Sinatra, Mahalia Jackson, Dizzy Gillespie y Celia Cruz. Esta lista podría seguir y seguir hasta agotar el aliento, sin embargo el nombre de Celia Cruz también es uno de aquellos que pertenecen a todo el mundo, todo el tiempo y en todo lugar.

A principios de los años cincuenta, oí por primera vez un disco de Celia Cruz, y aunque ya hablaba español bastante bien y me encantaba su música, no podía traducirla. Enseguida me puse en la tarea de buscar todo lo que pudiera encontrar acerca de Celia Cruz y me di cuenta que si quería convertirme en su ardiente admiradora, necesitaba estudiar español con más disciplina. Y así fue.

Busqué la ayuda de mi hermano Bailey en Nueva York, y él me ayudó a encontrar todos los discos y todas las revistas que mencionaban a Celia Cruz. Como la escuchaba con tanta atención, mi español mejoró. Cuando trabajé con Tito Puente, Willie BoBo y Mongo Santa María, pude defenderme lo suficiente como para presentarme en el escenario y conversar con ella.

Cuando comencé a cantar profesionalmente, mi repertorio incluía canciones Calypso y algunas rancheras mexicanas. Me encontré con un público estupendo, no porque yo cantara bien, sino por que les fascinaba mis ritmos, y esos fueron ritmos que aprendí de Celia Cruz.

Cuando vino a Estados Unidos, y se presentó en un teatro neoyorquino que quedaba sobre Broadway, fui a verla todos los días. Su presencia en el escenario era explosiva, sensual y absoluta. De ella aprendí que tenía que subir al escenario con todo lo que tengo. Y ahora, unos cuarenta años más tarde, sin música y con el simple son de mi poesía, soy capaz de capturar a un público de miles de personas durante toda una velada, sin jamás perder su atención. Ese talento lo aprendí de Celia Cruz.

Poco antes de morir, Celia me envió una nota, diciéndome que era gran admiradora de mi obra. Nunca tuve la oportunidad de decirle cuanto le agradezco yo a ella por su obra y por su vida.

Ahora, puedo decirle a su familia, a sus amigos y a todo el mundo —gracias Celia Cruz.

Maya Angelou

Celia

Prólogo

LOS ÚLTIMOS DÍAS DE UNA VIDA SUELEN SER LOS MÁS dramáticos y desconcertantes. La gente no sólo piensa en la partida final como algo que sella la cronología, sino como algo que nos permite comprender los múltiples milagros que se manifiestan en el transcurso de una vida. Y así es cuando se trata de Celia Cruz.

Celia nació en la isla de Cuba —donde la música es tan necesaria como el aire que se respira— pero nada en sus antecedentes vislumbraba su grandeza. Sin embargo, en el seno de ese hogar, en ese rincón de La Habana de antaño, todo conspiraba para crear su destino estelar.

Su canto fue su pasaporte al mundo, y con él le llevó al mundo el cariñoso abrazo de su querida Cuba natal. Hoy en día, la mera mención del nombre de Cuba evoca imágenes de dos personajes: uno que vivirá para siempre en la infamia, y Celia Cruz, que vivirá para siempre en la constelación de los astros artísticos más brillantes del mundo. He ahí la diferencia entre los que se entregan a la vida valiéndose del amor, y los que arrebatan de ella su triste existencia a partir del odio y el temor.

Los caprichos del destino

Unos pocos años antes de la convulsiva revolución cubana que instaló la dictadura que aún sigue vigente en Cuba, y que ha desterrado a millones de cubanos, en México ya se experimentaba una especie de «revolución cubana», pero ésta era de índole musical. Las sensuales trompetas, los evocativos tambores y la inimitable voz de Celia Cruz estremecían a todo aquel mexicano o mexicana que tenía la dicha de escuchar las grabaciones de Celia Cruz y la Sonora Matancera.

Para los privilegiados, era obligatorio hacer el peregrinaje a ver a la diva de los ritmos afrocubanos en lugares capitalinos como La Terraza Cassino, el teatro Blanquita o Los Globos. Cada noche, la Sonora Matancera con Celia Cruz brindaban un gran banquete sensual a los espectadores, entre los cuales se veían estrellas de la talla de Agustín Lara y María Félix. Que sirvan ambos nombres como muestra de los demás en la larga y distinguida lista de los que frecuentaban los lugares donde Celia y la Sonora Matancera se presentaban.

Yo también me cuento entre los dichosos que escucharon a Celia cantar en vivo; sin embargo, la diferencia entre ellos y yo es que yo era más o menos un polizón. En el año de 1960, mi mamá trabajaba en el guardarropa de Los Globos, donde me escondía en un canasto debajo de la barra donde se colgaban las fabulosas pieles y los mantos de los distinguidos clientes del exclusivo lugar. Ahí, envuelta en los olores de los perfumes franceses y los puros cubanos, dormía felizmente al compás de los tambores, arrullada por la voz de Celia.

Pasaron los años y, como capricho del destino, nuestros caminos se volvieron a cruzar cuarenta y dos años después en Nueva York. Para entonces, yo era una escritora con entrevista pautada con la legendaria cantante. Llegó la hora de la entrevista y la Reina de la Salsa no llegaba. La puntualidad es una de las muchas cualidades que distinguen a Celia Cruz. Por eso la preocupación de la docena de personas convocadas para realizar tanto la entrevista como el cambio de ropa y la sesión fotográfica fue en aumento. «¿Qué sucede?», nos preguntábamos. «¿Será que su limosina se quedó estancada en el notorio tráfico neoyorquino? ¿Estará enferma? Ojalá que no haya sufrido un accidente». Caminábamos a los ventanales del pequeño cabaret, esperando verla llegar, pero cuando pensábamos que nuestra angustia ya no podía más, de repente llegó la diva.

Acompañada por su esposo —de quien nunca se separaba—, y su representante, Omer Pardillo, entró pidiendo sinceras disculpas por la demora. «Chica, perdóname por haber llegado tan tarde. Yo sé que tu tiempo es tan valioso como el mío. A pesar de que he tenido un día complicado, decidí mejor llegar tarde que no llegar». Pasarían varios meses para que yo llegara a comprender su noble tendencia de atenuar las crudas realidades de la vida, y en contraste, edificar de las más pequeñas virtudes, un mundo de belleza, alegría y amor.

Traía puesto pantalones negros, una blusa de muchos colores y un turbante negro que contrastaban en su sencillez con su imponente presencia de mujer. Su personalidad era dinámica y su porte, regio. Sin embargo, su manera de ser era serena y dulce. Preguntó: «¿Dónde me arreglo?», y la dirigimos al pequeño baño que carecía de climatización. Seguro que se dio cuenta de mi preocupación y pena, ya que ese lugar no era digno de alguien de su altura, porque me dijo: «Olvídate, chica, ¿qué le vamos hacer?». Me habló tan cándidamente que me sorprendió y me tranquilizó. Su estilista y amiga, Ruthie Sánchez, enseguida le preparó la ropa y se puso a maquillarla. En pocos minutos, Celia salió luciendo un resplandeciente vestido de lentejuelas con todos los colores del arco iris, la luna y el sol. Llevaba puesta una peluca rubia con flecos y sus ojos brillaban debajo de sus enormes pestañas. Sus expresivas manos con sus uñas de cuatro centímetros completaron ese *look* inimitable que era Celia Cruz, y ese cuadro se convirtió en la portada de la revista para la cual la entrevistaba.

Todos se vieron afectados por su presencia. En el fondo del salón, el estéreo tocaba su galardonada canción, *La negra tiene tumbao.* Los bailarines tomaron sus puestos y Celia cantó y bailó frente las cámaras. Su electrizante personalidad cargó el ambiente.

No obstante, el verdadero drama del momento apenas se revelaría tras un par de cortinas, desde donde Omer me llamó. Me dijo que Celia estaba enferma, y me pidió comprensión y paciencia. Me explicó que la demora se debía a una serie de análisis que le habían hecho a Celia ese mismo día, y que a las seis de la mañana del próximo día ingresaría en el hospital. Comprendí que Omer sentía por ella lo que un hijo siente por su madre, y el corazón se me llenó de tristeza. Omer me pidió que orara por ella, y sobre todo, que fuera discreta. También me explicó que sin importarle cómo se sentía, Celia no había querido cancelar ni la entrevista ni la sesión fotográfica. Mientras Omer hablaba, yo veía a través de una cortada en la gruesa cortina cómo Celia compartía su alegría con todos los que la rodeaban. Eran las seis de la tarde. En sólo doce horas Celia estaría en el quirófano, luchando por su vida, lo cual nadie hubiera adivinado ni en esos momentos, ni cuatro meses más tarde, cuando esas fotos fueron publicadas.

Nunca se le notó la menor tristeza ni el menor temor. Sufrió tres cambios de ropa, cuatro horas de fotografías, una cena y una entrevista sin perder una sola vez la paciencia o su gentileza. Su dignidad era trascendente. El alma se me llenó de una admiración reverente hacia ella, y me pregunté, «¿Cómo puede ser así?». Era obvio que se trataba de una ética profesional muy desarrollada, ¿pero qué sería? Conforme la fui conociendo, la respuesta se fue manifestando. Habitaba en los recesos del corazón

de Celia Cruz, el cual lentamente se fue abriendo como los péta-
los de una flor ante mí mientras me contaba la historia de su vida.

Los mexicanos somos muy amantes del destino, y por ende,
no creemos en las coincidencias. Yo no creo que haya sido coincidencia que yo comenzara mi vida arrullada por este ángel. Ni
tampoco creo que fuera una coincidencia que en los momentos
en que Celia se despedía de su vida mortal se me ofreciera el gran
privilegio de participar en el proyecto de sus memorias. ¿Por qué
fue así? Sólo Dios lo sabe.

En las páginas siguientes, Celia relata su historia en sus propias palabras. No es sólo un relato de su trayectoria musical de
más de medio siglo, ni es tampoco el recuento cronológico y bio-
gráfico de una de las figuras más importantes del mundo de la
música mundial. Es más bien un bolero inédito, el más importante de aquellos que siempre quiso grabar. Aquí, en sus propias
palabras, Celia nos canta a todos.

Ana Cristina Reymundo
ENERO 2004

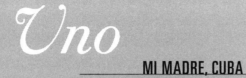

Uno

MI MADRE, CUBA

«. . . Yo soy de Cuba la voz, yo soy de la Cuba de ayer».

—Rudy Calzado, Celia Cruz. *Yo soy la voz.*

Celia a la edad de dos en la casa que la vio nacer y en que se crió en la calle Serrano 47 del barrio habanero Santos Suárez.

$\mathcal{T}$*odo* EL MUNDO sabe que siempre he dicho que no quiero hacer un libro sobre mi vida. Yo preferiría hacer una película, pero no un libro. Y, sin embargo, aquí estamos. Lo hago porque cuando yo ya no esté, va a haber quien diga, «Celia era así», y otros que dirán, «No, ella era de esta otra manera». En tal caso, prefiero decirlo yo, para que nadie nunca pueda decir lo que yo pienso de mi propia vida. Nunca.

Este libro reúne mis opiniones, mis recuerdos, mis puntos de vista y mis sentimientos. Donde exista una diferencia entre mi experiencia y la de otros, sencillamente les recuerdo que cada cual ve las cosas a su manera. Este libro y estos recuerdos son los míos. ¿Y quién mejor que yo para contarlos?

Me llamo Úrsula Hilaria Celia Caridad Cruz Alfonso. Soy hija de Catalina Alfonso, a quien todos le decían «Ollita», y de Simón Cruz. Nací en La Habana, Cuba, en la sección más pobre de un barrio de clase media y trabajadora donde vivían personas de todas las razas y colores. El barrio se llamaba Santos Suárez, y la casita donde nací y me crié estaba situada en la calle Serrano, nro. 47, entre las calles Santos Suárez y Enamorados. Como ha habido tantos cambios horrorosos en Cuba —y desde que salí, más nunca he vuelto—, no sé si aquella casita en la que viví todavía existe como la recuerdo.

Mi primera aparición en la escena fue el veintiuno de

octubre de mil novecientos algo. Es decir, nunca divulgaré el año en que nací. Nunca me quito la edad, pero tampoco la digo. Quien quiera saber el año en que nací, tendrá que esperar. La funeraria algún día lo dirá, pero lo que soy yo, no les contaré nada. Tendrán que seguir adivinando.

El asunto de mi nacimiento fue algo muy grande entre mi tía Ana y mi mamá Ollita, ya que las dos hermanas se querían mucho. Resulta que cuando Ollita estaba en estado conmigo, a tía Ana se le murió una hijita recién nacida. La muerte de esa niñita la afectó tanto, que más nunca quiso volver a tener hijos.

Ollita estaba en La Habana cuando murió la hija de tía Ana, y puesto que tía Ana vivía a unos doscientos kilómetros, en la ciudad de Pinar del Río, mi mamá —con un embarazo reciente—, tuvo que viajar hasta allá para ayudar a consolar a su hermana. Cuando Ollita llegó a la casa de mi tía y de su marido, Panchito, la encontró con la niña muerta en sus brazos, rodeada de otras mujeres que le suplicaban y le rogaban que se desprendiera del cadáver. Ollita se le acercó a su hermana, y con besos y ternuras la calmó hasta que al fin soltó a su hijita, resignándose a su triste suerte.

Aunque tía Ana estaba sin consuelo, mi mamá le decía: «Ana, cuando un niño muere al nacer o cuando nace muerto, es que su alma va a regresar. Tienes tú que marcar a la bebita para que vuelva a nacer en la familia». Pero creo que mi mamá nunca se imaginó que su hermana se tomaría esas palabras tan en serio.

Prepararon a la niña difunta para el velorio y comenzaron los rezos. Pero tía Ana ni siquiera lloraba; simplemente se mantenía en silencio, con la mirada fija en el féretro. Pero de repente se levantó sin decir palabra alguna, se inclinó sobre el ataúd donde reposaba su hija, y le dijo: «Yo sé que algún día tú vas a regresar, y yo te voy a esperar. Para poder reconocerte, te voy a jorobar los deditos». Con eso, le agarró los meñiques y se los dobló hacia los pulgares hasta que se oyó un ¡crac! y todo el salón quedó en silencio.

Ollita, que estaba sentada en una silla cerca del féretro, me contó que sufrió una impresión tan grande cuando vio lo que hizo su hermana, que sintió como si alguien la hubiera golpeado en el pecho y que hasta me sintió saltar en su vientre. Me contó que se le fue el aire y que casi se desmaya, pero que las demás señoras presentes corrieron a sostenerla, darle agua y tranquilizarla con aire fresco que le echaban con abanicos de paja. Al día siguiente le dieron cristiana sepultura a mi primita difunta, y Ollita se quedó por unos días con tía Ana en Pinar del Río, antes de regresar a La Habana.

Unos meses más tarde, durante una tarde fresca, Ollita se encontraba sentada en el portal de la casa de Santos Suárez, cantando como de costumbre. De pronto sopló una fuerte brisa que la hizo taparse los brazos para protegerse del frío, y en el momento que se iba a levantar para ponerse una mantillita, oyó como si le dijeran un nombre en el oído. A partir de ese momento mi mamá supo que yo iba a ser una niña y que me llamaría Celia Caridad.

En mi amada Cuba hay sólo dos temporadas: la seca y la de lluvia, y en las dos hace mucho calor. A fines de octubre, las fuertes lluvias se calman un poco, pero aun así, todo el mundo se prepara, porque se sabe que se aproxima un fuerte calor cargado de humedad. Fue en esos días —rodeada de cantos y rezos— que decidí entrar en el mundo.

Como se sentía tan pesada y tan torpe, Ollita pasaba el tiempo mirándose la barriga, y ese día se la vio enorme. Con tantos fríjoles negros y arroz que se comían en esa época en Cuba, los niños nacían grandes. De hecho, mi mamá me contó que el día en que nací, su barriga se sentía tan grande y tan pesada que apenas lograba mantenerse de pie. Comprendió entonces que sólo faltaban pocas horas para que naciera, y así fue.

Su parto comenzó por la mañana del veintiuno de octubre con fuertes dolores de espalda. Mientras los vecinos iban a avisarle a mi abuela Dolores, a mi tía Ana y a la partera que el bebé ya iba a nacer, Ollita se puso a caminar por los pasillos del barrio, apoyándose siempre las manos en la cintura para calmar un poco los dolores.

Dicen que al dar a luz, las mujeres se encuentran en el umbral de la vida y la muerte, y que por eso necesitan de la ayuda de la partera. Me acuerdo de haber conocido un día a la partera que le ayudó a mi madre a traerme al mundo. Era una negra gorda y fuerte, con ojos azules y saltones que impresionaban. La piel le brillaba de lo negra que era, y era bembona, con dientes grandes y rectos. Esa señora sabía de muchas cosas ocultas, y a pesar de que estuvo presente cuando nací y de que además fue siempre muy cariñosa conmigo, a mí me daba un poco de miedo.

Cuando no pudo más, Ollita entró en la casa y se acostó. Le brotaba el sudor por todo el cuerpo y pujaba con mucha fuerza. Como ya sabían que iba a hacer mucho calor, colocaron la cama enfrente de la ventana para aprovechar la brisa. Mi mamá miraba por la ventana y veía las ramas de una ceiba que había cerca, meciéndose en el viento. De vez en cuando entraba una brisa que le refrescaba la cara y le daba ánimo para seguir mientras ella rezaba más y más rápido, pidiéndole a Dios que le ayudara. Los dolores se hicieron más seguidos y cada vez eran más fuertes, hasta que llegó un momento en que los quejidos se convirtieron en gritos, y con los ojos cerrados, pujó fuertemente hasta que me dejó salir. Solté un grito y le anuncié al mundo mi llegada.

En cuanto salí, mi abuela Dolores me colocó en el pecho de

mi mamá. A Ollita se le salían las lágrimas mientras me arrullaba con los cantos de cuna que tanto recuerdo de mi infancia, y mi abuela cuenta que me calmé tan pronto mi mamá se puso a cantar. Una vez alguien me dijo que los niños pueden oír la voz de su madre cuando están en la barriga, y yo creo que así es, porque cuando nací yo ya conocía la voz de Ollita de tanto oírla cantando día y noche. Por eso es que de pequeña siempre me calmaba tan pronto escuchaba la dulce voz de mi mamá. Incluso hoy día, cuando recuerdo su voz vuelvo a sentir esa paz y tranquilidad.

Me limpiaron bien, me taparon con una sábana de algodón blanca, me colocaron en los brazos de Ollita y ambas nos quedamos dormidas. Fue entonces que fueron a avisarle a Simón que yo había nacido. Cuando llegó, mi papá le preguntó a Ollita qué nombre me iba a poner, y ella le informó que me llamaría Celia Caridad. Al oír eso, una vecina que había venido a ayudar interrumpió, y dijo: «Pero si hoy no es el día de Santa Cecilia. No es sino hasta el veintidós de noviembre, y todavía estamos en el mes de octubre». Pero Ollita le contestó, «Eso no importa. Se va a llamar Celia, y punto». Mi nombre viene de Cecilia, y Santa Cecilia es la patrona de la música. Claramente, mi mamá ya tenía grandes planes para mí.

Cuando me desperté, Ollita me dio pecho y pidió que llamaran a tía Ana para que viniera a ayudarle. Tan pronto terminé de mamar, me limpiaron y me cambiaron. Me revisaron de pies a cabeza con la determinación de una tía y una madre protectora. Me examinaron los brazos, las piernas largas y flacas, los pies y las manos. Me contaron los dedos de una mano y luego los de la otra. Al principio, no se percataron de nada raro, ya que los recién nacidos suelen traer sus manitas hechas un puño.

Pasaron unas semanas, y un día, mientras Ollita me limpiaba de pies a cabeza, sin darse cuenta, me haló la mano izquierda y vio que tenía los meñiques bien torciditos. Soltó un suspiro de sorpresa y gritó. Me contó que por poco se le sale el corazón del pecho. Llamó a mi abuela Dolores, quien llegó corriendo a ver qué sucedía. Le enseñó mis manitas con sus deditos torcidos, y las dos se pusieron a llorar y a darle gracias al Señor. Enseguida mandaron a buscar a tía Ana para informarle que su hijita había regresado. Desde ese momento yo tuve dos madres, mi mamá Ollita y mi tía Ana, que luego fue mi madrina de bautizo.

A mí siempre me han dicho que —dentro de lo que cabe—, fui una niña muy tranquila. Así y todo, parece que chillaba como una sirena y que tenía la costumbre de despertarme de noche, lo cual terminaba desvelando a todo el mundo en la casa. Además, dicen que mientras mi abuela y Ollita me atendían, yo tarareaba sin cesar. Una vez mi abuela le dijo a mi mamá: «Ollita, ¿tú ves como esa niña se levanta de noche y despierta a toda la casa? Eso es porque va a trabajar de noche y va a animar a la gente. Ya tú verás».

La verdad es que tengo muy pocos recuerdos de mis abuelos. Dolores murió bastante joven, cuando yo todavía era muy niña, y aunque mi abuelo, Ramón Alfonso, murió mucho después, él no vivía en la capital sino en Pinar del Río. No convivimos mucho con él, pero cuando iba a La Habana a vernos, nos contaba muchos cuentos de cuando combatió en la última guerra por la independencia de Cuba. Él fue lo que los cubanos llaman con mucho orgullo un «mambí», una voz de origen africana que se usaba para denominar a todos aquellos que se levantaron en contra del dominio español. Aun así, no creo que mi abuelo haya alcanzado ningún grado en el ejército libertador, sino que más bien fue un simple soldado. Nos contaba que los mambises pasaron tanta hambre en esa época que tuvieron que comer gato. Pobrecito mi abuelo; yo creo que la experiencia de haber tenido que comer felinos lo dejó tan contundido, que por eso sólo comía viandas y carne de res. Todos los días comía lo mismo. Por cierto, creo que en los últimos años, las cosas se han puesto tan malas en Cuba que ahora están comiendo gato otra vez. Si es que todavía queda alguno.

Los hijos de Ollita son, por orden de nacimiento, Dolores (La Niña), yo, Bárbaro y Gladys. Entre mi hermano Bárbaro y yo nacieron dos hermanos. El primero —al que le pusieron Japón— nació muy pequeño y delicado, y me acuerdo que siempre le temblaba el labio cuando lloraba. Ollita se preocupaba y lloraba mucho por él. Un día, y no sé de qué, Japón murió. Después, Ollita tuvo otra bebita muy linda a la que llamaron Norma, pero ella también murió cuando todavía era muy pequeña. Yo era muy niña cuando murieron Japón y Norma, y no me acuerdo mucho de ellos, pero el sufrimiento de mi mamá fue tan grande que me impresionó para siempre. Aunque yo era demasiado pequeña para comprender del todo lo que estaba sucediendo, nunca olvidaré la tristeza que vi en su cara. Pero pasó el tiempo, y Ollita quedó embarazada por última vez. Así fue que trajo al mundo a mi adorada hermana menor, Gladys.

Nuestra casa de Santos Suárez era humilde y en ella vivían catorce personas: mi mamá, mi papá, mi abuela Dolores y, según la temporada, algún pariente y sus hijos. A pesar de lo difícil que podía ser a ratos, había mucho cariño y alegría en esa casa tan sencilla. Tenía una sala pequeña con una puerta que daba a la calle, dos dormitorios, un comedor y un baño. Cada pieza tenía ventanas con barras que la protegían, y cuando estaban abiertas, la dulce brisa entraba por entre las barras y refrescaba toda la casa. El aire de nuestro hogar siempre estaba cargado del canto de mi mamá, del sazón de la comida que nos cocinaba y de las risas de los niños. Siempre había arroz y frijoles negros. De vez en cuando había fruta bomba, como le decimos a la papaya los cubanos del la región occidental de la isla, y plátanos maduros. Para las ocasiones especiales, mi mamá solía hacer una ropa vieja muy sabrosa. Olía tan rica y era tan jugosa que todavía se me hace agua la boca con sólo pensarlo, pero a la misma vez me da tristeza. Más nunca he vuelto a probar algo tan rico, y eso que a lo largo de todos estos años he comido en los mejores restaurantes del mundo y en casas de amistades que se esmeran en su cocina. Pero bueno, supongo que me da tristeza el recuerdo de la comida que hacía mi mamá porque no hay nada en el mundo que se le compare a lo que se come de niño.

Me matricularon en el colegio del barrio, que se llamaba Escuela Pública nro. 6, «República Mexicana», cuando tenía como unos seis o siete años. Al principio no quise ir porque no quería apartarme de Ollita, pero después con el tiempo me llegó a gustar. A mí siempre me encantaron los estudios y me aplicaba mucho porque sabía que así llegaría lejos. Mi papá quería que todos sus hijos tuvieran una profesión, y como me gustan tanto los niños, con el pasar del tiempo me pareció que el magisterio sería la profesión ideal para mí. En esa época, estaba convencida que la manera de hacer que mi papá estuviera orgulloso de mí sería convirtiéndome en profesora. No fue sino hasta más tarde, cuando seguí el precioso consejo de una maestra que adoraba, que encontré mi verdadera pasión y la manera de ser feliz y hacer que Simón estuviera orgulloso de mí.

Un día, cuando regresé a casa del colegio, me encontré con una pareja amiga de mis padres que había venido a hacernos la visita. Aunque no me acuerdo de cómo se llamaban, sí me acuerdo que mi mamá me pidió que les cantara una canción. Les canté una que se llamaba *Y tú qué has hecho*, la cual mucha gente en Cuba conoce como *En el tronco de un árbol*. La pareja se quedó encantada con mi presentación, y la siguiente vez que nos hicieron la visita el señor me trajo de regalo un par de zapatos blancos de charol. No sólo fue una gran sorpresa para mí, sino que con ese par nació una fascinación con los zapatos que me ha durado toda la vida.

Mis años de juventud fueron muy alegres y llenos de diversión sana. Además de ir al colegio a pie con mis amigos Estela, Rosa María, Caridad y Orlando, también jugábamos bastante. Nos contábamos chistes y nos reíamos todo el tiempo. Aunque debo decir que de niña yo no fui de muchas amigas porque tenía a mis primas, sí tenía ese pequeño grupo de amigos con quien andaba por todos lados. Ya de adolescentes nos íbamos a los bailes de la Sociedad de los Jóvenes del Vals —que quedaba por la calle Rodríguez en Santos Suárez— y paseábamos con frecuencia por los parques de la capital.

De joven siempre fui muy seria y muy tímida, y por eso nunca tuve novio. Pasaba gran parte de mi tiempo aprendiendo a cantar las canciones que estaban de moda. Por ejemplo, los tangos de Carlos Gardel eran muy populares en esa época, tal como las canciones de Paulina Álvarez, Fernando Collazo, Abelardo Barroso y Pablo Quevedo. De Quevedo me acuerdo mucho porque mi hermana La Niña era tan fanática de él que lloró durante varios días cuando falleció. Fue una época lindísima y tengo el recuerdo de habérmela pasado cantando.

En Santos Suárez había una comparsa que se llamaba La Hornalera. A mi mamá no le gustaba que anduviéramos con las comparsas, porque a veces las acompañaban personas tomadas y podían armarse broncas en las que salía la gente con navajazos. Eso siempre ha sido así, y no sólo pasaba en Santos Suárez, sino en todas partes. A Ollita también le preocupaba que nos pusiéramos a bailar detrás de las comparsas y que sin darnos cuenta, nos perdiéramos por las calles de la ciudad sin saber cómo regresar a casa. De hecho, eso nos pasó una vez y pasamos un susto enorme. Pero aun así, ni las advertencias de mi mamá, ni el miedo a perderme me quitaron las ganas de seguir las comparsas. Era algo que me encantaba hacer, y lo hacía cada vez que se me presentaba la oportunidad. Pero nada, ni la comparsa más alegre, ni la fiesta más larga, se le podía comparar al carnaval de La Habana.

Aunque era legendario, a mí nunca se me había permitido ir a ninguno de los carnavales de La Habana. Pero un día, cuando teníamos como catorce años, nos escapamos los seis —Estela, Rosa María, Caridad, Orlando, Nenita y yo— y nos fuimos en guagua, como le decimos los cubanos a los autobuses, para el céntrico Paseo del Prado, por donde desfilaban las comparsas. Aunque el pasaje sólo costaba cinco centavos por puesto, no nos alcanzaba el dinero para todos. En tal caso, lo que hice fue sentarme en las piernas de Nenita porque ella era más grande y yo era muy flaquita.

En esa temporada de los carnavales habaneros yo vivía aterrorizada de que algún conocido me viera por ahí bailando entre los festejos. Pero el miedo no me duraba mucho, y nunca fue lo suficiente como para detener mis primeros contactos con aquellos carnavales bulliciosos y pachangueros donde la gente se disfrazaba y le daba rienda suelta a una semana de diversión. Allí tuve mi primera experiencia con los espectáculos musicales, y a pesar de que lo disfruté mucho, aún recuerdo la combinación de temor y alegría que sentía en el pecho. Sabía que no debía estar allí, pero los colores, la música y el sentimiento de estar viviendo la vida en lo más pleno era embriagante. Todavía recuerdo la euforia que sentí esa noche cuando caminábamos de regreso a casa.

Tuvimos que irnos a pie porque el dinero no nos alcanzaba para la guagua. Fue uno de los trayectos más largos y más emocionantes de mi vida.

A mí nunca me gustaron las mentiras, y de sólo pensar que había mentido, esa noche no podía dormir. Cuando nos fuimos para el desfile de las comparsas, yo le dejé entender a todo el mundo que iba para casa de mi amiguita Caridad, mientras que los padres de ella pensaban que ella estaba conmigo en *mi* casa. Bueno, a la mañana siguiente tía Ana me despertó con un jarro de leche fría, y cuando me lo tomé, le dije, «Ay tía, ¿te pones brava conmigo si te digo que anoche me escapé a los carnavales con Nenita y los otros muchachos?» Ella me contestó, «Ay Celia, mi niña, en esta temporada que hay tanta gente en las calles disfrazada y borracha, ¿cómo se les ocurre hacer semejante cosa?». Pero noté que no estaba disgustada conmigo, sino preocupada, y le dije: «Tía, perdóname por haberte dicho una mentira». Le confesé la pasión tan grande que había sentido por esas luces y esa música, y le pedí que por favor me llevara otra vez esa misma noche. Tía Ana siempre fue mi cómplice, por lo cual me dijo: «No te vuelvas a ir sola. Prométemelo, y yo te llevo». Esa noche, las dos juntas nos escapamos de Ollita y Simón, y nos fuimos a gozar de una segunda noche de carnaval.

Me bañé y me cambié de ropa, y tía Ana hizo lo mismo. Al anochecer, mi tía le dijo a Ollita que iba a ver a unos amigos en otro barrio, y que como no quería ir sola, me llevaba para que le hiciera compañía. Como Ollita estaba de espaldas a mí, tía Ana me guiñó el ojo para que no fuera a decir nada. Me sentí un poco mal por tener que ocultarle a mi mamá que íbamos a salir de parranda, pero debo confesar que no me sentí *tan* mal, porque al fin al cabo, tía Ana también era como una madre para mí. Cuando nos despedimos, vi que Ollita se le quedó mirando a tía Ana como si sospechara que íbamos al carnaval. Mi tía le sonrió, me agarró de la mano y nos fuimos. «Tengan mucho cuidado. Ana, te la encargo. ¿Me oíste? Por favor, tengan cuidado», nos gritó Ollita mientras bajábamos por la acera. «No te preocupes, Catalina», le contestó mi tía. Me apretó la mano y las dos nos reímos de pura emoción. Echamos una carrera para alcanzar la guagua y yo llegué primero. Esta vez el dinero sí nos alcanzó para el pasaje de ida y, mejor aún, para el de vuelta.

Llegamos a la tarima frente al Capitolio, y eso era una locura de luces, gente, gritos y risas; era una maravilla. Sin embargo, también había unos señores muy bebidos que me asustaron, y por eso me agarré de la mano de tía Ana y no la solté para nada. Pero bailamos y cantamos detrás de las comparsas y fuimos caminando hasta que nos dolieron los pies. No me acuerdo a qué hora regresamos a casa, pero sí sé que era mucho más tarde de lo acostumbrado. Mi papá ya estaba dormido, pero Ollita sí nos estaba esperando. Se puso muy contenta al vernos llegar; pobrecita, mi mamá estaba nerviosa. Pero con todo y eso, nunca dijo nada de que le hubiéramos mentido. Nunca ni lo mencionó.

Esa noche casi no pude dormir. Soñaba que era la reina del carnaval. Me veía con un vestido blanco ancho, con el pelo recogido en un moño y con una corona de flores. Bailaba con los brazos abiertos al mundo. Fue un sueño maravilloso que nunca habría tenido si no hubiera ido esa noche al carnaval. Todo fue gracias a mi tía Ana, mi cómplice y confidente.

La primera vez que tuve la oportunidad de vestirme con un gran vestido blanco parecía, si no una reina, una princesa. Desde jovencita, Ollita me había inscrito en el catecismo de la parroquia de La Milagrosa que quedaba en las calles Santos Suárez y Paz. Nosotras íbamos mucho a misa juntas, que en aquella época se hacía en latín, y las mujeres y niñas teníamos que taparnos la cabeza con una mantilla. Al fin llegó el día de mi primera comunión en 1935, el cual fue uno de los días más importantes de mi vida. Me sentí muy serena y pura cuando el cura me dio la hostia, aunque me acuerdo que nos advirtieron que no la mordiéramos porque era el Cuerpo de Cristo. ¡Cómo me cuidé de no tocarla con los dientes! Le pedí mucho a Dios, y desde ese momento en adelante, siempre he andado firme por mi camino espiritual, aunque nunca juzgo a los demás por sus creencias.

Muy cerca, detrás de la casa, vivía una señora santera que se llamaba Chela. Mi mamá le tenía mucho miedo a las cosas de la santería y supongo que me lo pasó a mí. A veces de noche, Chela hacía un bembé —como le decían a las fiestas de los santeros en Cuba— en el traspatio de su casa. Recuerdo que un día, por la tarde, hacía un calor tan espantoso que no aguantaba estar encerrada más, pero tenía miedo de salir porque sabía que Chela iba a hacer un bembé. Sin embargo, el calor y el aburrimiento terminaron ganándole al miedo, entonces salí y me senté en un banquito debajo de una ceiba que crecía en la esquina del traspatio. Como la tapia de una casa también era la de la otra, pues se oía bien todo lo que pasaba con los vecinos, y cuando oí esos tambores y los cantos a los santos en lucumí —la lengua afrocubana de la santería— me asusté, pero también sentí que me llamaban. De hecho, tengo que reconocer que cuando oí esos cantos y cueros por primera vez de chiquita, salí corriendo a esconderme cuando noté lo nerviosa que Ollita se puso. Sin embargo, para mí esa música pronto se volvió mucho más que una religión, era una forma preciosa de expresar mis raíces africanas. Me aprendí las letras lucumíes de las canciones, pero nunca supe qué querían decir, aunque sí aprendí a pronunciarlas muy bien. Años más tarde me di cuenta que esas veladas fueron una importante fuente de inspiración para mi música.

Me acuerdo que en los bembés de Chela siempre había un negro grandísimo de quien decían que «se le montaba el santo». Se decía que cuando eso le pasaba, ese negro se comía un plátano tras otro, se le iban los ojos para atrás y se torcía cómo si le estuviera dando la zarabanda. Por es yo le puse «El Negro Zarabanda». Ese negro sí que me daba miedo. Yo corría a esconderme debajo de la cama cada vez que lo veía pasar por la puerta de la casa, pero eso no parecía molestarle. Él no hacía más que reírse cuando me veía tan asustada.

Mucha gente que no me conoce bien piensa que yo soy santera. Me ven cubana y negra, y por eso están seguros de que lo soy. Toda mi vida he luchado contra eso. Hay gente que hasta asegura que me ha visto tomar parte en los rituales santeros. Me acuerdo, por ejemplo, de un viaje que hicimos a Santo Domingo. Cuando íbamos por los pasillos del hotel hacia nuestras habitaciones, sentimos que alguien nos seguía los pasos. Era un señor muy raro. Cuando llegamos a la puerta de la habitación, me viré y le pregunté qué se le ofrecía, y él me dijo, «Yo te conozco». Le contesté: «¿Ah, sí? Pues yo a usted nunca lo he visto», y él me preguntó, «¿No te acuerdas?», entonces le contesté «No». Pero el señor insistía: «¿Cómo no te vas a acordar de mí, si los dos nos estábamos haciendo santo, y yo te vi salir del cuarto del trono?». Entonces le contesté, «Pues chico, te has equivocado de negra», y con eso viré la espalda y entré a mi habitación.

Otro incidente como ése me sucedió en Miami. Estaba yo presentándome en el club Montmartre de esa ciudad y subió un cubanito con dos mujeres en estado al camerino antes de que empezara el espectáculo. Cuando entraron, el cubano me explicó que una de las mujeres llevaba a una hija de Yemayá, quien en el panteón afrocubano corresponde a la Virgen de Regla, y que la otra llevaba a una hija de Ochún, quien corresponde a la Virgen de la Caridad. El señor quería que yo les diera mi bendición. Por lo tanto, yo le dije: «Mira mi amor, si tú quieres yo les doy mi bendición, pero yo no tengo hecho santo». Al oír esto, se puso furioso y me dijo: «¿Qué tú no tienes hecho santo?». Y con eso, viró la espalda y se fue furioso, seguido de las dos mujeres desconcertadas.

Yo respeto todas las creencias y todas las religiones, incluso la santería, pero no la sigo. Tampoco niego que sé algo de ella. ¿Qué cubano hay que no sepa *algo* de la santería? Pero tengo que confesar que mis conocimientos de la santería son bastante superficiales. Para mí, la santería es un asunto del folclor cubano. Aun así, mucha gente insiste en clasificarme como santera. Una vez más, repito que eso tiene que ver con los prejuicios de las demás, ya que al verme negra *y* cubana, piensan que no tengo más remedio que ser santera.

A mí me gusta la música en su totalidad, ya sea lucumí (a la cual también le decíamos «afro»), rumba, chachachá, boleros, mambo, danzón, o lo que sea. De hecho, la música cubana tiene tantas variedades, del barroco a las tonadas, que hay música para todos los gustos. Según mi parecer, la música cubana es el mejor regalo de Cuba al mundo. Yo la aprendí a amar en mi casa, ya que era un elemento muy importante de nuestra vida familiar. Tal como para la gran mayoría de mi pueblo, la música y el baile han jugado un papel fundamental en el desarrollo de la nacionalidad y la identidad cultural cubana. Mi familia era un ejemplo más de esa fascinación que sienten los cubanos por la música.

En mi familia, los que más cantaban eran mi mamá y mi hermano Bárbaro. Incluso, mi mamá una vez cantó una canción con una comparsa que a mí me gustaba mucho. Yo me sentaba en la mesa y le decía, «Ollita, cántame esa cancioncita de la comparsa», y ella siempre me complacía con todo el gusto del mundo. Bárbaro también tiene una voz muy bonita, pero por mala suerte, o por ser hermano mío, el sistema que impera actualmente en Cuba (del cual no soy gran admiradora), nunca le dio la oportunidad para desarrollarse como cantante.

Mucho antes de entrar en el mundo de la música, tuve la dicha de conocer a muchos de los músicos que llegaron a ser muy grandes. Como nos gustaba bailar tanto, con mis amigos íbamos a bailar al Club Antilla y a los Jóvenes de Vals, y ahí fue donde conocí a Arcaño y Sus Maravillas; al gran músico Israel «Cachao» López, a Orestes López, el hermano de Cachao y también a la Orquesta la Melodía del Cuarenta. Pero la cantante que yo más admiraba y trataba de imitar se llamaba Paulina Álvarez.

A Paulina la conocí cuando cantaba en los Jóvenes del Vals, después que se mudó a finales de los años treinta a la calle Correa en Santos Suárez. Como a mi tía Nena le gustaban mucho los bailes, llevaba a sus hijos Nenita, Papito y Minín con ella, y a mí también me llevaba porque sabía cuánto me gustaban. Además, las dos éramos fanáticas de Paulina. Paulina fue una pionera en el campo de la música, ya que empezó a presentarse ante el público en los años veinte cuando casi no se oía a las mujeres cantar ese tipo de música bailable cubana.

En Cuba se le permitía entrar a los menores de edad a los establecimientos que vendían bebidas alcohólicas, así que todos podíamos ir a oír buena música, sin importar la edad. Nos sentábamos todos en primera fila, pero yo me pegaba al escenario para ver bien a Paulina. Con las claves —la base de la música popular cubana— en la mano, ella cantaba con la orquesta de Neno González. En todos sus retratos, Paulina siempre se ve con un par de claves, y como yo quería ser igual que ella, me regalaron dos. Es más, puedo decir que modelé mi forma de cantar en Paulina, por lo mucho que la admiraba.

He oído decir que Paulina gritaba «¡azúcar!» en el escenario, y que quizá lo mío salió de ahí, pero yo nunca la oí decir eso. Si así hubiera sido, lo hubiera dicho desde un principio y no lo negaría nunca, ya que ella era mi ídolo. No quiero desmentir a nadie, y estoy segura que esas personas han de saber lo que dicen. Si es cierto que Paulina dijo «¡azúcar!» alguna vez, lo único que me imagino es que lo hizo durante una presentación del Festival de la Caña, ya que ella siempre participaba en esos festivales a nivel nacional. Puede que de ahí saliera la confusión. Pero lo mío y «¡azúcar!» —como luego lo explicaré más detalladamente— se debe a un incidente que ocurrió muchos años después en un restaurante en Miami.

Me acuerdo de una canción de Paulina que se llamaba *Dulce serenidad*. Me encantaba y siempre quise grabarla en su honor, pero por una razón u otra nunca he tenido la oportunidad. Aun así, muchos años después que la vi por primera vez en un escenario, tuve la dicha de trabajar con ella.

Los Rivero, Xiomara Alfaro, Paulina y yo nos presentamos en un espectáculo del famoso coreógrafo Rodney en el cabaret Tropicana. Trabajar con Paulina fue una experiencia maravillosa, ya que le pude confesar en persona que desde niña yo había sido una gran admiradora suya. Paulina me felicitó por mi forma de cantar, lo cual fue todo un honor, me dio mucha alegría.

Por medio de Ollita me llegó la voz, pero de tía Ana desarrollé el amor del escenario. Hubo un tiempo antes de cumplir los dieciséis años —no me acuerdo exactamente qué edad tenía— cuando me fui a vivir a Pinar del Río con tía Ana y tío Pancho. Él era un hombre muy bueno, a quien también le tenía gran cariño, ya que, igual que tía Ana, él me apoyaba en todo. Pancho me daba dinero para los libros y otras cosas que necesitaba para mis estudios, y siempre me trataba muy bien. Me quería como a una hija. No sé por qué tía Ana se separó de él, pero para que no se quedara solita, me quedé con ella un tiempo más en Pinar del Río. Tengo muy lindos recuerdos de esa época, en los que tía Ana se esmeraba para cocinarme mis platos favoritos. Conversábamos mucho, paseábamos, y de vez en cuando, si nos sobraba un poco de dinero, salíamos de compras.

A pesar de que me lo pasé cantando en Pinar del Río, yo seguía siendo muy tímida, y por eso tía Ana me animaba a que me soltara y cantara sin temor. Solía decirme, «Celia, los angelitos te tocaron la garganta cuando naciste, y por eso debes cantar sin miedo. Canta, mi niña, canta. Para eso te premió Dios con esa voz». Yo le cantaba con todo la fuerza que tenía, pero sólo movía los labios. El resto de mi cuerpo se quedaba quieto como una estatua. Entonces me decía, «¡Chica, menéate! ¿Cómo vas a animar a la gente si te quedas ahí parada, tiesa como un palo? Déjate llevar por la música». Me gustaba mucho estar con mi tía en Pinar del Río, pero de pronto comencé a echar de menos a Ollita, y sentí que tenía que regresar a La Habana, lo cual hice.

En la casa de Santos Suárez, cada cual tenía que contribuir con lo que podía. Pero como yo soy muy miope, había ciertos deberes que no me permitían hacer. Entre otras, una de mis responsabilidades era acostar a los más chiquitos, que eran mi hermano Bárbaro, mis primos Minín y Papito y a todos los demás. Yo los llamaba, los limpiaba y los preparaba para la cama. Cuando ya los tenía acostados, les cantaba a toda voz, y a pesar de que eran canciones de cuna —las mismas que mi mamá me cantaba a mí— mi voz era tan fuerte que en lugar de hacerlos dormir, los despertaba más. Eso me molestaba un poco; no sólo porque no se dormían y me tenía que quedar más tiempo con ellos, sino también porque los vecinos se paraban en la puerta —que siempre dejábamos abierta para refrescar la casa— y me oían cantar. Como yo era muy tímida, un día decidí que sería mejor cerrar la puerta para que no me pudieran oír, pero eso no dio ningún resultado. Los niños seguían despiertos y los vecinos se ponían a oírme por la ventana.

En esa época, la vida era muy sencilla. Nuestros días se pasaban tranquilamente, llenos de juego, estudio y muy pocas preocupaciones. Terminé mis estudios secundarios en la Academia de las Oblatas, y para esa época tenía un grupito de amistades entre los que estábamos mi prima Nenita, mi amigo Orlando y yo. Cuando podíamos, nos íbamos a los bailes a un lugar que se llamaba Los Tulipanes, en el barrio La Víbora. Pero nunca entrábamos; sólo nos quedábamos viendo desde fuera.

Frente a Los Tulipanes, la calle siempre estaba animada, y para nosotros eso era suficiente. La Víbora nos quedaba un poco lejos, y por eso los amigos varones nos acompañaban a la casa. Nos iban dejando a cada una en la puerta de su casa, y como Nenita y yo vivíamos más cerca a ellos, nosotras siempre éramos las últimas en regresar. Eran tiempos muy bonitos, con diversiones muy sanas. Nada parecía ser problema, hasta que un día el mar se puso bravo.

Nunca olvidaré esos días horrorosos. El ciclón de 1944 fue tan espantoso que casi acaba con La Habana. Se desataron los vientos huracanados y la lluvia parecía una sábana de agua que no dejaba ni ver. El Malecón de la capital, donde se acostumbraba caminar y disfrutar de la vida, se convirtió en un gran peligro. Las olas se levantaban como paredes grises y azotaban los muros y los muelles con una fuerza que parecía que aquello se iba a derrumbar. Las palmas que antes bailaban en la brisa, se doblaban hasta el pavimento, hasta que las raíces se les desprendían y salían volando con el viento.

Los truenos me dejaban sorda, y nuestra casita parecía que en cualquier momento se iba a hacer trizas. Yo suponía que la naturaleza nos estaba azotando de tal manera porque estaba disgustada, y aunque no sabía por qué, nos estaba castigando sin misericordia. Frente a tanta potencia vi la grandeza de Dios y la limitación del ser humano. Cuando todo pasó, entró una tranquilidad muy bonita, aunque quedaron escombros y mucha destrucción por dondequiera. Mucha gente se quedó sin techo y sin negocio.

Años después, cuando conocí al magnífico caballero que sería mi esposo, Pedro Knight, él me contaría de las penurias que pasó con ese ciclón. En aquella época, Pedro era trompetista de un circo, el cual quedó hecho pedazos. No había dinero porque no había público, no había público porque no había circo, ni tampoco había dinero para comer. Los del circo pasaron un hambre terrible. Comían una vez al día. Lo único que tenían era una olla grande de agua que se hervía con un puñado de azúcar prieta, como le decimos los cubanos al azúcar moreno, y que tomaban con una tajada de pan. Fue un tiempo terrible. Sin embargo, todo se reconstruyó y muchos lugares quedaron como nuevos, aunque otros desaparecieron para siempre. La gente volvió a salir a las calles, y todo el mundo no hacía más que hablar de la terrible tempestad y de cómo había desbaratado nuestras vidas.

Yo tenía un primo muy bueno que se llamaba Serafín, que en paz descanse. Serafín era muy inteligente y se percató de que yo atraía a la gente con mi voz. Pues, un día en 1947, y sin decirme nada, me inscribió en un programa de aficionados que se llamaba *La Hora del Té,* patrocinado por una estación de radio llamada Radio García Serra, que quedaba en las calles Felipe Poey y Estrada Palma, como a doce cuadras de la casa. Bueno, pues ese día, Serafín llegó a la casa y me dijo: «Celia, quiero que te arregles bien este sábado porque te voy a llevar a un concurso de aficionados, ¿me oíste?». Yo me emocioné mucho porque sabía que se podían ganar muchos premios maravillosos en esos concursos, sobre todo en *La Hora del Té.*

Después de mucho esperar, por fin llegó el día en que iba a concursar, y me levanté bien temprano. A mí nunca me ha gustado llegar tarde a ningún lado, y cuando tengo un compromiso, me despierto lo más temprano posible para no quedar mal. Me acuerdo que salí al patio de la casa y me encontré con una mañana fresca pero húmeda. El rocío lo había cubierto todo. El sol hacía brillar las gotitas de agua que cubrían las matas y los árboles de todo el barrio. Parecía como si la naturaleza se hubiera vestido de lentejuelas.

Me puse un vestido blanco, unas mallas blancas con un bordado de colores y mis zapatos de charol blanco que estaban muy de moda. Mi mamá Ollita me hizo un moño y me puso un prendedor pasador. Yo me sentía muy tranquila, aunque de verdad no sé por qué estaba tan segura de mí misma. Quizá se debía a que llevaba conmigo las claves que me habían regalado, las mismas claves que yo relacionaba con mi ídolo de la canción, Paulina Álvarez. Tal vez estaba tan tranquila porque pensaba que las claves de Paulina me daban un poder casi mágico. No sé, pero así me sentía aquella mañana.

Serafín y yo salimos para la estación de radio. Normalmente acostumbrábamos andar a pie, pero ese día fuimos en guagua, y todo el viaje me sentí muy tranquila. Cuando llegamos, vi que había algunas personas esperando, y que la mayoría de ellas eran mayores que yo. De pronto, nos llamaron a todos y nos formaron en dos grupos, los más jóvenes por un lado y los mayores por el otro, ya que había diferentes categorías según la edad de los participantes. Cuando me tocó a mí, canté un tango que se llama *Nostalgia,* acompañándome con mis claves. *Nostalgia* no era un tango arrabalero con bandoneón ni nada por el estilo, pero parece que el toque de las claves les gustó mucho a los jueces, porque al final, yo gané el concurso. Hasta me invitaron a que regresara el mes siguiente y me dieron mi premio: un *cake* muy bonito.

Cake. Así le decimos los cubanos a un pastel o una torta, pero cuando yo uso esa palabra con un mexicano o un español, se me quedan mirando. Bueno, el *cake* estaba en una caja muy bonita que decía «La Casa Potín», una dulcería muy conocida de La Habana, y de regreso a casa en la guagua, lo llevamos con mucho cuidado en las rodillas para que no se fuera a aplastar. Pero lo que pasó fue que ni Serafín ni yo pudimos resistir la tentación, entonces abrimos la caja y nos pusimos a oler ese dulce tan rico. Ese *cake* era bello con su merengue blanco y orillas tan detalladas. Parecía un encaje.

Al fin llegamos a la casa todos emocionados —incluso, Serafín estaba más emocionado que yo—, y vimos que todos nos estaban esperando en la puerta. Nos recibieron con aplausos y mucha emoción. Todos querían ver lo que me había ganado, y les mostré el *cake.* A todo el mundo le encantó, tanto que esa misma tarde nos lo comimos todo, no quedó ni una migaja. Será increíble, pero aún después de tantos años, todavía tengo el sabor de ese *cake* en la boca. ¡Ay, qué cosa más rica, mi madre! Luego hablamos de qué canción iba a cantar el mes siguiente, en la ronda eliminatoria. Por supuesto, cada uno tenía su favorita. Al fin volví a cantar *Nostalgia,* y otra vez gané. En esa ocasión, el premio que me tocó fue una cadenita de plata para el cuello. De ese momento en adelante me di cuenta que en eso de los concursos me podía ir muy bien, y por eso seguí concursando en todas las oportunidades que se me presentaron.

Después de ganar en la Radio García Serra, participé en el concurso de la sociedad española Los Curros Enríquez en la calle San Indalecio, en Santos Suárez, que patrocinaba un programa de aficionados en la radio. Como la sociedad no tenía su propia emisora, el programa se hacía en una emisora cuyo nombre se me ha olvidado, pero sí me acuerdo que el director de ese programa se llamaba Adolfo Ruiz, que el animador se llamaba Mario Degne y que los dos servían de anfitriones del programa. Algunas veces ganaba, otras perdía y una vez me hasta me sonaron la campana, aunque eso no fue por culpa mía. Eso me pasó porque por la tarde, cuando fui a ensayar, el pianista, que se llamaba Candito Ruiz, decidió que a mí no me iba a ensayar. Había muchos cantantes ahí, y supongo que no fui santa de su devoción. Me dijo: «No, a ti no te ensayo. El número sale así». Bueno, por la noche yo llegué para el programa, y el tono no salía. La canción se llamaba *Chiquilla,* y la intentamos tres veces, pero como no salía, a la tercera me dieron el campanazo. Así y todo, la gente me aplaudió, porque sabían que yo sí sabía cantar, y muchos ya me conocían. Eso fue una lección muy buena, ya que desde ese día, ni grabo ni canto si primero no tengo el tono bien. Qué cosa, de eso hace muchos años y nunca se me ha olvidado. Mi primo Serafín, me acompañaba a todo eso. Era como mi representante, pero no oficial.

Un día, después que regresó a La Habana, tía Ana me acompañó a un concurso en otra emisora. Canté muy bien y hasta gané, pero mientras cantaba me quedé parada ahí como una

estaca. Cuando terminé, tía Ana me preguntó: «Celia, ¿por qué no te meneas, m'hijita? Tienes que entender que todo eso que tú sientes se lo tienes que transmitir al público con todo el cuerpo, y no sólo con la voz. La próxima vez quiero que te menees, ¿me oíste?».

Y así lo he hecho desde entonces. Gracias a ese consejo de mi tía, yo le pongo ese famoso sazón a mis interpretaciones, lo cual me ha servido muy bien.

También me presenté en el concurso *La Corte Suprema del Arte* de la radio emisora CMQ, que en esa época estaba bajo la dirección de José Antonio Alonso. Cabe señalar que por ese programa pasaron todos los grandes artistas de la Cuba de ayer. En algunas ocasiones ganaba dinero y en otras me daban cajas llenas de premios que Serafín y yo nos llevábamos a la casa con mucho entusiasmo. Esas cajas venían llenas de jabón, comida, chocolate, pan, leche condensada La Lechera, bueno, de todo. Serafín y yo siempre salíamos felices con todo lo que habíamos ganado. Después de cada concurso nuestra casa se convertía en una fiesta en la que todos hablábamos a la vez y nos reíamos sin parar. Todos, menos mi papá, por cierto, que siempre se quedaba muy serio durante esas celebraciones. Y aunque no voy a decir que me dolía, al principio no comprendía por qué estaba tan opuesto a que yo cantara. Fue durante esas veladas que al fin me di cuenta que él de verdad no quería que yo fuera cantante.

Simón Cruz, mi papá, era mucho mayor que mi mamá. Era un hombre tradicional y chapado a la antigua. Trabajaba muy duro, sus días eran largos y solía llegar a la casa cansado y con hambre. No era de esas personas que demuestran su afecto con caricias. Quizá fue más cariñoso con mis hermanos, pero no sé. Conmigo fue un poco frío, pero gracias al apoyo tan fuerte que yo tenía de Ollita y de tía Ana, no me dolía que fuera así. Podía olvidarme de su distancia porque tenía el cariño de tantas otras personas. Simón tampoco acostumbraba dar cumplidos ni decir nada cuando las cosas andaban bien, pero sí que no se le escapaba la oportunidad de quejarse cuando algo le disgustaba. Claro que lo quería mucho y lo respetaba porque era mi papá, pero la confianza yo la tenía en mi mamá. Simplemente, era más cercana a ella. A pesar de que mi relación con Simón no fue muy estrecha, sí nos queríamos mucho. El amor que sentíamos el uno por el otro nunca se puso en duda.

Ahora comprendo por qué mi papá pensaba así. En esa época no entendía, pero ahora, con la edad, tengo la perspectiva necesaria para comprender su punto de vista. Él se pasaba el tiempo en el ferrocarril, trabajando en el vagón de caldera donde el carbón se echaba con enormes palas en la máquina de vapor. Era un trabajo pesado y de largas jornadas, y muchos de los otros hombres con quien trabajaba tenían su manera un poco ilícita de divertirse. Solían pasar el tiempo libre en los bares y los cabarets donde abundaban los músicos y las mujeres del espectáculo, o como les llamaban, «mujeres de la vida», lo cual las distinguía de las mujeres decentes de su casa. Papá quería que sus hijos fuéramos profesionales, y su sueño para mí era que yo fuera normalista. Cuando vio el camino por donde andaba, le dio miedo de que me olvidara de mi carrera y cayera bajo las malas influencias de ese mundo de las «mujeres de la vida».

Después que empecé a concursar, Simón se puso muy serio conmigo y me hablaba muy poco. Conforme yo ganaba, más se alejaba de mí, hasta que un día me dijo muy disgustado que las únicas mujeres en el espectáculo eran «mujeres de la vida». Eso me dolió mucho, y por eso fui a hablar del tema con Ollita, que me dijo: «No le hagas caso a ese negro, mi niña. Tú sigue adelante, que yo me enredo con él». La diferencia entre los puntos de vista de mi mamá y papá en lo que se refería a mi carrera de artista se debía a que Ollita sí me conocía a fondo. Me conocía perfectamente. Ella sabía que yo era una muchacha seria y de carácter fuerte. Es decir, ella me tenía confianza y no temía por mí porque sabía que para triunfar yo me valdría de mi talento y nada más.

Aun así, quiero dejar bien claro que mi papá se esmeró toda su vida para darnos lo mejor que pudo, se aseguró que tuviéramos estudio, y aunque era «un negro viejo majadero» —como lo llamaba Ollita—, él me quería mucho y yo también lo quise de todo corazón. Fue muy buen padre y esposo, y eso nunca lo negaré.

Yo seguí con mis estudios y con los concursos de aficionados en mi tiempo libre. Con el dinero que sacaba de los concursos me alcanzaba para comprar libros, ya que para aquel entonces ya estaba matriculada en la Escuela Normal de Maestros. Ahí tuve buenos profesores e hice muy buenas amistades. Incluso, fue ahí donde conocí a mi amiga Esther, quien antes de graduarse de normalista se enamoró y se casó con Cachao, a quien ya yo conocía de los bailes de los Jóvenes del Vals.

En los cuarenta también llegué a colaborar con un grupo musical del barrio que se llamaba El Botón de Oro, dirigido por un señor llamado Francisco Gavilán. Antes de que me uniera a ese grupo, mi hermana Dolores, La Niña, ya cantaba con ellos. Nos ponían un botoncito con una flor dorada y de ahí venía el nombre del grupo. Como no nos pagaban, era más bien una cosa que hacíamos para divertirnos, cantando en las fiestas y en uno que otro evento del barrio. A veces nos daban refresco y otras veces, sólo agua.

Ya para esos tiempos me conocían en varias emisoras. En la

Radio Suaritos, la CMQ, la RHC–Cadena Azul, Radio Progreso y Radio García Serra —donde concursé por primera vez—, ya conocían mi voz. Yo canté para muchas estaciones de radio, incluso la Mil Diez, pero no me acuerdo de todas porque la mayoría de las veces eran presentaciones que sólo duraban un día.

Siempre me acuerdo de haber cantado en los actos cívicos de la escuela, y lo seguí haciendo en la escuela normal. Ahí se organizaban varias funciones y mis profesores y compañeros de aula siempre me invitaban a participar. La última vez que les canté fue el día de la graduación. Después que concluyó el acto, cuando la mayoría de la gente ya se había ido, me le acerqué a mi profesora, la señorita Maria Rainieri, una de las profesoras más bellas y más simpáticas de la escuela. Le pregunté qué tenía que hacer yo para buscarme un aula en donde enseñar, y ella me miró a los ojos y muy seriamente me dijo: «Celia, a ti Dios te ha dado un gran don. Con esa voz que tú tienes puedes ganarte la vida muy bien. Mira, si tú te dedicas a cantar, vas a ganar en un día lo que a mí me cuesta un mes ganar. No pierdas tu tiempo enseñando. Tú viniste al mundo para cantar y alegrar a la gente con tu voz».

Me sorprendió oír a mi profesora hablarme tan abiertamente, pero no puedo negar que me sentí muy bien por lo que me dijo, y fue en ese momento que decidí ser cantante. Aunque sabía de sobra que tendría que soportar la desaprobación de mi papá, sentí que debía enfrentármele a mi destino y utilizar el don que Dios me dio para hacer feliz a la gente.

De inmediato comencé a buscar quién me orientara en la música. Así fue que terminé estudiando solfeo, piano y teoría de la música en la Academia Municipal de Música. Además, tomé clases de piano con una señora que me puso tía Ana. Pero pobrecita, me caía fatal. No sé ni por qué, porque era muy amable y muy fina, pero por lo mal que me caía no me acuerdo ni de cómo se llamaba. Finalmente, un día después de la clase llegué a casa y le dije a tía Ana que no la quería ver más, y hasta ahí llegaron esas clases. Después de eso, también estudié con el maestro Oscar Muñoz Boufartique, un profesional de la música muy conocido, dedicado y enérgico, y cabe señalar que él fue el compositor de unos de mis éxitos más importantes, *Burundanga*. El maestro Boufartique me decía, «Celia, tú te tienes que cortar esas uñas si quieres aprender a tocar bien el piano», pero yo nunca me las quise cortar. Ahora me pesa no haber aprendido a tocar el piano como debería, porque las uñas crecen y esa oportunidad yo no la supe aprovechar. Aun así, conocí a muchas de las personas que trabajaban en el mundo de la música y me fui relacionando con ellos en la Academia. Con eso y los concursos de aficionados que yo seguía ganando, y que eran cada vez más reconocidos, comenzaron a contratarme en las emisoras.

Tengo muy buenos recuerdos de la emisora CMQ, que quedaba en las calles L y veintitrés, en El Vedado. Ahí era de llegar todos los días y sentarse en un banco frente a la recepción, en la cual había una libreta en donde se anotaban los nombres y apellidos de los artistas «boleros» o «bolos»; o sea, los que no tenían contratos. La libreta indicaba el nombre del artista, el del programa, los horarios de ensayo, la hora del programa y toda la demás información necesaria. Los artistas llegaban y consultaban la libreta para ver si tenían algo programado para ese día. Naturalmente, pasábamos mucho tiempo en el famoso banco de la CMQ.

Sin embargo, sentada en ese banco hice una amistad que duraría toda una vida, ya que ahí conocí a Juan García Rojas, quien actualmente todo el mundo conoce como Johnny Rojas, el director de talento de Telemundo. Él fue el ahijado de Mimi Cal —que en paz descanse—, una actriz muy querida que todos conocían por su personaje de Nananina en el programa *La Tremenda Corte* de la CMQ, y en el cual también se destacaba el inolvidable Leopoldo Fernández, «Pototo». Cabe señalar que ese programa pasó en la televisión cubana durante la década de los cincuenta y aún se trasmite por la radio en todo el mundo hispano, con la triste excepción de Cuba. Bueno, Mimi me quería mucho y me puso «La Muñequita de Chocolate». En esa época yo era muy delgada y caminaba muy derecha, entonces también me pusieron «El Cisne Negro». Con esas expresiones de cariño, la gente de la emisora me hacía sentir tan bien que yo siempre quería hacer todo lo posible por complacerlos. Además, sobra decir que aprendí mucho de ellos. Puesto que me pasaba horas sentada en ese banco, pude observar a los demás artistas. Veía cómo se preparaban antes de cantar, me fijaba en sus técnicas y cómo se movían a la hora de presentarse. Cuando tenía una consulta que hacerles, no importaba lo insignificante que fuera, siempre se esforzaban por orientarme en la mejor manera posible.

Ese era «el banco de los sueños», porque ahí soñábamos con todas las posibilidades y las metas que podíamos alcanzar en el futuro. Eso sí, lo único que nunca se nos ocurrió fue el exilio. Johnny me decía, «Tú verás que tú vas a ser una gran estrella», y yo le contestaba, «¿Tú de verdad crees eso, Juanito?» Como cualquier persona joven, yo tenía la esperanza de que tanto trabajo me llevara a ser famosa algún día. En ese entonces, Johnny estaba haciendo sus pininos como actor. Él también se sentaba a esperar durante horas a que le tocara su turno como «bolo», y los dos nos dábamos ánimos. Él se frustraba un poco porque a veces llegaba, ensayaba todo el día y por la noche no salía el programa al aire. En aquellos días todo era en vivo y sin el famoso *prompter* de la actualidad; es decir, todo se hacía de memoria. Así que los distraídos no podían con eso, era cosa de concentración total. No era nada de grabar y grabar de nuevo si te equivocas, como lo es ahora. El error que uno cometía, así salía. Naturalmente, estábamos siempre muy nerviosos de que algo fuera a salir mal. A veces sucedía algo tan cómico que Juanito y yo nos atacábamos de la risa, con la esperanza de que nuestros errores no fueran lo suficientemente graves como para que perdiéramos nuestros trabajos. Pero si todo se ponía demasiado serio, entonces nos contábamos chistes para relajarnos un poco y sentirnos mejor.

De vez en cuando, a Johnny le salían papeles grandes, pero no siempre se sentía totalmente preparado. Sin embargo, yo no tenía duda alguna de que todo iba a salir de maravilla. Después de las presentaciones, yo siempre le recordaba: «Ya ves Juanito, que todo te salió bien».Y entonces nos reíamos porque ambos sabíamos que yo tenía razón.

Todo eso fue muy buena escuela, porque en el escenario las cosas no siempre salen a la perfección. Uno tiene que saber cómo tapar un error o cambiar de corriente cuando no queda más remedio. El caso era no perder el hilo para que el público no se percatara de la falla.Yo no soy actriz, pero lo que aprendí en la CMQ me sirvió muchísimo, y lo más bello que Dios me dio en esa emisora fue esa relación con Juanito que ha durado más de cincuenta años.

Un día en 1950, trabajando en la CMQ, conocí a un coreógrafo que se llamaba Roderico Neyra. Me invitó a que participara en una producción que estaba montando. A él lo conocían como Rodney, y por eso todo el mundo pensaba que era americano, pero no era así. Él se inventó ese nombre tomando las primeras tres letras de su nombre, y le puso una i griega a las primeras dos de su apellido, R–O–D y N–E–Y, y de ahí nació

Rodney. La idea de él era montar una revista de bailes y música afrocubana. Su producción, si no la primera, fue una de las primeras de ese estilo y sin duda alguna fue la más exitosa de toda Cuba. De hecho, llegó a ser una sensación. El espectáculo se llamó *Sun sun ba baé,* lo cual creo que quiere decir «el pájaro lindo del amanecer» en lucumí. El zun zun, con zeta, es un colibrí cubano —y la especie más pequeña de ave que existe— cuyo nombre viene del sonido de su aleteo. Sin embargo, hay quienes también dicen que «sun sun», con ese, quiere decir «lechuza» en lucumí, y que «ba baé» provenía del nombre yoruba de San Lázaro en el panteón de las religiones afrocubanas, Babalú Ayé.

Sun sun ba baé debutó en 1951, y fue una hermosa celebración afrocubana. De hecho, era una revista musical —en la cual se presentaban varios cuadros, conmigo como la cantante estelar— que duraba una hora y media, y su canción temática, que tenía el mismo nombre que el espectáculo, era una guaracha compuesta por Rogelio Martínez, el director de la Sonora Matancera.

La presentación empezaba con bailes modernos, cantantes y vedettes como Olga Chaviano —que en paz descanse—, que salía reclinada en un palanquín sostenido por cuatro negros en cada esquina. Era algo sensacional. Luego había un cuadro con una rubia espectacular a la que le decían Skippy. Nunca supe si ese era su nombre de verdad, y depués de ese espectáculo nadie más nunca supo de ella. Skippy aparecía sentada en una mesa como si fuera turista, oyendo los tambores batá y viendo a los negros bailar. De pronto, le entraba el santo y se iba detrás de ellos bailando muy exóticamente, despojándose de la ropa hasta quedar en bikini. Por cierto, los bikinis de esos tiempos tapaban mucho más que los de ahora, pero igual era considerado un atuendo bastante atrevido.

Yo salía cantando primero en lucumí. Los tambores sonaban,

las bailarinas entraban haciendo sus acrobacias, y el público se impresionaba con tanto espectáculo. A mí me dijeron que después de componer la música de la obra, Rogelio Martínez consultó con los santeros y que ellos le pidieron permiso a los orichas —los dioses del panteón afrocubano— para presentarlo. Tengo entendido que los orichas concedieron, pero se tuvo que cambiar un poquito para que no fuera igual a un toque de santo auténtico. Quién sabe si eso sea verdad. Quizá sea un cuento que se inventó alguien para ponerle más misterio al espectáculo.

Sun Sun ba baé se puso en escena en el cabaret Sans Souci, que quedaba en las afueras de La Habana. Después se lo llevaron al Tropicana, que estaba en la ciudad aledaña de Marianao, donde fue el éxito más sonado del momento. Con el éxito que tuvo Rodney con ese espectáculo, le dieron el contrato para ser el coreógrafo de plantilla del Tropicana. *Sun Sun ba baé* fue el espectáculo que convirtió a Rodney en una leyenda.

El Tropicana no tenía comparación. De hecho, en su época dorada de los años cuarenta y cincuenta, el Tropicana era el cabaret más famoso de mundo, y de ahí salían los números más innovadores. En un principio, fue una casa de campo llamada Villa Mina. El cabaret fue fundado el 31 de diciembre de 1931 por el empresario Víctor Correa y su esposa Teresita España, como un club al aire libre. Era un lugar tan maravilloso que lo llegaron a llamar «El paraíso bajo las estrellas». Y así fue que Rodney, como su coreógrafo, se hizo mundialmente famoso. Cabe señalar que cuando yo llegué a trabajar ahí, ya el dueño era Martín Fox, quien en 1953 le puso un maravilloso techo de arcos multicolores de cristal al cabaret. Todavía considero que es uno de los lugares más bonitos en donde se me ha dado la oportunidad de cantar. Últimamente me han contado que el régimen que mal gobierna a Cuba ahora quiere revivir aquellos tiempos, pero se están gastando el tiempo. Nunca lograrán reconstruir la gloria de los años pasados.

Aparte del espectáculo visual de *Sun sun ba baé,* una de las cosas más innovadoras que hizo Rodney fue formar el grupo Las Mulatas de Fuego en 1948. Esas mujeres paraban el tráfico en dondequiera, ya que Rodney se buscaba a las mulatas más despampanantes que había. Incluso, hasta la fecha queda en el imaginario cubano esa fascinación con Las Mulatas. Pero cabe señalar que en realidad existieron varias versiones de Las Mulatas. Por ejemplo, cuando las originales y yo estábamos de gira en México, Rodney formó otro grupo en Cuba, y luego, cuando regresamos, formó otro más y las mandó para la Argentina. Las primeras Mulatas fueron Vilma Valle, Elena Burke, Olga Socarrat, Marta Castillo —cuya madre no la dejaba viajar—, Mercedes Montaner, Anita Arias, Meche LaFayette y Fefa, a quien le decíamos Simaya. En el transcurso de los años me he encontrado con algunas de ellas y también, de vez en cuando, me encuentro con personas que me dan noticias de una u otra. Pero después de que el sistema comunista se apoderó de mi país todo se vino abajo, y de los cuatro grupos de Mulatas que había, no quedó ni uno. Eso fue una verdadera pena.

Las Mulatas de Fuego lanzaron su carrera en el teatro Fausto, en La Habana. Yo cantaba y ellas bailaban. Me acuerdo de algunas canciones de esa época, como *La puntillita, Meneíto pa' aquí . . . meneíto pa' cá . . .* y *Pulpa de tamarindo.* Ya no me acuerdo quién dirigía la orquesta del teatro, pero el pianista se llamaba Fredo Vergaz. Empezaba la música, salía yo cantando y después salían Las Mulatas. Una por una, se deslizaban sobre el escenario con sus trajes llenos de plumas de colores. Eso era precioso y único. Era un espectáculo que no se veía en ningún otro lado. El teatro se llenaba todas las noches, y por lo tanto, nuestras presentaciones fueron un gran éxito. En ese año de 1949 el éxito fue tal que se nos dio la oportunidad de viajar a Venezuela. Estando en aquel país, aproveché la ocasión para grabar unas cuantas canciones con la Sonora Caracas, con Luis Alfonso Larraín y con los Leonard Melody.

En Venezuela nos iba muy bien, sobre todo en época de carnavales. Recuerdo que el empresario que nos llevaba se llamaba Guillermo Arenas, y que una vez se le ocurrió —en pleno carnaval— que nos presentáramos en un teatro. Sólo Dios sabe lo qué estaba pensando cuando nos contrató para el teatro, porque en los carnavales lo que la gente quiere es estar en la calle. Hubo algunas noches solitarias en que mejor nos aplaudíamos nosotras mismas, porque la gente no llegaba.

Sin embargo, nuestra experiencia en el cabaret venezolano fue todo lo opuesto. Nos contrataron en un lugar que se llamaba La Taberna del Silencio, cuyo nombre siempre me pareció raro, ya que era un lugar para rumbear, y no era nada silencioso. Ahí nos presentamos por tres meses y todas las noches la taberna se llenaba. Las Mulatas y yo hicimos tantas presentaciones juntas que yo me sabía los números de todo el elenco de memoria. Un día se enfermó una de ellas, y yo le dije a Elena, aunque no sé cómo se me ocurrió semejante idea: «No te preocupes, yo me sé los números y puedo salir en su lugar», y ella me dijo, «¿De verdad, Celia? Ay gracias, negra. Coge, aquí está el traje». Me lo puse y me arreglé, y cuando estaba a punto de salir, me quedé tiesa. No salí. Es que no pude. Me quedé parada ahí como un palo, y después me metí en el camerino para cambiarme. Cuando regresó del escenario, Elena me preguntó, «Chica, ¿qué te pasó? ¿Por qué no saliste?», y yo le contesté, «Ay Elena, lo siento negra, pero no fui capaz. Me sentí completamente desnuda, y tanta gente ahí mirando. No, no, no, perdóname chica, pero no pude». Elena no hizo nada más que reírse, y por supuesto, nunca más volví a ofrecerme para hacer el papel de una de Las Mulatas. Me dediqué a cantar solamente, ya que eso era lo que yo sabía hacer bien.

Cuando salía de gira con Las Mulatas, siempre buscaba la manera de conseguirme otro trabajito. En un de esas me salió una oportunidad con un señor que se llamaba Víctor Saulman, un empresario muy importante en la radio venezolana. El señor Saulman me citó para Radio Caracas, me hicieron una prueba, y a raíz de eso hice unos cuantos programas patrocinados por una marca de cigarrillos venezolana. También fue en Radio Caracas donde conocí al famoso tenor Alfredo Sadel, que en aquel entonces era muy joven. Nos conocimos en la antesala mientras esperábamos a que nos llamaran para nuestros respectivos programas. Así como me había pasado con Johnny en La Habana, fue en un estudio de radio que empezó otra de las amistades más duraderas de mi vida.

Debo señalar aquí que yo me presenté en Venezuela incluso antes de que cantara con Las Mulatas o la Sonora Matancera. De hecho, yo ya había viajado a Maracaibo con otro grupo de mujeres, la Orquesta Anacaona. Conchita Castro formó la Anacaona en el año 1932 con tres de sus hermanas y cuatro amigas, y nombró el grupo en honor de una legendaria princesa cubana, Siboney. Conchita tenía diez hermanas, y en el transcurso de los años las once llegaron a participar en la orquesta. Desde los años treinta ya había otras orquestas femeninas muy buenas, como la Orquesta de Loló Soldevilla, la Orquesta Edén Habanera, la Orquesta Ensueño y otras que ya no recuerdo. Yo sólo canté con la Orquesta Anacaona. Fue una experiencia maravillosa viajar y trabajar con un grupo tan grande de mujeres. Era como tener diez hermanas con quien contar para todo. Dondequiera que íbamos, nos abrían paso. Tanto mi experiencia con Las Mulatas como la experiencia con la Orquesta Anacona son momentos de mi vida que jamás olvidaré.

También en 1949, Las Mulatas y yo viajamos a México para presentarnos en el teatro Folies Bergères, y en un cabaret que se llamaba el Zombie Club. También había un Zombie Club en La Habana, pero no sé cuál abrió primero. El dueño del Zombie de México era un cubano llamado Heriberto Pino que luego se exiliaría en España. Las presentaciones que hacíamos allí siempre recibían buena crítica, y en aquella ocasión nos pasamos cinco meses en México, desde julio hasta fines de noviembre. Además, en ese viaje conocí a Don Vallejo, la estrella de la radio mexicana que muchos años después se convertiría en mi compadre.

De México regresamos a La Habana, pero enseguida empezamos a viajar mucho y muy seguido. Algunos grupos viajaban en barco, pero nosotros volábamos con la Cubana de Aviación porque los barcos se demoraban mucho y los horarios de nuestras giras eran bastante apretados. En aquella época, viajar en avión era un verdadero lujo. A pesar de que ahora son más cómodos los asientos, el servicio de aquel entonces era intachable. ¡Cómo han cambiado las cosas! La comida que le dan a uno ahora ni se compara con el «sandwichito» cubano que nos daban en esa época. Hoy en día, en primera clase sí lo tratan a uno mejor, pero no, qué va, no hay nada que se le compare al excelente trato que le daban a uno en la Cubana de Aviación.

Todas esas experiencias las viví antes de conocer a la legendaria Sonora Matancera. Además, también debo señalar que mi primera grabación fue antes de que me uniera a la Sonora. No recuerdo exactamente cómo fue que me salió la oportunidad. Será que pasó porque las cosas se intercalan y una oportunidad lleva a otra, supongo. Mi primer disco lo grabé en Cuba con Puchito, que era un grupo que tocaba los tambores batá. Después grabé un par de canciones con un grupo que se llamaba La Gloria Matancera, con el cual ya había cantado en Radio Cadena Azul. Después de esa grabación hice otra con un señor al que le decían Don Galán, que creo estaba relacionado con la Sonora Caracas. Me acuerdo de él porque el señor nunca me pagó, y en aquellos tiempos me hacía falta el dinero. Sin embargo, el daño no fue mayor. A pesar de cosas como esas que siempre pasan, yo creo que la vida artística es bella, aunque no sea para nada fácil. Tampoco niego que tiene su lado oscuro, pero creo que como en todo, eso depende mucho de la persona.

En todos lados me di a conocer, pero a la única persona que tuve que convencer de eso fue a mi papá. Para mí fue algo importante nunca ocultarle mi carrera. Además, yo lo que quería era que estuviera orgulloso de mí. No era nada raro que las muchachas se escondieran de los padres si querían ser artistas, ya que en esa época no estaba bien visto ser mujer en el mundo del espectáculo. La gente solía decir: «Ay, qué vergüenza, tenemos una artista en la familia».

Hoy en día son las mismas madres las que llevan a sus hijas a trabajar. Claro está que los tiempos son otros, de lo cual me alegro. Pero nunca estuve de acuerdo con una cosa: que todas las mujeres artistas fueran indecentes. Eso nunca fue cierto, ni siquiera en los tiempos de mi papá. La que tenía talento y vergüenza se podía valer de eso y no tenía por qué acostarse con un director de orquesta o un director de emisora. Yo conocí a una jovencita que se enredó con un señor e hizo un montón de tonterías, y al final de todo, el hombre ni siquiera era empresario. Pobrecita, se lo creyó todo, e inclusive murió de parto. Desgraciadamente, hay muchas muchachas débiles que hacen un millón de cosas intentando realizar sus sueños. Me da mucha lástima ver eso, porque la verdad es que no hay sino que respetarse a uno mismo para que los demás te respeten.

Gracias a Dios que me di cuenta de muy pequeña que vale más la amabilidad que la belleza, y vale más la dedicación que una conexión. Con esa filosofía, seguí mi trayectoria como me la entregaba el destino, y mi familia —con la excepción de Simón— siempre me lo aplaudió. Mi papá se avergonzaba de mí, y ni siquiera le decía a nadie que yo existía, pero gracias a Dios un día todo eso cambió.

Simón estaba trabajando y uno de sus compañeros de trabajo le enseñó un periódico y le preguntó, «¡Mira, Simón! Esta muchachita tiene el mismo apellido que tú. ¿Ella es algo tuyo?», y mi papá le contestó reciamente, «Pues sí. Es mi hija. ¿Y qué?» Cuando Simón vio que el periódico hablaba de mí, de mi talento y nada más, entendió que nunca fui lo que se había imaginado. Se dio cuenta que yo seguía siendo la niña educada que él y Ollita habían criado. Esa noche, cuando regresó a casa, hablamos a solas. Me explicó por qué había estado tan opuesto a mi carrera de artista, y por primera vez pude comprender su punto de vista. También me dijo que confiaba en mí, y que de ese día en adelante más nunca me negaría. Eso ocurrió en 1949. Hoy día, todavía se me llenan los ojos de lágrimas cuando pienso en esa conversación.

A principios de 1950 entré a trabajar en Radio Cadena Suaritos —donde, como dije anteriormente, ya me conocían—, y me quedé ahí como por año y medio. Ahí tenían de figuras principales a Amelita Prades, que en paz descanse, y a Candita Batista, y eran ellas las que grababan para la emisora. Yo hacía de corista, o sea, les hacía de segunda a Candita y Amelita, y nunca me permitieron ser solista. Un día, el señor Laureano Suárez me dio un numerito con un cantante que se llamaba Charles Burke, pero después de eso, más nunca me dieron otra oportunidad de hacer algo exclusivo con la emisora. De hecho, la cancioncita esa la transmitieron muy poco. Supongo que no fui santo de la devoción del señor Suárez. Sin embargo, aprendí mucho con todos ellos.

El grupo de Suaritos lo dirigía Obdulio Morales. Su especialidad era la música afro con tambores batá, y con él aprendí muchas de las canciones en lucumí. Fue en esa época que también conocí a Rodney, y después que hicimos ese famoso espectáculo del *Sun Sun ba baé* en el Sans Souci, tenía la esperanza de que tal vez me saliera otro trabajito. Pero nunca, ni en mis sueños pensé en la Sonora Matancera, ya que en esos días yo ni la conocía.

De hecho, la primera persona en mencionarme a la Sonora Matancera fue mi prima Nenita, que un día me preguntó: «Celia, ¿quieres oír a un grupo musical que toca bien bueno? Bueno, prende el radio a las once de la mañana y lo vas a oír». Así lo hice, y desde ese momento nació mi sueño de cantar con ellos. Cuando digo sueño, me refiero al que pasa cuando uno se duerme.

Así fue. Una noche, después de haber oído la Sonora, no me la pude sacar de la cabeza. Me acosté en mi cama, y cuando al fin me quedé dormida, tuve un sueño. Estaba en el escenario del teatro Campoamor, vestida con una bata blanca, y tenía a toda la Sonora Matancera detrás de mí. Me acuerdo que ese sueño me impresionó mucho, de lo real que parecía. Lo interpreté como una señal de que un día mi sueño se convertiría en realidad. Para la dicha mía, no tuve que esperar mucho.

Dos

MI ÉPOCA DE ORO CON LA SONORA MATANCERA

«. . . El tiempo y la memoria juegan juntos en nuestra historia».

—Emilio Aragón y Oscar Gómez. Celia Cruz, *La Cuba mía.*

$\mathcal{E}n$ JUNIO DE 1950, YO TODAVÍA ESTABA TRABAJANDO
en Radio Cadena Suaritos, cuando se apareció un señor que
todo el mundo conocía como Sotolongo. Venía a buscarme
porque quería que yo cantara con la Sonora Matancera.
Cuando ese señor me dijo eso, se me saltó el corazón de emoción y casi me ahogo cuando me di cuenta que mi sueño podía
hacerse realidad.

En aquel tiempo, la Sonora tenía de solista a una puertorriqueña —muy exitosa en Cuba— que se llamaba Myrta
Silva, que en paz descanse también. Myrta había decidido
regresar a Puerto Rico porque con el dinero que había ganado en Cuba se había hecho una casa enorme en su país. Por
lo tanto se fue de la Sonora, dejando abierto el puesto para
una cantante. Los directores de la emisora Radio Progreso —
la emisora que transmitía el programa de variedad *Cascabeles
Candado,* patrocinado por la compañía Jabón Candado y cuya
orquesta era la Sonora Matancera— decidieron que no iban a
dejar a la orquesta sin la voz de una mujer. Por eso fue que
mandaron a Sotolongo a buscarme en Suaritos, donde me
dijo que querían que cantara en el programa, y como él trabajaba para la emisora, hablaba con autoridad. Recuerdo que
Sotolongo me dijo: «Vaya a la emisora, y busque al director
de la Sonora, Rogelio Martínez, y dígale que yo la mandé».
Le di las gracias y me despedí. Me quedaban unas cuantas

canciones antes de poder irme a casa, pero casi no podía cantar de tanta emoción. Cuando terminé, recuerdo que antes de regresar a casa decidí ir a hablar con Rodney y pedirle que me aconsejara. Como era viernes, sabía dónde encontrarlo: en el teatro América.

Puesto que para entonces ya éramos buenos amigos, le dije a Rodney, «Tú que eres amigo de Rogelio Martínez, preséntamelo, por favor. ¡Fíjate tú que me han hablado para trabajar con la Sonora Matancera, chico!», y él me contestó, «Bueno, mañana vete al teatro Blanquita porque tenemos una presentación. Allá te lo presento». Al día siguiente, cuando llegué al Blanquita, estaban Rodney, Rogelio y otras personas que yo no conocía. Le conté a Rogelio que Sotolongo me había ido a buscar para trabajar en *Cascabeles Candado* con la Sonora, y él me dijo: «Bueno Celia, vaya usted para Radio Progreso. Allá ensayamos de lunes a sábado de las nueve de la mañana hasta el mediodía. La esperamos».

El domingo fui a misa para darle las gracias a Dios por el sueño que me había mandado y por haberlo hecho realidad. Después de misa me quedé a hacer un rosario pidiendo por la salud de mi mamá, la de tía Ana y la del resto de la familia.

Ese lunes me levanté bien temprano. Yo no quería despertar a nadie, pero Ollita me estaba esperando en la cocina con un cafecito con leche y bastante azúcar, como me gustaba tomarlo en aquel entonces. Salí de la casa con impermeable y sombrilla porque era época de lluvia y de repente podía caer un aguacero. No tuve ningún contratiempo, y llegué a Radio Progreso a las nueve menos cuarto.

Cuando entré en la emisora, el primero que me encontré fue el que sería mi futuro esposo, Pedro Knight. Luego me enteré de que él siempre era el primero en llegar. Cuando pienso en ese día, me impresiono de cómo son las cosas. La Sonora no sólo me dio a conocer al mundo, sino también me dio el amor de mi vida, mi Perucho, mi cabecita de algodón. ¿Pero en ese entonces, quién se lo hubiera imaginado?

Pedro estaba ensayando su trompeta. Yo no sabía ni cómo se llamaba, pero me parecía haberlo visto antes. Después que tuve el sueño, yo había ido a ver a la Sonora tocar en Radio Cadena Azul, donde tenían un programa que salía al aire a las tres de la tarde. También creo que en dos o tres ocasiones coincidimos cuando yo salía y ellos entraban a la emisora. En fin, me le presenté a Pedro y le conté lo que Rogelio me había dicho cuando lo conocí. Pedro me preguntó si había traído mis arreglos musicales, a lo cual respondí que sí. Como yo estaba haciendo mis pininos, y cantaba con una orquesta aquí y otra allá, pues ya empezaba a acumular mi repertorio y mis propios arreglos que siempre llevaba conmigo cuando me brindaban audiciones.

Los revisó y se dio cuenta que mis partituras eran para catorce músicos. Me dijo que no le parecía que me darían resultado porque en la Sonora sólo eran nueve músicos, pero me dijo que sería mejor esperar a Rogelio. Cuando éste por fin llegó, me dijo exactamente lo mismo. Aun así, me pidieron que esperara, y cuando llegaron los demás, intentamos ensayar algunos números. Tratamos de hacer *No queremos chaperona* y *El tiempo de la colonia*, pero no sonó nada bien. Decidimos que lo mejor sería dejarle la música a Rogelio para que se la pasara a Severino Ramos —el arreglista de la Sonora— y que fuera él quien adaptara mis partituras.

Pasaron como dos semanas en las que yo seguí trabajando con Radio Cadena Suaritos. Pero en eso, de pronto salió en el periódico que Myrta Silva dejaba la Sonora Matancera para regresar a Puerto Rico, y que una tal Celia Cruz la iba a reemplazar.

Cuando se enteró el señor Suárez, el dueño de la emisora, me botó con las siguientes palabras: «Ya usted termina este viernes diecinueve». Al dejarme en la calle, Suaritos me puso a pasar hambre, porque en esos días yo no tenía más que eso y el trabajo con la Sonora todavía no se había concretado del todo. Suaritos me pagaba una miseria, pero me venía muy bien porque con eso yo podía ayudarle a mi familia. Como yo no tenía teléfono en la casa, tenía que ir a la bodega de la esquina para llamar a Radio Progreso, y preguntar en qué iba lo de mi contrato. Recuerdo que le decía a la operadora: «Dígame señora, ¿me ha mandado llamar don Rogelio?». Y ella me contestaba: «No, todavía no. Espérese un poquito más». Yo ya me estaba desesperando por tanta necesidad que tenía mi familia en esa época. Pero al fin, llegó un día a fines de julio cuando pude hablar con Rogelio, y él me dijo: «Puede venir, ya por fin están listos los arreglos para ensayarla». ¡Qué alivio y qué gusto sentí! Me fui corriendo hasta la casa para informarle a Ollita y a todos que ya podría ensayar con la Sonora.

Debuté con la Sonora Matancera el 3 de agosto de 1950, y mi familia entera estuvo ahí en primera fila. Mi primo Serafín —que tanto me había ayudado— estaba feliz esa tarde. Sin embargo, el pobre falleció al poco tiempo de que empecé con la Sonora, y por lo tanto, nunca llegó a ver hasta dónde me llevó todo lo que él hizo por mí.

La Sonora Matancera me cambió la vida porque era una orquesta muy conocida y, musicalmente, era excelente. Aún ahora se oye la música que la Sonora grabó en esa época. Yo siempre he dicho —y lo seguiré diciendo- que la Sonora Matancera ya era una gran orquesta cuando yo llegué. A ellos los considero como mis hermanos y así siempre será. Aclaro que yo nunca formé parte del elenco. Siempre fui invitada, y cuando hacían sus giras, no sólo me llevaban a mí sino también al cantante puertorriqueño Daniel Santos.

La confusión sobre mi lugar con la Sonora se debe a que muchos no saben que mi contrato no era con la Sonora Matancera sino con Radio Progreso, para participar en su programa *Cascabeles Candado*. Ese programa tenía un segmento cómico con Mamacusa Alambrito del cómico Echegoyén, y después seguíamos nosotros con tres números entre actuaciones. Éramos Bienvenido Granda y yo, después llegó Daniel, y a partir de entonces trabajábamos los tres. Fue precisamente en ese programa que cantó con la Sonora el bárbaro del ritmo, el inmortal Beny Moré.

Cuando yo comencé con la Sonora, Bienvenido Granda era el cantante de plantilla. Tenía un tremendo bigote, y por eso la gente le puso «el bigote que canta». Él se integró a la Sonora el mismo año que Pedro. O sea, Pedro entró el 6 de enero de 1944, y Bienvenido entró en diciembre. Cuando Humberto Cané se retiró, dejó recomendado a Bienvenido, y la Sonora lo contrató.

Pedro me contó que la noche que debutó Bienvenido, la Sonora tenía un baile en un lugar muy sagrado para los cubanos que se llama El Rincón, la antigua leprosería y santuario de San Lázaro, ubicado cerca de Santiago de las Vegas, un pueblo aledaño a La Habana. Bueno, era la víspera del santo, es decir, un 16 de diciembre. La Sonora solía transportarse en su Buick, que se había vuelto famoso en Cuba ya que sólo quedaban dos en toda la isla. Pero desafortunadamente, ese célebre carro en el cual se metían todos a pesar de tener asientos sólo para siete, se quedó sin gasolina en el camino. No les tocó otra más que bajarse a todos, menos Rogelio, el chofer, y empujar el carro. Ahí estaban los nueve en sus esmóquines empujando algo tan pesado y por tantísima distancia. De pura desesperación, se le ocurrió a Pedro darle una patada al carro; el pobre, porque eso le dolió más a él que al carro. El carro se quedó ahí sin un raspón, y Pedro se quedó con la rodilla lastimada por mucho tiempo. En ese viaje a Santiago de la Vega debutó Bienvenido Granda con la Sonora Matancera. Cuando Bienvenido se fue, la Sonora siguió con Celio González y con Estanislao Sureda, a quien todos llamábamos Laíto.

Daniel Santos entró a la Sonora de la misma manera que yo; es decir, la emisora lo contrató como invitado de la Sonora Matancera. Daniel era un mago de la canción de verdad, pero había algo raro con él, porque a pesar de que trabajábamos tan juntos, nunca hablaba de su familia. Nada, nada. Era de esa gente que uno no sabe si tiene familia o no, aunque sí sabíamos que tenía hijos. Recuerdo que era un boricua apasionado, pero parecía como que había tenido una vida muy sufrida. Él y yo tuvimos una actuación en el teatro Blanquita de México días antes de que muriera en Ocala, Florida, el 27 de noviembre de 1992. Me dio mucha tristeza cuando supe que falleció, y aunque Pedro y yo no pudimos ir, sé que su velorio en Puerto Rico fue todo un evento nacional.

El programa *Cascabeles Candado* era muy popular, pero creo que era, en gran parte, debido a que la Radio Progreso tenía un transmisor muy poderoso. Era tan fuerte que las ondas llegaban a todo el Caribe. Para la Sonora Matancera y los que trabajábamos con ella fue una bendición tener un programa en vivo todos los días con una emisora tan poderosa, porque así fue cómo nos dimos a conocer a millones de radioescuchas en todo el continente. Por ejemplo, ya nos conocían en lo que en aquella época era la colonia británica de Trinidad, en la Antillas Francesas y Neerlandesas, en Haití y Santo Domingo, antes siquiera de que fuéramos de gira a esos países. Ese fue todo gracias a la señal tan fuerte que tenía Radio Progreso. Y debo señalar que cuando íbamos a la República Dominicana, siempre nos invitaban a fiestas en casa de la célebre cantante dominicana Casandra Damiron, que siempre he admirado mucho.

Pero a pesar de toda la emoción del momento, no todo era perfecto. En Radio Progreso la crítica me caía por todos lados. Por un lado había muchas personas que me aplaudían, pero por el otro había un público que estaba loco por Myrta Silva, y, por lo tanto, no me quería a mí para nada. Llamaban a la emisora, le escribían cartas a Manolo Fernández, el director de la emisora, a Rogelio y a mí, diciendo que yo no encajaba con un grupo como la Sonora Matancera y quién sabe cuántas cosas más. Las cartas que llegaban a mis manos las leía, y si había una crítica válida y algo que aprender, yo encontraba la manera de mejorar, pero si no eran más nada que veneno las botaba, pero rápido. De todas formas, ese tipo de correspondencia negativa me entristecía, ya que duele dar lo mejor de uno y que la gente se lo rechace sin razón, simplemente porque uno no es lo que quieren que sea. ¡Ay Ollita, mi madre santa, cómo me ayudaron sus consejos y los de tía Ana! Me decían, «No dudes de ti, mi niña. Dios sabe lo que hace», y «Usted siga p'alante. Si la gente no la quiere, quiérase usted más y nunca baje la cabeza para nadie». Con esos consejos y ese amor yo me fortalecía todos los días. Le daba las gracias a Dios por todo, inclusive por las dificultades, porque sabía que con eso Él me estaba enseñando lo que tenía que saber para convertirme en la persona que quería ser.

Además, mi familia contaba con la ayuda económica que yo le daba, y por nada del mundo podía darme por vencida. Me fijé bien en lo que tenía que hacer. Me aprendía los números, nunca falté a los ensayos, siempre llegaba temprano, me portaba bien con la gente y me vestía de lo mejor, dentro de mis posibilidades. Dios no me dio una cara bonita, pero sí me dio muchos otros talentos y supe valerme de ellos. Y creo, que al fin de las cuentas, mis virtudes me han valido más que cualquier otra cosa.

Para mí, la década de los años cincuenta sí que fue algo especial. El ambiente era rico y prometedor. Todo parecía estar en su apogeo. Había mucho movimiento y los compositores estaban locos por entregar sus temas para que la Sonora los sacara al aire. Además, Rogelio, que tenía muy buen ojo para lo que iba a pegar, sabía qué número asignarle a cada cantante.

A él le debo mi primera grabación con la Sonora Matancera. Rogelio ya me había dicho que quería hacer una grabación conmigo, y yo sólo esperaba que me dijera cuándo. Un día llegué a Radio Progreso y me dijeron que estaba ahí un tal señor Sígol. Sidney Siegal era el empresario americano del sello Seeco que tenía el contrato de exclusividad para grabar a la Sonora Matancera, y nosotros le decíamos Míster Sígol. Él estuvo oyendo el programa, y después fue a hablar con Rogelio, que le informó que iba a hacer una grabación conmigo. Sin embargo, Siegal le dijo que tenía que estar loco y que no quería que grabara conmigo. Rogelio no cedió, y le dijo que él era el que se encargaba de decidir quién grababa y quién no. Pero Siegal insistió, y le explicó que las mujeres no vendían discos; que servían para los programas en vivo pero no para vender elepés. Le contó que se le había caído la venta a Libertad Lamarque, y le preguntó que qué pensaba sacar con una muchachita como yo, cuando una mujer de la talla de Libertad Lamarque no estaba vendiendo bien.

Pero Rogelio sabía muy bien que Siegal estaba equivocado, ya que otras cantantes como Toña La Negra, Eva Garza, Elvira Ríos y María Luisa Landín estaban vendiendo, y muy bien. Le trató de explicar a Siegal que una cosa era naranja y otra era piña, pero

Siegal no quería ver la verdad. Finalmente, Rogelio y Siegal quedaron que si el disco no se vendía, entonces la Sonora me pagaba y que no le costaría nada a la Seeco. Y así fue. Grabé un sencillo con dos canciones, *Cao, cao, maní pica'o,* y *Mata siguaraya.* Ese disco pegó por toda Cuba, y a partir de eso más nunca tuve problemas ni con el público ni con Sidney Siegal. Años más tarde, Rogelio me contó que después del éxito de ese disco, Siegal le dijo «Rogelio, *go ahead»,* o sea, que le daba el visto bueno en lo que se refería a mí. Llegué a grabar setenta y cuatro elepés con la Sonora Matancera. Es decir, cada tres meses sacábamos un disco, y duré quince años grabando exclusivamente con la Seeco. Al principio para mí fue muy difícil cuando entré a la Sonora, porque ellos ya eran una orquesta famosa y yo todavía era relativamente nueva en la industria. Pero Rogelio me ayudó todo lo que pudo. Él creía en mí. Seré una mujer con mucha determinación, pero el sueño que Dios me mandó y el respaldo de Rogelio fueron muy importantes para que yo llegara hasta donde llegué en esa época. Eso a mí nunca se me va a olvidar. Siempre le estaré agradecida por todo lo que hizo por mí.

La Sonora siguió haciendo sus programas en las emisoras y en los cabarets hasta que nos llegó la oportunidad de ir a Haití. Bienvenido y yo éramos los cantantes. Nos fue de los más bien y los lugares donde nos presentábamos se llenaban de gente. De lo que más me acuerdo es de haber conocido a la maravillosa Marthe Jean—Claude, que era una gran cantante y bailarina haitiana. La invité a que fuera a Cuba y me hizo el gran honor de venirme a ver en La Habana en 1952. Realizó varias actuaciones en el Tropicana y grabamos un dueto muy famoso que se llamó *Chaque une.*

Desde un principio fue un placer trabajar con los muchachos de la Sonora. Era como tener a nueve hermanos. Me cuidaban y me ayudaban constantemente. Fueron todos unos perfectos caballeros. Cuando viajábamos a cualquier país de América Latina no había un solo hombre que pudiera tirarse en confianza conmigo porque los diez salían a mi defensa. A éstos, mis hermanos, no les importaba quién fuera ese hombre; nada los podía parar. Así fuera un general o un presidente, ellos me defendían.

Un día, cuando estábamos de gira en otro país —pero no voy a decir cuál—, se me acercó un general muy poderoso que no me quería dejar tranquila. Fui caminando para el carro rapidito, rapidito, y él me seguía. De pronto se abrieron las puertas de aquel carro que tenía la Sonora, y salen esos diez negros, todos al mismo tiempo, y aquel hombre no supo ni qué fue. Por eso cuando yo viajaba con la Sonora nunca fue necesario llevar a nadie más de acompañante, aunque mi prima Nenita me acompañaba a los viajes que yo hacía sola sin la Sonora. Recuerdo que cuando nos tocaba la hora de dormir, siempre trancábamos la puerta con una silla o atravesábamos la cama para que nadie se pasara de listo y entrara después de darse cuenta que éramos dos mujeres solas. Teníamos que tener mucho cuidado.

A parte de la protección y el apoyo profesional que me daban todos ellos, había amistades sinceras. Especialmente con Pedro, Caíto y Lino Frías. Caíto me decía «herma», que era una abreviatura de «hermana». Trabajar con la Sonora fue recibir una cátedra diaria sobre lo que es la música cubana. Sin ellos, yo no estaría donde estoy ahora.

También, gracias a la Sonora me salieron oportunidades para hacer otras cosas. En esa época se usaba mucho que los cantantes grabaran su voz haciendo una cancioncita para productos como cigarrillos, jugos o cualquier otra cosa. Pero lo que acostumbraban era poner una modelo bonita, casi siempre era una rubia o un hombre blanco con la voz de algún cantante. Yo grabé numeritos para el jabón Candado, el ron Bacardí, la Coca–Cola, los tabacos

H. Upmann, el queso Guarina, Colonia 1800, Café Pilón, Jupiña, los tabacos Partagás, la cerveza Hatuey y el tema del Casino de la Alegría. Hace unos años un señor que se llama Omar Marchant me regaló una cinta con la mayoría de esas cancioncitas que yo había grabado. Fue una sorpresa maravillosa. Ahora todo el mundo les dice *jingles*. Muchos de ellos eran buenísimos, pero la verdad es que nos pagaban una porquería. Me acuerdo que los de la Colonia 1800 me pagaron veintiún pesos por hacer ese anuncio. Normalmente nos pagaban cincuenta. No se bien ni por qué lo hice. En esa época, yo solía hacer lo que me dijeran. A mi me encantaba cantar, y cualquier oportunidad para hacerlo me parecía un regalo del cielo. Así fuera por tan sólo veintiún pesos.

Alguien me dijo que yo soy la *«jingelera* pionera». Me da mucha risa esa palabrita. Pero a mí me pasaba una cosa muy curiosa. Antes de darme un *jingle,* los productores, por lo general, ya habían pasado por cuatro o cinco cantantes. Un ejemplo de eso es lo que sucedió con una muchacha que se llamaba Frances Nápoli. Ella me decía: «Mira Celia, me han puesto a hacer ese anuncio y quieren que lo cante como tú, pero chica, yo no puedo». Y pobrecita, terminaban contratándome a mí para cantarlas. Si los productores intentaban doblar mi voz con la imagen de otra persona, no les daba ningún resultado. El mismo público no se lo aceptaba y me tenían que poner a mí en el anuncio. Es que mi voz es un contralto con un poco de alto arriba y un poquito rara. La gente la conocía, y no se conformaba con que pareciera salir de la boca de otra persona. Los que insistían en poner a un modelo —porque yo no era el tipo que querían—, la tenían que poner bailando o haciendo cualquier cosa, pero cantando con mi voz, nunca. Así fue como salí en la televisión cubana, que en Cuba ya existía en 1950, poco después que se la hubieran inventado en los Estados Unidos. ¡Cómo son las cosas! En un par de años había ido desde el rechazo de algunos cuando reemplacé a Myrta Silva en la Sonora, a hacer *jingles* en la televisión, el medio más nuevo y emocionante de la época.

Ya para mitad de la década de los años cincuenta comencé a desarrollar mi carrera más allá del escenario, la radio o la televisión. Aunque siempre he dicho que no soy actriz, en 1955 debuté en la gran pantalla. En aquel año, Dios me permitió trabajar con la gran actriz argentina Niní Marshall en la película cubana *Una gallega en La Habana.* De hecho, Pedro también salió en esa película. Me encantó verlo en la pantalla grande, ya que se veía tan guapo, lo cual sigue siendo.

Seguí trabajando en muchos programas especiales para la televisión cubana y películas filmadas en Cuba, como *Affair in Havana,* con los célebres artistas americanos John Cassavettes y Raymond Burr. También fui modelo para los productos Allyn's, una compañía de productos para el cuidado del pelo que se especializaba en el mercado de los negros. Esos anuncios salieron en las revistas y los periódicos más importantes de Cuba.

A pesar de todo ese trabajo, la Sonora y yo seguíamos haciendo muchas giras por el interior de Cuba. Recuerdo que durante los carnavales de Santiago de Cuba de finales de julio (diferentes de los carnavales habaneros que se llevaban a cabo antes de la Cuaresma), y que se celebraban en honor del santo patrón de la ciudad, Santiago Apóstol, la empresa Bacardí siempre nos contrataba por dos semanas como artistas exclusivos. En ese tiempo también tocábamos mucho en el Casino Español de Florida, en la provincia de Camagüey, en el Casino de Camagüey de la capital, en el central azucarero de Vertientes, en Trinidad y por casi toda la isla. Cabe señalar que solíamos viajar en el carro de la Sonora; pero si el viaje era de más de cinco horas —como a

Camagüey o Santiago de Cuba——, íbamos en avión. En esa época la vida parecía tan sencilla . . . Nos divertíamos como nunca.

En ese entonces había muchos empresarios que representaban a los artistas, aunque yo no tuve representación hasta mucho después de que empecé con la Sonora Matancera. De hecho, al principio no tuve mucha suerte con los representantes. Después alguien me dijo que era porque algunos decían que era muy feíta; que sí tenía una voz muy bonita, pero no el *look* adecuado. Todo lo tuve que hacer sin representante, lo cual me enseñó muchísimo. Y así fue hasta que llegó Tito Garrote, mi primer representante. Es decir, hasta que no grabé con la Sonora, nadie me llamó para representarme.

En 1957, Dios me dio el privilegio de viajar por primera vez a Nueva York, la ciudad donde viviría la mitad de mi vida, aunque en ese momento jamás me lo hubiera imaginado. Me invitaron a presentar un concierto y a recibir un disco de oro por *Burundanga* de las manos del mismito Sidney Siegal, el que tan sólo unos años atrás no quería que grabara.

El concierto se llevó a cabo en el teatro Saint Nicholas Arena del Bronx, Nueva York. Machito y su Orquesta estaban tocando, y todavía no pasaba yo. Debo señalar que Machito, cuyo nombre de verdad era Frank Grillo —que en paz descanse— y su hermana, la cantante Graciela, jugaron un papel fundamental en la difusión de la música cubana en Nueva York. Bueno, de pronto, mientras estaban tocando, se oyeron gritos y la gente empezó a correr. Se armó tremenda bronca. Yo estaba en bastidores, asustada, cuando veo a una señora toda ensangrentada que me dice: «Celia Cruz, mira lo que me ha pasado por venir a verte a ti».

Me sentí muy mal. No sabía qué decirle. Y en eso llegó la policía y me botaron a mí con todos los demás. Yo no sé qué fue lo que pasó. Hay muchas versiones. Una dice que se vendieron más entradas de lo debido y que la gente se puso brava. Otra dice que se vendió tanto que le quitamos público a otro club. Eso es lo que yo creo que pasó. En los Estados Unidos no se puede meter más gente en un edificio de la capacidad permitida, y yo creo que el dueño del otro lugar llamó a los patrulleros y por eso nos cayeron encima. Eso fue un escándalo. Había zapatos por todos lados, y no fue sino hasta el día siguiente que la gente vino a recoger todas las cosas que habían dejado tiradas por ahí. Qué cosa tan espantosa fue eso. Gracias a Dios que nunca he vuelto a tener que pasar semejante susto. El día siguiente, el periódico neoyorquino *El Diario* puso en su primera plana: «Tremendo *revolú* por una artista cubana».

Lo lindo de este negocio, o como los americanos dicen, «chobisnes», es que me ha dado la oportunidad de conocer grandes personas: artistas, compositores, actores y hasta presidentes. A quienes primero conocí en Cuba fue a los grandes músicos y compositores del día. Varios de ellos se convirtieron en amigos de toda la vida.

Uno de los primeros fue Cuco Martínez. Yo creo que él vivía en Santos Suárez, porque yo lo saludaba desde la puerta de mi casa. Es increíble lo pequeño que puede parecer el mundo cuando uno está en una isla como Cuba. Luego conocí al más grande, que fue Beny Moré. Beny y yo trabajamos juntos en varios programas de radio, pero lamento que nunca hicimos una grabación juntos. Lo que se escucha son reproducciones de programas de radio que sacamos. Él era muy sencillo y generoso y le encantaba sembrar maticas y tener animalitos. Era un buen hombre y un gran artista, pero Dios se lo llevó en 1963, cuando tenía tan sólo 44 años. Sentí mucha tristeza cuando murió.

Gracias a Beny conocí a mi gran amigo Rolando Columbie, su

pianista. En esa época, Rolando y yo trabajamos mucho juntos, y me acuerdo que siempre me pedía que entrara a las tiendas de mujeres para comprarle regalos a su novia. Es curioso, pero en aquel entonces, yo no tenía ni idea que su novia no era ni más ni menos que mi gran amiga Gilda Columbie, la que hoy día es su esposa. Cuando me enteré, treinta y cinco años después, le dije: «Chica, de haber sabido que era para ti, le hubiera gastado todo el dinero». Hoy en día Rolando y Gilda viven en España. Nos vemos cada vez que estamos allá y hablamos por teléfono varias veces por semana.

De hecho, los canarios de Las Palmas han llegado a pensar que Rolando es mi guardaespaldas, ya que cuando estoy allá siempre me está protegiendo. Todo eso empezó porque desde las playas de Las Palmas se ven todos los barcos de pesca que van de Cuba a España. Una vez, unos barcos de bandera cubana secuestraron a dos cubanos exiliados de la playa, y se los trataron de llevar para Cuba a la fuerza. La comunidad cubana de Miami se movilizó, y logró interceptarlos en Canadá. No sé cómo lo hicieron, pero se los quitaron a los secuestradores, y todo tuvo un final feliz. Pero Rolando se quedó con la preocupación, y cuando andamos en la playa no deja que nadie se me acerque.

También en esos tiempos de La Habana de ayer, tuve el enorme placer de conocer a Dámaso Pérez Prado en una de mis giras dentro de Cuba. Muchos de los empresarios, como el conde Meyrelé, lo elegían para ser el pianista de las caravanas que se hacían por el interior de la isla. Él era un pianista maravilloso que también hacía arreglos, y fueron muchas las ocasiones en que nos presentamos juntos. Creo que también le hacía los arreglos a Cascarita y a la Orquesta Casino de la Playa, y seguro que a otros más. En esos tiempos nos encontrábamos muy de vez en cuando, pero cuando Pérez fue a México por primera vez, él, Las Mulatas de Fuego y yo coincidimos en el mismo avión. Claro que nos saludamos y toda la cosa, pero al bajarnos del avión él tomó su rumbo y nosotros el nuestro. Así era él.

A Ninón Sevilla, una actriz y rumbera cubana muy famosa en esos tiempos —creo que hacía más películas que las mismas actrices mexicanas—, le encantaba hacer reuniones en su casa. ¡Cómo le gustaba cocinar a esa mujer! Su casa era como la embajada cubana en México, donde se reunían políticos, escritores, locos y poetas. Me comentaron que en algunas ocasiones Fidel Castro y Ernesto «Che» Guevara la frecuentaron. ¡Gracias a Dios que nunca me topé con esos señores! Una vez, Ninón nos invitó a comer, y fuimos algunas de las Mulatas y yo. Ahí nos volvimos a encontrar con Pérez Prado. Pasó bastante tiempo, hasta que un día de repente me lo encontré y le pregunté, «Bueno Prado, ¿qué tal? ¿Cómo te ha ido?», y él me contestó, «Chica, bien, y ahora me voy, porque Ninón Sevilla me lleva para México» y así fue que Pérez Prado terminó quedándose en México.

En esa época había muchos artistas cubanos en México, porque era —y sigue siendo— un mercado muy importante en el mundo hispanoparlante. Desde la década de los años veinte, en México reinaba la música cubana, y por eso los artistas cubanos se lo pasaban viajando entre ese país y el suyo. Entre los artistas cubanos que estaban radicados en México en los años cincuenta estaban Humberto Cané, Silvestre Méndez, Joaquín González, que en paz descanse y que fue en vida el marido de mi querida amiga Yolanda Montes, «Tongolele», o Yoli, como le digo yo.

Tongolele y yo nos conocimos en México trabajando en el teatro Folies Bergères. Empezamos haciendo caravanas, y con el tiempo establecimos una amistad que ha durado hasta la fecha. Hubo una época cuando estábamos trabajando juntas, que a Yoli le encantaba peinarme y maquillarme. Hemos compartido mucho.

Y como en su casa me sentía como en familia, cada vez que llegaba a México yo me iba para allá a cocinarle comida cubana.

Tuve también el placer de trabajar con el gran músico cubano Carlos «Patato» Valdés en México, aunque yo ya lo había conocido en Cuba cuando trabajó en El Zombie al mismo tiempo que yo. Curiosamente, no lo conocí por la Sonora Matancera, y da la casualidad que yo no sabía que también había tocado con la Sonora hasta que Pedro me lo dijo hace como diez años, cuando estábamos hablando de él con un periodista. Me sorprendió saber eso después de tantos años de trabajar con la Sonora. Yo sinceramente creía que lo sabía todo sobre ellos. Pedro dice que de la Sonora Patato pasó a la Orquesta Cuba–Habana de Alberto Ruiz. De hecho, Patato jugó un papel muy importante en la difusión de la música cubana por todo el mundo. En fin, en México, muchos músicos cubanos formaban un círculo pequeño en esos tiempos. Casi todos nos conocíamos y éramos muy buenos amigos.

También pude llegar a admirar y hacer amistad con músicos de otros países durante esos primeros años de mi carrera. Había una compositora peruana que yo admiraba muchísimo. Se llamaba Chabuca Granda, y llegué a conocerla un año antes de su muerte. Antes de unirme a la Sonora, trabajé en el Perú cuando estaba muy de moda su canción *La flor de la canela,* la cual me aprendí por lo tanto que me gustó. Del Perú me fui para México, donde me iba a presentar en un teatro, ya no recuerdo cómo se llamaba, donde también había otros artistas. Un día me puse a cantarla en los camerinos, y la orquesta peruana Los Hermanos Silva, que se estaba presentando en el mismo espectáculo, me acompañó. Después ellos la grabaron por su cuenta, y les fue muy bien. De hecho, me acuerdo que la primera vez que la oí, me pareció que le vendría muy bien a Olga Chorens y a Tony Álvarez, la pareja de cantantes cubanos que llegaron a tener en los años cincuenta su propio programa televisivo con sus hijas, la cantante Lisette y Olga, locutora de Univision en Nueva York.

Esa canción me impactó tanto que me nació el deseo de conocer a su compositora, y eso siempre se lo comentaba a todo el mundo. Felipe Letherstein, que es un escultor y el hijo del dueño de la Feria del Pacífico en el Perú, sabía de mi deseo. Cada vez que yo llegaba a su país él hacía una fiesta en mi honor, y solía invitar a personajes de la clase bohemia de Lima. En una de esas fiestas me dio la sorpresa de invitar a Chabuca. Me encantó conocerla; se portó conmigo divina. Nos la pasamos de lo más bien. Cantamos juntas, y me contó de lo contenta que estaba de que yo hubiera grabado su canción *Fina estampa*. Cinco meses después de esa fiesta, Chabuca se enfermó y falleció. Su hija luego fue a verme a Nueva York y hablamos largamente acerca del talento y el carisma de su madre. Era una mujer extraordinaria.

También tuve el gran gusto de conocer a la famosa cantante francoamericana Joséphine Baker. Joséphine se presentó en un club habanero que se llamaba El American; no me acuerdo bien si fue en 1956 ó 1957. Lo que sí sé es que trabajamos una semana ahí juntas, y luego nos volvimos a encontrar en Venezuela, donde la contrataron a ella, a Miguelito Valdés, a Evangelina Elizondo y a mí. Por cierto, a la pobre le fue muy mal en esa gira en Venezuela, ya que la gente no iba a verla. Joséphine hablaba español, con acento, pero lo hablaba muy bien, y no entendía por qué no la iban a ver. Un día, Joséphine me preguntó, «Celia, ¿y esto es siempre así?», y yo le contesté, «Sí, así es». El problema radicaba en que nos habían contratado para trabajar en el Coney Island de Caracas, que es como el de Nueva York, un lugar de diversión al aire abierto que no tiene fama de contratar a artistas de alta calidad. Por lo tanto, a mí no me sorprendió lo que estaba pasando, pero claro que para ella era raro que no la atendieran, ya que estaba acostumbrada al público francés, que la adoraba.

El espectáculo de Joséphine era más o menos lo mismo que ella hacía en los teatros de París y Nueva York. Sus canciones, como *Merci beaucoup,* eran las mismas, y tampoco las pudo cambiar mucho en esa gira debido a que el escenario no se prestaba para eso. Su espectáculo era demasiado sofisticado y su ropa muy regia para ese público que iba al Coney Island. Ahí había muchos muchachos corriendo, bailando y haciendo de las suyas, y Joséphine era una artista demasiado fina para eso. Tenía una voz bonita, pero finita, y por eso la gente ni caso le hacía. Se cambiaba y a la gente le daba igual. Ahí se iba a bailar rumba, guaracha, merengue, pero no era un lugar para una artista de su categoría. Pobrecita, qué mal le fue en Venezuela.

En donde le fue tremendamente bien a Joséphine fue en México. Ella trabajó mucho con los coreógrafos Roberto y Mitsuko, una pareja casada cuyos nombres verdaderos son Roberto Gutiérrez y Mitsuko Miguel, y que aún son muy buenos amigos míos. Ellos le montaron un espectáculo tremendo en 1961. Fue tan exitoso que ella misma les pidió a «Los Misukos», como yo les digo, que se lo montaran en el Lido de París. Unos años después la volví a ver en Nueva York cuando se presentó en el club Westside de Broadway. Yo quiero mucho a Joséphine Baker. Siempre la admiré muchísimo.

Haciendo memoria de mi vida, me doy cuenta que muchos de los que he querido como hermanos y amigos ya se fueron. Antes me daba mucha tristeza, especialmente las muertes de mis hermanos de la Sonora Matancera. Pero hoy pienso que esta separación es como todas: sólo es cosa de tiempo para encontrarnos de nuevo. Pero gracias a Dios, de los que conocí en aquellos tiempos hay algunos que todavía viven.

Entre éstos está mi amiga Matilde Díaz. En Cuba, yo oía una emisora que se llamaba Radio Continente. Como siempre me he despertado muy temprano, me ponía a oír a las siete de la mañana a una orquesta colombiana que se llamaba la Orquesta de Lucho Bermúdez. Ese grupo tocaba una música muy bonita con clarinete, y Matilde Díaz era la que cantaba. Yo era muy admiradora de ellos. Un día, en 1951, me enteré que habían venido a Cuba y que estaban en radio Cadena Azul. Arranqué para allá con la esperanza de conocerlos en persona. Cuando llegué, me dijeron que ya se habían ido, pero que los podía encontrar en un hotel cercano, y para allá fui.

Llegué al hotel, pregunté por ellos y bajó Lucho. Me presenté, le conté que yo era gran admiradora de ellos, y Lucho se portó muy fino conmigo. Esa vez no conocí a Matilde. Yo digo que eso fue en 1952, pero Matilde dice que fue en 1953. Qué más da, ya que de ese encuentro comenzó a una lindísima amistad. En Cuba también estuvieron en el Tropicana, y cuando se fueron a trabajar a México, Matilde y yo nos escribíamos mucho.

Pasaron los años y mis discos sonaban por donde quiera, hasta que hubo uno que pegó bien fuerte. Ese número se llamó *Burundanga*, y me llevó a Colombia. Lucho y Matilde vivían en Medellín —aunque luego se fueron para Bogotá—, y cada vez que íbamos a Colombia nos veíamos porque a nosotros solían llevarnos de Cartagena de Indias a Medellín y de ahí a Bogotá. Hemos sido muy buenos amigos los cuatro. Incluso, después de que se separaron, mantuve la amistad con los dos. Es más, soy madrina de su hija Gloria María. En 1993, Matilde celebró sus cincuenta años de vida en el escenario y las dos cantamos *Burundanga*. Lucho murió un año más tarde, en 1994, y en 1996 Matilde y yo grabamos un dueto llamado *Las pilanderas*. Para mí, Matilde es la mejor cantante colombiana de todos los tiempos.

La lista de las personas que conocí durante mis días en La Habana es muy larga, y voy a parar aquí con la afirmación que quizá lo más valioso que pudo traerme mi trabajo con la Sonora Matancera es esa larga lista de colegas y amigos. Además, para finales de los años cincuenta ya me conocían como *La guarachera de Cuba,* el título que más aprecio, ya que refleja mis raíces como una humilde cantante de la música popular cubana. Y como esta guarachera había logrado la estabilidad económica, pude al fin lograr una de las mayores satisfacciones de mi vida: construirle una casa nueva a mi mamá Ollita.

Yo quería darle todo lo que fuera posible a mi mamá, porque sin ella jamás hubiera llegado a donde estoy. Primero me trajo al mundo, y luego me apoyó en todo, y hasta se le enfrentó a mi papá para apoyarme en mi carrera. Así que compré dos terrenos en la calle Terraza nro. 110, en un barrio habanero que se llamaba Lawton. La casa se construyó en un terreno y el otro se dejó como patio. Pero desafortunadamente, la construcción de la casa se me complicó. Como yo era la encargada de supervisarla, los muy sinvergüenzas de los constructores cada día me inventaban un cuento nuevo, y la verdad es que yo ya estaba desesperada porque mi mamá se pudiera mudar.

Pero Diosito siempre me ayuda. Un día, mi amiga María Hermida me invitó a cantar en una fiesta que se hacía en una finca retirada de La Habana. Me presenté y canté. Para mi sorpresa, entre los invitados estaba el presidente de Cuba, Fulgencio Batista Zaldívar. Como yo estaba con mi casita en Lawton a media construcción, decidí que el presidente tenía que saber cómo se podía terminar de construir. Cuando terminé de cantar, bajé de la tarima y el presidente se me acercó para felicitarme por mi presentación. Yo aproveché la oportunidad para contarle de mi situación con la construcción de la casa. Él inmediatamente llamó a uno de sus asistentes y le dijo que por favor se encargara de que se me facilitara el material que yo necesitaba comprar. Y así fue como pude terminar de construirle su casita a mi mamá.

Nunca se me va a olvidar el día que nos mudamos a esa casa. Apenas se terminó la construcción, la limpiamos y la amueblamos. Me acuerdo haber pasado varias semanas en la tienda El Encanto comprando todo lo necesario para una casa, aunque tengo que confesar que nunca me ha gustado comprar en las tiendas. La decoramos para que luciera lo más bonita posible para cuando entrara Ollita. Organizamos una fiesta y mandamos a buscar a un cura para que nos la bendijera.

Cuando llegó Ollita a su casa, la expresión de sorpresa y felicidad en su cara era tan grande que se me salieron las lágrimas de la felicidad. ¡Ay mi madre! Qué momento más lindo. Y como yo siento una gran devoción igual por mi mamá como por la Virgen de la Caridad del Cobre —la bella patrona mulata de Cuba y con cuyo nombre me bautizaron— le mandamos a construir un altar en el frente de la casa. Desde ese día me prometí que todos los días 7 de septiembre, la víspera de su día, en mi casa se celebraría una gran fiesta en su honor. Las fiestas de la Caridad que se celebraban en casa de Celia Cruz se hicieron famosas por toda La Habana.

Vivimos muy bien y muy tranquilos todos en la casa de Lawton. Pero desafortunadamente, la dicha de esos días estaba a punto de cambiar, aunque nunca nos lo hubiéramos imaginado.

Un día en 1958, llevé a Ollita al médico para que le hicieran una serie de análisis, ya que la notábamos cansada. No era la misma de siempre. Aunque se veía enferma, cuál sería mi terrible sorpresa cuando el médico me dijo que estaba *muy* enferma. Recuerdo perfectamente cuando me dijo: «Tu mamá está muy grave, Celia. Tengo que confirmarlo, y quiero que consultes a mi colega, el doctor Manuel Doval Valiente en el Clínico Quirúrgico de las Mercedes del Puerto». Sentí pánico y fijé los ojos en él, pero vi que el médico hablaba muy en serio. Estábamos los dos juntos en un cuartico aparte para que mi mamá no se enterara de lo que estaba pasando, y le pregunté, «Mire usted, doctor, yo no sé de qué me está hablando. ¿Qué le pasa a mi mamá?», y él me contestó, «Celia, Catalina tiene un cáncer, y de esto no se salva. Ve por favor a hablar con mi colega a ver qué más nos dice». Me llevé a mi mamá del consultorio y nos fuimos a ver al doctor Doval Valiente.

La noticia que nos dio él tampoco fue nada buena. Doval Valiente me dijo: «Efectivamente, tu mamá tiene cáncer de la vejiga. Pero no se te va ir de un día para otro. Te durará dos años. Pero fíjate bien, si la cuidas bien, la tendrás cuatro». Yo le pregunté qué cuidados se le tenían que dar, y él me lo explicó todo con gran detalle. Una cosa muy importante que me dijo fue que tenía que asegurarme de que comiera bien. Aunque a Ollita le gustaba la carne de puerco, yo quise que comiera lo mejor. Entonces le daba su langosta, camarones, pescados finos y otros mariscos que le encantaban, además de batidos, jugos de verduras y frutas. Le dábamos todo lo que la pudiera fortalecer. La cuidamos de las emociones fuertes y todos en la familia cooperaron con su cuidado. No estuvo sola ni un minuto del día. Cuando fue necesario, le pusimos una enfermera para que se encargara de sus medicinas y de las inyecciones. Seguimos las recomendaciones al pie de la letra. Así fue que mi santa madre aguantó cuatro años y un poquito más.

Como era de esperarse, la salud de mi mamá se convirtió en el asunto más importante de mi vida, y por eso tenía que asegurarme de una entrada de dinero. Temía que la situación política en la Cuba de 1958 se estuviera volviendo demasiado incierta. Lo malo era que aunque las giras pagaban mejor que nada, me obligaban a apartarme de mi mamá. Así fue que cuando Batista se fue y entraron «los barbudos» en el mes de enero de 1959, yo estaba en México haciendo una presentación en un cabaret llamado El Afro. Me enteré de todo el revuelo por la prensa mexicana, y enseguida llamé por teléfono a casa para que me contaran bien qué estaba pasando. Fue un cambio muy brusco para Cuba y se vivían en esos días momentos de mucha tensión. Así que apenas terminé mi temporada en El Afro, decidí regresar a Cuba el 28 de enero en un avión nuevo de la compañía Braniff.

En Cuba encontré una situación totalmente inestable. La primera impresión que tuve al bajar las escaleras del avión fue ver que el aeropuerto José Martí, por el cual había entrado y salido tantas veces, estaba completamente militarizado. Me di cuenta de cómo habían cambiado las cosas por la rudeza con que me pidieron todos mis documentos. Afuera de la terminal me esperaba Pedrito, uno de mis choferes, que me metió al carro rápidamente y fue la primera persona que me hizo comprender que desde ese día en adelante Cuba cambiaría para siempre. Los siguientes meses fueron de terribles angustias. Se disminuyeron los trabajos, el nuevo régimen cerró todos los casinos y se apoderó de todas las compañías. Era como si esos barbudos se hubieran propuesto extinguir la alegría y el alto nivel económico del pueblo cubano.

Durante los primeros meses de 1959 tratamos de seguir con nuestras vidas, como siempre, pero era imposible. En ese entonces, me invitó el señor Quevedo, director de la revista *Bohemia* —que en esa época tenía la mayor circulación de todas en el mundo hispanoparlante— a una fiesta en su casa, para que cantara acompañada por un pianista en una terraza al borde de la piscina de la casa. Era una época en que Fidel «el diablo» todavía se disfrazaba de buena gente y seguía viviendo la buena vida en muchos lugares de La Habana. Yo estaba de pie, cantando al lado del pianista, y de repente vi un corre corre de gente que iba hacía la puerta de la casa, y pronto me di cuenta que la locura se debía a la llegada de Fidel Castro. La fiesta entera salió corriendo a saludarlo, porque en aquellos momentos todavía había mucha gente que simpatizaba con él, pero había algo en mí que me hacía rechazarlo. Se acercó a mí el señor Quevedo, y me dijo, «Celia, Fidel te quiere conocer, porque dice que en la Sierra limpiaba el fusil oyendo *Burundanga»,* y yo, ni corta ni perezosa le contesté, «Señor Quevedo, con todo el respeto que usted se merece, usted me trajo hoy aquí para cantar y estar al lado del piano, y aquí creo que tengo mi lugar. Si a ese señor le interesa conocerme, que venga él adonde estoy yo». Cuando se dio cuenta que el pianista y yo fuimos los únicos que no salimos corriendo detrás de él a saludarlo, su soberbia no le permitió llegar a donde estábamos.

En 1959, el régimen se apoderó de todos los negocios, todas las emisoras de radio y televisión —bajo la dirección de los funcionarios oficialistas—, y la programación cambió por completo. Empezó la propaganda y la situación se convirtió en un desmadre. Ni a la Sonora ni a mí nos parecía que el futuro nos brindaría muchas oportunidades tal y como iban las cosas. Rápidamente nos dimos cuenta que al régimen no le importaba la libertad de expresión artística para nada. Así que la Sonora y yo tomamos la decisión de irnos a México y trabajar allá, en donde sí había trabajo garantizado.

A principios de los sesenta, nos avisaron de un espectáculo que se efectuaría en el teatro Blanquita de La Habana y en el cual participarían varias orquestas y cantantes. Después del ensayo, el director del espectáculo nos reunió a todos y nos dijo que esa noche teníamos un invitado muy especial, y que debíamos en el momento de acabar la actuación, bajar del escenario para saludarlo a él y felicitar a toda su camarilla. Ellos pensaban que era un honor que se le debía hacer. Casi todos los artistas que participaron —prefiero no mencionar sus nombres porque hoy están casi todos en el exilio—, bajaron a felicitarlo y se retrataron con él. Minutos antes de salir al escenario, me pidieron que cantara *Burundanga,* pero como yo era muy amiga de los músicos, nos confabulamos para decir que nadie se sabía el número y que no teníamos las partituras. Salí y creo que canté *Cao cao maní pica'o'.* Al terminar mi número, todo el teatro me aplaudió. Ni esperé que se acabaran los aplausos, viré la espalda y me fui. Sabía que Fidel estaba sentado en la primera fila, pero la verdad es que no puedo decir que lo vi porque todo el tiempo que estuve en el escenario evité mirarlo. Su presencia me hacía sentir asco. Al bajar las escaleras del camerino, vino el director artístico y me dijo, «Celia, qué pena que hoy no te puedo pagar, porque tú has sido la única que no le ha hecho reverencia al comandante. Este es un *show* controlado por este nuevo gobierno».Yo le contesté, «Si me tengo que rebajar para ganar dinero, prefiero no tenerlo».

Salí del teatro y al fin entendí a fondo por qué la presencia de ese diablo me daba tanto asco. Me di cuenta que era porque con su soberbia y despotismo había acabado con la expresión libre y con el arte en mi país. Había convertido lo que una vez fue bello en un arma para demostrar su control sobre los demás. Con el pasar de los meses, me di cuenta que nos querían controlar absoulutamente todo, pero yo me negaba a formar parte de ese circo. Aun así, los agentes del régimen me iban a buscar a mi casa para que me presentara en sus actos. Mi pobre hermano Bárbaro contestaba la puerta mientras yo me escondía en un clóset de la casa, y él les decía que yo estaba fuera de La Habana. Conforme pasó el tiempo, la desconfianza empezó a aumentar. Los que un día fueron amigos y a veces hasta familiares se fueron convirtiendo en espías. Hermano hería a hermano, todo por temor a ese demonio que no es nada sin el arma del terror. Esos diablos no nacen sino que se hacen, y es la gente a la que manipulan quien les da el poder. Aún no entiendo por qué el pueblo cubano no se dio cuenta antes de que fuera demasiado tarde.

Me acuerdo que un día a principios de 1960, cuando llegué a CMQ, vi salir a un amigo actor, Amaury Pérez. Cuando Amaury se dio cuenta que era yo la que salía del carro, rápidamente se dirigió a mí. Todos los que han visto fotos de mí en esa época saben que yo coleccionaba monedas de oro, y tenía como veinte pulsos hechos de ellas, por lo cual Amaury me dijo: «Celia, quieren que en medio del *show* en la televisión tú dones todas tus prendas a la revolución». Tan pronto nos despedimos y él se fue, allí mismo, en medio de la calle, me las quité. Las envolví en un periódico y crucé la calle, donde estaba el puesto de una viejita que me conocía porque me vendía café todos los días. Le di mis prendas para que me las guardara hasta que yo pudiera pasar por ellas después. Cuando entré en CMQ, enseguida me preguntaron por qué no llevaba mis pulsos. Yo les contesté, «Es que todo en Cuba está cambiando, y uno no sabe con quién se pueda topar que de pronto le quiera quitar sus pertenencias». Hasta que no salí de Cuba, no me pude poner más mis prendas.

Ya para finales de 1959 estaba claro que la farándula tradicional cubana había perdido su importancia, ya que el régimen estaba usando los medios exclusivamente para promover sus prioridades políticas. Casi toda la prensa escrita había sido suprimida y reemplazada por publicaciones oficialistas. Asimismo, como los estudios de televisión y las estaciones de radio independientes dejaron de existir, parecía que todo lo que se trasmitía era propaganda al estilo soviético, discursos eternos y amenazantes, juicios organizados con fines propagandísticos y fusilamientos de los «enemigos», la mayoría de los cuales se llevaban a cabo bajo el mando de Ernesto «Che» Guevara. El resultado de todo esto era que los artistas que querían seguir trabajando tenían que cantarle vítores al régimen. Así que con mis hermanos de la Sonora llegamos a la conclusión de que como no nos entendíamos con ese sistema, no tendríamos ningún futuro en Cuba. Y como la situación iba de mal en peor, a mí me preocupaba que no tuviera cómo garantizarle a mi mamá su atención médica. Me puse a buscar trabajo, y Dios fue misericordioso conmigo, ya que me salió un contrato de varios meses en La Terraza Cassino de México, y a la Sonora también le salió un contrato allá en el teatro Lírico. Aun así, con el aspecto financiero solucionado, yo me hacía nudos de angustia por mi mamá. Ella se percataba de todo. Nuestra relación siempre fue así, lo que yo sentía, ella lo sabía sin yo tener que decirle una sola palabra.

Yo digo que todas las madres son buenas ya que a todas se les debe agradecer la vida que les dieron a sus hijos. Pero hay madres —y la mía fue una de ellas— que son realmente especiales. Ollita me sabía querer como soy. Ella veía lo que me hacía feliz y lo que me traía beneficio. Al contrario de otras madres, nunca me quiso sólo para ella. Me dio mis alas, y aunque sabía que abandonaría su nido, nunca me pidió que me sacrificara por ella. No hay manera de agradecer una cosa como esa. Pero así era Ollita.

Una tarde llegué a casa y la encontré sentadita en un sillón. Cuando me le acerqué para darle un beso, me pidió que me sentara. Me senté a su lado y me dijo: «M'hija, no te preocupes por mí. Tú tienes que seguir adelante porque tu destino te llama. Si tienes que aceptar ese trabajo, hazlo. Claro que quisiera que te quedaras conmigo, pero como no se puede, vete con mi bendición». Se me salieron las lágrimas y la abracé. A pesar de que la sentía tan chiquitica, yo sabía que era la persona más fuerte que había conocido en mi vida. Me enseñó a ser persistente y a no dejarme abatir por los obstáculos que me iba poniendo la vida. Así era mi mamá, y hasta el día de hoy, no pasa un día que no piense en ella.

Acepté el trabajo en La Terraza Cassino, y Rogelio hizo los trámites para que la Sonora pudiera salir de Cuba. Todo estaba listo menos los permisos de salida que había impuesto el gobierno, y debido a que tantos artistas y gente importante se estaban yendo, ese proceso se estaba volviendo cada vez más complicado. Nunca supe exactamente cómo hizo Rogelio para conseguirnos a todos las salidas, pero en ese momento él era el único que sabía que después de ese viaje jamás regresaríamos a Cuba.

Siempre antes de un viaje largo hay muchas cosas que hacer, y esa vez no fue distinto, sólo que no sabía si al fin de cuentas me dejarían salir. Dentro de lo que cabe, las cosas con Ollita iban más o menos bien. Tía Ana era mi ángel de la guarda. Me aconsejaba, me cuidaba y me daba ánimo cuando de pronto me entristecía por lo de mi mamá. Ollita tenía sus días buenos y sus días difíciles, y eran los días difíciles los que me causaban tanta pena. Gracias a Dios que tía Ana estaba conmigo, porque yo no me podía dar el lujo de llorar o ser cobarde frente a mi Ollita, ya que ella era muy valiente y yo no quería defraudarla. A menudo me sentaba con tía Ana y conversábamos. A veces yo ponía la cabeza sobre sus piernas y ella me la acariciaba mientras yo lloraba bajito. En una o dos ocasiones me le quedé dormida en las piernas como si fuera una niñita.

Pocos días antes de irme de Cuba, mi papá se puso muy mal. Le dio una cosa que nos dijeron que era una enfermedad de viejitos. No sé qué era exactamente, pero, sin duda, Simón estaba mal y no tenía remedio. Mi papá había sido un hombre de cuerpo y carácter fuerte, y fue muy triste y muy desconcertante verlo tan mal. Cuando supimos que no había más remedio, hice las diligencias necesarias para dejar pagado todo lo de su sepelio. Con Ollita tan enferma, yo no quería dejar nada que la pudiera preocupar. Mi hermano Bárbaro fue el que me acompañó al cementerio Colón a hacer todos los trámites.

EL 14 de julio de 1960, justo cuando estábamos terminando de almorzar, Rogelio me llamó a casa para informarme que todo estaba listo, que salíamos para México al día siguiente en un vuelo de la Cubana de Aviación. No me dijo más nada, ni tampoco noté nada raro en su voz.

Las maletas se terminaron de empacar y el resto de esa noche me la pasé tranquila con Ollita y mis hermanos. Nos reímos y hablamos de muchas cosas hasta que llegó la hora de acostarnos. El 15 de julio de 1960 había que reportarse al aeropuerto al medio día. A mí me gusta llegar antes de la hora, porque odio andar a las carreras por no planear bien las cosas. Por lo tanto, antes de ir a dormir, llamé a Domingo, el chofer del carro de alquiler, para que todo estuviera listo. Todo parecía indicar que mi viaje a

México iba a salir bien, o por lo menos eso era lo que yo creía en ese momento.

El día 15 por la mañana nos tomamos un café y me despedí a solas de Ollita, diciéndole que regresaba para que pasáramos la nochebuena juntas. Me dio su bendición, y después todos nos montamos en el carro y arrancamos para el aeropuerto. Como era mi costumbre, llegamos mucho antes que los demás; es decir, dos horas antes del vuelo. Así que en el mismo aeropuerto de La Habana nos sentamos a conversar y a reír. Toda la familia fue a despedirnos, con la excepción de mi papá Simón, que estaba muy enfermo. Ollita se veía de lo más bien. Hasta estaba feliz.

Pasó como una hora y empezaron a llegar todos los muchachos hasta que al fin llegó Rogelio, que era el que traía todos los documentos. Él siempre se encargaba de eso. Bueno, todos nos saludamos sonrientes, dándonos abrazos por todos lados. Y como en aquellos tiempos se acostumbraba que toda la familia fuera a despedirlo a uno al aeropuerto, la terminal estaba llena de gente: unos llorando, otros riéndose, otros haciendo encargos. Los niños como siempre: jugando o llorando porque alguien les tuvo que llamar la atención.

Tía Ana me dio su bendición y me dijo que no me preocupara por Ollita porque ella se encargaría de que se siguieran cumpliendo las mismas indicaciones sobre su cuidado. En ese momento oí la voz de Rogelio, llamándonos. Como las cosas estaban cambiando tanto en Cuba, quería explicarnos a todos cómo iban a ser los trámites. Comenzaron a llamarnos para abordar el avión. Pasamos por la aduana después de estar seguros que el equipaje se había metido al avión, salimos de la terminal, y sin saber que era la última vez, sentí el sol de Cuba brillar en ese cielo. Todavía lo veo como si fuera un retrato. Me viré para atrás y vi a Ollita sonriendo en la terraza de la terminal, y le soplé un beso. Tía Ana se paró detrás de ella y le puso un mano en el hombro, como diciéndome que no la iba dejar sola. Eso me tranquilizó. Ahora me alegro que en ese momento no supe que esa sería la última vez que la volvería a ver. De lo contrario, nunca me hubieran arrancado de sus brazos.

La cola siguió caminando, y yo me viré y vi que el avión estaba como a cincuenta metros frente a mí. Vi esas escaleras llenas de pasajeros a punto de entrar y seguí caminando en esa dirección con mi maletica en mano, hasta que llegué. Me agarré de la baranda con una mano y subí. Pero antes de entrar, me viré a ver a mi mamá una vez más. Una última vez. Me despedí con un beso y entré al avión.

Cerraron las puertas y todos nos asomamos por las ventanillas para seguirnos despidiendo. Se escuchó el arranque del motor, y el avión empezó a correr por la pista. En pocos minutos, empezamos a sentir que la velocidad nos empujaba contra el asiento, pero aun así, no quitábamos los ojos de las ventanillas. Algún miedoso se puso a rezar. ¿O quién sabe? Puede que supiera que no regresaría. Pero yo seguí mirando por la ventanilla. Conforme subía ese avión, los edificios se hacían más chiquitos, hasta que desaparecieron y sólo se veía el mar. Cuando salimos del espacio aéreo cubano y ya estábamos por entrar en México, Rogelio nos dijo, «Caballeros . . .», y luego viró los ojos para mirarme a mí, «este es el vuelo que no tiene regreso». Todos nos quedamos fríos. Algunos de los muchachos se pusieron a llorar. Recuerdo que Pedro se quedó serio, me apretó la mano y yo solté el llanto. Dejé a mi mamá, dejé mi tierra, dejé mi vida, a mi familia y a tantos amigos. Mi vida, tal como la conocía, había desaparecido para siempre.

Tres

MI EXILIO

«. . . Cuando salí de Cuba, dejé enterrado mi corazón».

—Luis Aguilé. Celia Cruz, *Cuando salí de Cuba*.

Celia en su casa, 1972, Ciudad de México.

*N*O RECUERDO QUÉ MÁS PASÓ EN ESE VUELO A México. Lo único que podía pensar era que me estaba yendo de Cuba para siempre. Me perdí totalmente en mis pensamientos. Sólo salí de mí cuando por la ventanilla vi las montañas nevadas de México.

Pero esa vez, esos picos majestuosos no me inspiraron ningún entusiasmo. Al contrario, su frío y desolado aspecto reflejó el sentimiento devastador que venía tratando de superar desde que escuché las palabras terminantes de Rogelio. Me corrió un escalofrío por todo el cuerpo y el estómago se me encogió. Ese frío me duró varios días. Bendito escenario que me ayudó con mis penas. Si no hubiera sido por mis presentaciones, probablemente me habría perdido del todo. Aún me quema el dolor cuando pienso en mi adorada Cuba.

Un tiempo atrás, había desarrollado la costumbre de meterme completamente en mi trabajo. Hasta en los ensayos cantaba con toda la voz que tenía. Me entregaba toda, lo cual también me ayudó profesionalmente, porque en México trabajamos muchísimo. Tanta fue la popularidad de la Sonora que llegamos a hacer siete presentaciones al día. Con la locura de Cuba, la preocupación por Ollita, la enfermedad de Simón y la realidad de que éramos huérfanos de patria, la canción era un aliciente.

Antes de cumplir el mes de estar en México, me llegó la

noticia de que mi querido papá, a los setenta y ocho años, había muerto. Que en paz descanse. No sé ni qué sentí. Eran tantas las emociones que no pude distinguir una de la otra, y por lo tanto, simplemente me resigné al dolor que sentía. A veces esa es la única manera de navegar los momentos realmente difíciles de la vida.

La Terraza Cassino, el lugar donde debutamos el 22 de julio de 1960, se llenaba tanto que no cabía la gente, y casi siempre tenían que sacar las mesas a la calle para acomodar a tanto público. Era fantástico ver a tanta gente ahí reunida para oírme cantar. Algunas veces se nos complicaron los horarios míos de La Terraza Cassino y los de la Sonora en el teatro Lírico, pero en poco tiempo la Sonora pudo acoplarse al mío para que pudiéramos trabajar juntos lo más posible.

También hicimos una temporada larga en Los Globos, y coincidimos en varias presentaciones con el Ballet de Luis Trápaga, el cual era conocido por sus revistas preciosas. Yo ya conocía a Luis desde 1957, cuando trabajamos juntos con Manolo Torrente y Ana Margarita Martínez Casado en un *show* de televisión llamado *Noche Cubana,* que pasaban por el canal cuatro en La Habana. Luis y su ballet eran la cabeza del espectáculo, y la verdad es que era un espectáculo precioso. Con el tiempo llegamos a ser muy buenos amigos.

Durante una presentación en Los Globos, llegó Quique, el hijo de María Félix, pidiendo hablar conmigo urgentemente, y con mucho gusto lo recibí. Me explicó que su mamá tenía organizada en su casa una fiesta a la cual asistiría el presidente mexicano, Gustavo Díaz Ordaz, y quería que la Sonora y Celia Cruz se presentaran para la ocasión. Yo, sintiéndome muy elogiada, con mucho gusto acepté.

El problema fue que mis hermanos de la Sonora no podían

presentarse en casa de María Félix porque tenían otra obligación de trabajo. Sin embargo, para ayudarme a mí, se metieron en camisa de once varas y fueron conmigo a la fiesta. Llegamos a la casa de María Félix y cantamos para todos los invitados, y después de nuestra presentación, nos sentamos en una mesa a hablar Maria Félix, Fanny Shatz, la representante de María, el presidente Díaz Ordaz y yo. Díaz Ordaz fue muy cordial conmigo, y me dijo que quedó encantado con mi voz y mi presentación. De hecho, me hizo un regalo precioso que guardo hasta el día de hoy. Es un reloj de la marca Piaget que llevaba en el dorso de la esfera la inscripción, «Para la voz de Cuba, con respeto, Gustavo Díaz Ordaz». Me dio pena aceptar esa prenda tan linda, pero la verdad es que fue un momento muy especial para mí.

Durante esos primeros años en México vivimos en un complejo de apartamentos que se llamaba Pennsylvania. Toda la Sonora y muchos artistas cubanos vivían ahí, así como otros como Sonia y Miriam, Joséphine Baker, Lola Flores «La Faraona», la más grande de todas las cantantes españolas, y «Los Misukos», quienes traían a Joséphine y a Lola Flores a México. Así fue como nacieron muchas de nuestras amistades.

Me quedé trabajando en La Terraza Cassino hasta el 20 de noviembre de 1961. Pero en ese tiempo hicimos gira —con todo el grupo, incluyendo Las Mulatas— por todo México, y también fuimos a Miami, Nueva York y Chicago. En México nos presentábamos en distintos lugares, como los teatros Lírico y el Blanquita, Los Globos y otros más, y todos siempre se llenaban. Celia Cruz con la Sonora Matancera se hicieron famosos, y nuestras canciones pegaron tanto que llegaron a decir que éramos el disco en vivo. Durante esa época también pudimos reunirnos con los grandes de la música, del escenario y de la pantalla grande —tanto cubana como mexicana— que habíamos conocido en la década de los años cincuenta, como Javier Solís, Maria Antonieta Pons, Rosa Carmina, Olga Guillot, María Victoria, José José y Carmen Salinas. Del mismo modo, mucha gente importante y famosos nos iban a ver, y nos hicimos amigos de muchos de ellos, como por ejemplo, María Félix, Agustín Lara, Christiane Martel, Ana Berta Lepe, Raúl de Anda, Yolanda Montes «Tongolele», Germán Valdés «Tin Tan», Manuel «El Loco» Valdés, Mario Moreno «Cantinflas», Pedro Vargas y muchos más. Además, ahí nos volvimos a encontrar con amigos y artistas cubanos que también se encontraban recién exilados. Ese año de 1961 en México fue un año impresionante para mí. A la vez triste pero muy feliz.

Sin embargo, a principios de ese mismo año me llegó la noticia de que Ollita se había puesto muy mala. Me dijeron que mi mamá estaba ya tan débil y tan enferma que nunca más saldría de la cama. Al oír eso decidí que cuando llegara el mes de abril, yo iría a Cuba. Tristemente, ese viaje nunca se dio.

Programé mi salida para Cuba para el 17 de abril de 1961. Pero cuando estaba a punto de salir para el aeropuerto, me informaron que no me podía ir porque ese mismo día se estaba llevando a cabo la invasión de Bahía de Cochinos. A partir de eso, la realidad política de Cuba se radicalizó de tal manera que ya no podía regresar. Aun así, y gracias a Dios, todavía nos permitían a los cubanos exiliados llamar a Cuba sin muchas complicaciones. Por lo tanto, yo llamaba a mi mamá hospital una vez por semana, casi siempre los domingos. Cada vez que hablábamos, ella me decía, «M'hijita, yo quisiera verte, pero como no se puede . . . », y entonces cambiábamos el tema, ya que yo sabía que todas las líneas telefónicas estaban interceptadas. Por eso me ponía a contarle de mis cosas lo más que podía. Incluso, le hablaba de Pedro, ya que para entonces habíamos empezado nuestra relación de novios. Ollita ya lo conocía de mis años con la Sonora en Cuba, y claro, me imaginaba que aún se acordaba de él. Pero después de unos minutos de hablar por teléfono, Ollita empezaba a delirar. Mi familia le quitaba el teléfono, y me decían que Ollita tenía que descansar. Yo siempre me quedaba llorando. Mi mamá era una santa porque pudo perfectamente haberme dicho: «Ay, m'hija, ven, porque me voy a morir sin verte». Pero nunca me hizo eso. Al contrario, Ollita era muy fuerte, y con esa fuerza me dio un poco de alivio. Cuando murió, a mí no se me permitió aguantarle la mano cuando se estaba muriendo. Por eso es que yo no pongo un pie en Cuba hasta que no desaparezca ese sistema. Y si no desaparece antes que me muera, ya me compré un terreno en un cementerio neoyorquino. Mientras Castro esté en el poder, me rehúso a que me entierren en Cuba, aunque eso quiera decir que no puedo reposar al lado de mi Ollita en el cementerio Colón.

Debido a que en México la televisión no estaba al alcance de todos a principios de los años sesenta, la mejor manera de llegarle al público era por medio de las giras en caravanas, tales como las Caravanas Corona. Esas caravanas cubrían todo el territorio nacional, y nos llevaban a pueblos pequeños donde teníamos acceso directo al pueblo. Además, era un buen negocio para los empresarios, puesto que llegábamos a muchos lugares en muy poco tiempo. Esa forma de trabajar me encantaba porque me llevaba directamente al público, y no hay como el contacto personal entre el público y el artista. Las caravanas eran una manera magnífica de hacer lo más posible por el público y de estrechar los lazos con buenos amigos artistas, ya que trabajábamos muy de cerca. Sí, es cierto, no eran nada fáciles, pero aun así, me encantaban.

En las caravanas siempre había la oportunidad de participar y celebrar las cosas de las vidas de los demás artistas. Eran tiempos de mucho trabajo, pero eran tiempos felices, y así fue como me acostumbré a trabajar tanto en tan poco tiempo. Por eso, cuando la gente me pregunta de dónde saco tanta energía, siempre digo que fue algo que aprendí a hacer en las caravanas mexicanas.

Como ya he dicho, en las caravanas pude forjar muy buenas amistades con tanta convivencia entre todos los participantes. Por ejemplo, fue en esa época en que me hice muy amiga de Toña La Negra, trabajando en las caravanas y presentándonos juntas en el Blanquita y en el Lírico. Por cierto, a ella le gustaba mucho la cocina. Cada vez que estábamos Pedro y yo en México nos invitaba a su casa y nos preparaba su especialidad, un mole de guajolote bien picante. Aunque a los mexicanos les encanta eso, yo nunca me lo he podido comer, y por eso le decía: «Toña, recuerda que a mí el pollo me lo tienes que hacer asado, o a ver cómo, porque yo no puedo comer picante». Según decían, su mole era muy rico, pero yo nunca lo probé. En primera, me hace daño el picante, y en segunda, no me gusta sufrir cuando como. Aun así, yo quise mucho a Toña, y le tenía mucho respeto, que en paz descanse.

Sin embargo, lo que sí tenían de malo las caravanas era que había días en que apenas teníamos tiempo de comer y cambiarnos. Mientras se presentaba un grupo, los demás comíamos. Los empresarios alquilaban todo un restaurante, y a cierta hora llegaban los autobuses, o camiones —como les dicen los mexicanos—, con todos los artistas. Ahí comíamos a toda velocidad, y enseguida seguíamos al siguiente pueblo. Entonces, llegaba otro grupo de artistas y el proceso se repetía. Todo el proceso funcionaba como maquinaria.

Aparte de las caravanas, con tanto éxito que estaba teniendo la Sonora con Celia Cruz, las oportunidades se presentaban a cada momento. Yo le estaba muy agradecida a Dios por eso, ya que es mejor elegir dónde trabajar que tener que ir a buscar. En esos años, el cine en México estaba en su apogeo. Era buenísimo y nos emocionamos bastante cuando salió la oportunidad de trabajar en la película *Amorcito corazón* con Mauricio Garcés y Rosita Quintana, en la cual canté el bolero *Tu voz*. Hace muchos años que no la veo en la televisión. No sé qué le pasaría, ni tampoco jamás me dieron una copia. Me han dicho que todavía se puede conseguir, pero quién sabe, porque también me han dicho que muchas de las películas viejas se están deteriorando. De hecho me enteré que los Estudios Churubusco se quemaron, y cuando llegaron los bomberos le hicieron más daño a las películas con el agua que lo que hizo el incendio. Quién sabe si todavía exista. Lástima, porque me gustaba mucho verla, me hacía recordar aquellos tiempos en los que mi relación con Pedro se concretó para siempre.

Desde un principio, Pedro y yo compartimos una gran amistad, y debo decir que aún somos mejores amigos. Él me contaba de sus cosas y yo de las mías, durante los casi doce años de amistad que mantuvimos. Nunca me imaginé que un día seríamos esposos, porque yo siempre dije que no me casaría con un músico ya que son muy enamorados. Mientras éramos sólo amigos, yo le conocí a Pedro por lo menos once enamoradas. ¡Once! Sin embargo, con la confianza que nos teníamos y el trato de todos los días, nos dimos cuenta que el uno siempre podía contar con el otro. No sé ni cómo comenzaron a cambiar las cosas entre nosotros, pero un día me percaté de que Pedro me estaba enamorando.

Ya para entonces, Ollita estaba muy mala y yo lloraba a ratos casi todos los días. Él fue un apoyo muy grande para mí, y no sé si hubiera aguantado lo de mi mamá sin él. Pedro me hacía reír. Hay personas que son un reflejo de su nombre, y Pedro es una de ellas. *Pedro* proviene del latín «petra» que quiere decir «piedra», y sin duda alguna, él fue la piedra donde me pude sostener. Y su apellido, *Knight,* que quiere decir «caballero» en inglés, no podía ser más acertado ya que él siempre ha sido todo un caballero. Pedro me conquista cada día con sus cariños. Me trae mi café todas las mañanas, abre todas las puertas por las cuales yo entro y me ofrece su brazo donde quiera que esté. Es mi protector, mi mejor amigo y mi gran amor. Él fue el jinete del caballo blanco que rescató a esta doncella de la amargura y la soledad. Cuando me encontraba huérfana y exiliada en suelo extranjero, Pedro fue el que me ayudó a salir adelante.

Pedro y yo jugamos mucho, siempre estamos haciéndonos chistes. La risa es una parte integral de nuestra relación. Fue algo que empezó hace mucho tiempo, y en aquel entonces nos gustaba caminar por las calles y los parques de México. Recuerdo que pasábamos horas riéndonos. Yo por eso le tengo un cariño muy especial a México, porque fue el primer lugar donde llegué al salir de Cuba, y muchos lugares de su capital me recuerdan de los primeros días de noviazgo con Pedro.

Nunca olvidaré el día en que llegó y me dijo: «Ven acá Celia, quiero hacerte una consulta. Yo creo que estoy enamorado de mi mejor amiga y no sé bien qué hacer». Yo le digo, «¿Y por qué no se lo dices?». «Porque no quiero perderla». «Pero Pedro, si ella es tu mejor amiga, ¿no crees tú que te conoce bien? ¿Por qué vas a perderla?». Entonces se me quedó mirando intensamente, y yo sentí el palpitar de mi corazón. Me tomó de la mano y me besó por primera vez. Me abrazó fuerte y me sentí como si me fuera a desmayar. Miles de mariposas volaron sobre mi cuerpo y me hicieron suspirar. Me quedé en sus brazos con la cabeza apoyada en su hombro y me escurrieron unas lagrimitas que me derritieron el rimel y le dejaron una manchita en el saco. Yo le dije: «Ay Pedro, mira, qué pena con tu saco», y él me contestó, «no te preocupes, mi negra». A partir de ese momento, mi corazón fue todo suyo.

Nosotros fuimos siempre muy discretos. En aquel entonces ni siquiera nuestros compañeros de la Sonora se dieron cuenta que éramos novios. Nuestro romance fue una cosa fuera de serie: muy sagrado y muy nuestro. Por eso lo manteníamos escondido, para no andar en la boca de la gente. Rogelio decía que cuando él se enteró se sorprendió muchísimo y no podía creerlo. Me contó que se enteró porque Lino Frías, el pianista de la Sonora, que en paz descanse, estaba conversando con alguien y le oyó decir algo de que Pedro y yo éramos novios. Después de eso, toda la Sonora se enteró de nuestro noviazgo, y ya no pudimos seguir guardando el secreto.

Sin embargo, nuestra felicidad estaba empañada con la tristeza que nos daba la enfermedad de Ollita y el empeoramiento de la situación en Cuba. De hecho, la gente estaba desesperada por irse de ahí. Entonces, Castro se molestó porque nadie se quería someter a ese sistema que él estaba imponiéndole al país a base de toda clase de intimidación, y declaró que los que quisieran seguir siendo ciudadanos de Cuba tenían hasta octubre de

1960 para regresar. La verdad es que con todo el trabajo que tenía en México, no había forma de que pudiera regresar antes de esa fecha. Pero la razón principal por la cual no lo hice era que yo estaba en contra de su forma de ver el mundo, y por eso rehusaba vivir en un país gobernado por él. Según mi parecer, él es un ciudadano igual que todos, y nada le da el derecho a quitarle la ciudadanía a nadie. Ese hombre no nació en Cuba por su propia voluntad, y por lo tanto, no puede tomarse derechos que no le corresponden. La gente es de la tierra, no del gobierno. Pedir permiso para regresar a Cuba es como darle la razón, y eso no lo iba, ni lo voy a hacer nunca.

En julio de 1961, me contrataron para trabajar con el empresario Chico Cesma, sin la Sonora, en el teatro Palladium de Los Ángeles. Mientras estaba en California, mis documentos cubanos se me vencieron, y eso me impidió regresar a México. Además, a decir verdad, yo ya no quería regresar. Yo tenía mis diferencias con ese gobierno, pero no con el pueblo, y como todos sabemos, en cada país el pueblo es uno y el gobierno otro. Hacerse ciudadano de México era muy complicado, y llevaba mucho tiempo. Además, si uno no era ciudadano, no era posible comprar terreno ni casa. Y para peor de cuentas, la simpatía del gobierno mexicano con el régimen que se había establecido en La Habana era muy grande. También me había cansado de cantar *El yerbero moderno, Tu voz* y *Luna sobre Matanzas* todos los días. Son canciones muy lindas pero me cansé de las mismas de siempre.

Como artista, yo tenía un profundo deseo de ser más creativa. Necesitaba un cambio. Pero en aquella época era muy difícil hacerlo en México. Los mexicanos me quieren mucho y yo también los quiero. De hecho, no querían que me fuera. Incluso, Agustín Lara lloró cuando le dije que no regresaba de Los Ángeles. Me decía: «Negra, no te vayas. Mira que te pongo una orquesta». Pero ya me había decidido. Una vez más, tuve que dejar un país que consideraba mío.

Tan pronto terminé con mi obligación en California, me contrató el famoso Palladium de Nueva York. Salí sola en avión a la ciudad donde establecería mi hogar. Debido a que en la primera mitad del año 1961 el régimen en La Habana se declaró abiertamente comunista, y a que la presencia soviética en la Isla iba en aumento, el gobierno americano empezó a permitir que los cubanos se refugiaran en los Estados Unidos y solicitaran después la residencia permanente. Así fue que pude establecerme en este país.

A principios de 1962, me volví a reunir con mis hermanos de la Sonora y Pedro en Nueva York. A mediados de ese mismo año, Guillermo Arenas nos contrató a todos, y así nos reunificamos como grupo musical en el exilio. Guillermo fue muy bueno con nosotros y nos aseguró que se encargaría de todo lo que fuera necesario para ayudarnos a establecernos en Nueva York, y así lo hizo. Otra persona que me ayudó mucho en lo que se refiere a conseguir trabajo fijo fue mi representante, Catalino Rolón, quien también representaba al cantante cubano y gran amigo mío, Rolando Laserie. Fue gracias a Catalino y a Guillermo que pude establecerme del todo en la Gran Manzana.

Conseguí un apartamento en el mismo edificio en que vivían Rolando Laserie y su esposa, Tita, en la calle 75 y Broadway. Nos veíamos todos los días; bendito sea el Señor que me dio amistades como ellos. También se encontraban exiliados en Nueva York, Orlando, mi amigo de infancia, y su esposa Dalia. Me acompañaban a todos lados y nos ayudaron muchísimo a Pedro y a mí a instalarnos. En esa época compartimos muy gratos momentos con ellos. Durante las grandes nevadas, nos escapábamos a su casa para no estar tan solos. También tuve el gusto de conocer a una familia puertorriqueña —Vina y Nancy—, que se volvió parte de mi gran familia. Nos íbamos de paseo por las calles de la ciudad, porque éramos muchos y apenas cabíamos en nuestros apartamentos. También en esa época se unió a nosotros otra exiliada cubana, Zeida Arias, que siempre fue buena amiga mía.

Lo que sí me causó muchos problemas durante ese primer año en Nueva York fueron las peluquerías. Yo me entusiasmé mucho porque las negras americanas tenían un tratamiento —novedoso para aquellos tiempos— que planchaba el pelo para enlaciarlo, y luego le tejían pelo artificial. Era un proceso que llevaba varias horas, y por eso yo me presentaba en la peluquería a las siete de la mañana. Eso sí, no salía sino hasta las cuatro, porque las peluqueras dejaban que sus amigas pasaran y me quitaban mi turno. Como yo no hablaba inglés, no me podía ni defender. Eso fue una de las cosas que me motivó a aprender el idioma, aunque todavía tengo un acento muy pesado, o como siempre digo: «*My English is not very good looking*». (El inglés que hablo no es muy bonito).

Uno de los recuerdos lindos que tengo de esos primeros años en Nueva York es que a Pedro le entró una furia por manejar y conocer lugares por carretera. Solíamos viajar con nuestros amigos también recién exiliados Gloria y Luis Díaz, y juntos cogíamos carreteras sin rumbo. La pasábamos tan bien porque eran viajes sin planificar. Me acuerdo que una vez llegamos hasta Búfalo y las cataratas del Niágara, y en otra ocasión terminamos en Filadelfia. Quién sabe qué fue lo que se le metió a Pedro en esa época. Tal vez le hacían falta los grandes espacios abiertos de nuestra bella isla.

Poco a poco, nos fuimos acostumbrando a nuestra condición de exiliados en Nueva York. Como ya dije, ya yo había estado en esta gran urbe en 1957 para recibir un disco de oro y presentarme en un concierto. Pero vivir en una ciudad es muy diferente que estar de visita. Yo veía a la gente, el idioma y las costumbres en Nueva York como muy ajenas a lo que yo estaba acostumbrada. El panorama con tanto concreto y poco verde se me hacía muy extraño. Los edificios eran altísimos, y a veces viéndolos desde abajo me mareaba. Parecían dedos enormes que salían de la tierra como para rascar el cielo. En esos días me daba mucho miedo perderme, pero al mismo tiempo la inmensidad de esa ciudad me parecía emocionante.

Aunque siempre me ha gustado el frío y me encanta la nieve, yo nunca había pasado un invierno tan helado como el de ese primer año en Nueva York. Las orejas me dolían tanto que sentía que se me iban a caer. Nunca, nunca soltaba la bufanda, y creo que gracias a eso logré que nunca me diera catarro. Bendito sea, yo nunca he sido enfermiza. Eso sí, Nueva York tiene una cosa muy grande que yo admiro mucho desde el primer día que llegué: le ofrece un lugar a todos. Y no hay muchas otras ciudades en el mundo que puedan decir lo mismo.

Debo señalar aquí que nunca he sido víctima del racismo ni de ninguna otra barrera racial en Nueva York ni en ningún otro lugar de los Estados Unidos. Soy consciente de que el racismo existe en todos lados, y que sus víctimas se encuentran por dondequiera. También sé que en mi Cuba existía el racismo, aunque era menos grave y se manifestaba mucho menos de lo que tengo entendido fue la segregación oficial en este país. En otras palabras, yo no soy producto de un mundo lleno de rencores raciales. La Cuba en la que yo crecí era un lugar muy cosmopolita, y mis compatriotas son de todos los colores y tamaños. Primero éramos cubanos, y después éramos blancos, negros, mulatos, chinos, católicos, santeros, judíos o protestantes. En mi país, a mí nunca se me negó ningún derecho debido al color de mi piel, y desde que era niña siempre he tenido amistades de todos los colores y de todas las razas. Tuve la dicha de que, en este aspecto, mi vida no cambiara cuando me tuve que exiliar en los Estados Unidos.

Siempre he trabajado lo mejor posible y el trabajo siempre me ha venido a mí sin yo tener que ir a buscarlo. Por lo tanto, en los Estados Unidos nunca me faltó dinero y siempre tuve suficiente para mandar para el cuidado de mi mamá. Aun así, me tocaba viajar mucho, pero yo siempre he estado dispuesta a eso. Cuando ya Rogelio trajo a toda la Sonora para la Gran Manzana —con la excepción de Jarocho, que decidió quedarse en México—, nos salió un buen contrato para presentarnos en el teatro Puerto Rico de Nueva York. Yo estaba de lo más contenta de tener a Pedro cerca, ya que lo había extrañado muchísimo cuando lo dejé en México. Estaba contentísima de estar con todo el grupo otra vez. Rogelio, con su disciplina y su paciencia de siempre, nos ensayaba todos los días y se aseguraba de que los arreglos estuvieran perfectos.

La presentación en el Puerto Rico era muy importante y trabajamos mucho, hasta asegurarnos de que estábamos completamente listos. Debo señalar que, presentándose esa noche con nosotros también estaban Lucecita Benítez y Rolando Laserie, Armando Manzanero y Lucho Gatica. Fue una noche muy especial. Yo no podía de la emoción de volver a presentarme con la Sonora.

En el mes de septiembre de 1961, mis hermanas Dolores y Gladys, junto con Nenita y otros familiares, llevaron a

Ollita al hospital y la ingresaron en el Clínico Quirúrgico de la Mercedes del Puerto por última vez. La metieron a la unidad de cuidados intensivos en el sexto piso del hospital. Yo la llamaba varias veces por semana, y me daba cuenta que su voz se hacía cada vez más débil. Me preocupaba mucho pero no podía hacer nada más que llamarla y decirle que la quería mucho y que siempre la llevaría conmigo en el corazón. Me acuerdo que una noche a fines de marzo llegué a casa muy cansada. Me acosté temprano y esa noche tuve un sueño que nunca olvidaré. En el sueño, ella estaba cantando, y cuando la vi, me fui corriendo a buscarla. Ella me dijo: «Niña, no te olvides que siempre estaré contigo». ¡Qué dicha la mía, Ollita me había prometido nunca dejarme! Me desperté muy contenta y me fui cantando a seguir con los ensayos, ya que la presentación en el Puerto Rico estaba programada para la primera semana de abril.

El 7 de abril de 1962 venía de arreglarme las uñas y estaba muy contenta porque debutábamos esa noche, y yo siempre me emociono cuando voy a debutar en algún lado. Subí las escaleras, entré en el apartamento y vi a Pedro de espaldas, hablando por teléfono. Lo iba a saludar pero lo oí muy serio y hablando en voz baja, entonces me quedé callada. Quise oír lo que estaba diciendo. Él no se percató que yo había llegado, y por lo tanto le decía a la persona con quien hablaba: «Mira, la madre de Celia falleció anoche, pero ella todavía no lo sabe». Al oír esas palabras, me quedé paralizada.

Fue un choque terrible. Sintiendo que me ahogaba de angustia, me fui corriendo y bajé las escaleras. Era como un nudo en la garganta, no podía ni respirar. Sentí como si me hubieran clavado un puñal en el corazón, y no paraba de gritar: «¡Ollita, Ollita!». Repetía y repetía su nombre. Quería sentirla. Quería verla. No quería entender que se me había ido. ¡Ay mi madre, qué cosa más horrible! ¡Ollita se había muerto y yo no estaba a su lado! Yo sabía que estaba muy malita, pero no pensé que se me iba a morir así. Entonces comprendí que se había aparecido en mi sueño porque sabía que se iba a morir. Yo no sabía qué hacer. Me quedé sentada en la escalera mucho rato, llorando hasta que Pedro me encontró, me llevó para el apartamento y se quedó conmigo. Más tarde llegaron todos mis hermanos de la Sonora —Tita, Rolando y Dalia— a consolarme, pero ese dolor no tiene consuelo.

Pedro me decía: «Negra, por eso yo no te quería decir nada, porque no quería verte sufrir de esa manera». Aun así, no quise cancelar mi presentación de esa noche. Ningún poder del mundo iba a devolverle la vida a mi mamá, y quedarme encerrada llorando tampoco iba a cambiar nada. Entonces, decidí seguir adelante. Salí al escenario y canté, pero ese nudo en la garganta no se me iba. No sé ni cómo canté. Entre números me iba tras bastidores a llorar cuando el dolor era demasiado. Mientras lloraba, me acordé del sueño y sentí a Ollita ahí, conmigo. Desde entonces, siempre la siento conmigo cuando canto. Esa noche yo aprendí a convertir mi llanto en canción.

Al día siguiente, el 8 de abril de 1962, empecé los trámites para regresar a Cuba al entierro de mi mamá, pero Fidel y su gobierno nunca me perdonaron. Me castigaron por salir de Cuba y no me dejaron regresar para enterrar a mi mamá. El día que la sepultaron en el cementerio Colón, yo sentí una rabia y una desesperación tan profunda que apenas podía con ella. Ese día pensé que se me iban a secar los ojos de tanto llorar, y fue entonces que decidí nunca pisar el suelo de Cuba mientras tuviera esa soga encima.

Pero como siempre, Dios hizo lo posible para consolarme, y el 18 de junio de ese mismo año me dio la oportunidad de ser la primera mujer hispana en presentarse en el escenario más prestigioso de Nueva York, el teatro Carnegie Hall. Esa noche canté acompañada por uno de mis mejores amigos, por un hermano, Tito Puente, y la afamada orquesta americana The Count Basie Orchestra. Cuando salí al escenario, me sentí como si estuviera caminando por dentro de una nube con Ollita a mi lado. Hasta la pude oír hablándome en el oído: «Niña, estoy muy orgullosa de ti».

Esa noche fue una de las más memorables de mi vida. Jamás soñé en Santos Suárez que un día estaría cantando en uno de los escenarios más importantes del mundo, y sobre todo, apenas dos años después de haber huido de mi patria con tan sólo una maleta.

Una vez más, Pedro estuvo a mi lado en todo. Poco tiempo después de que murió mi mamá, me pidió que me casara con él. Cuando me lo dijo, yo me abracé de él y pensé en mi gran dicha de tener un hombre como Pedro que me quería tanto y que siempre estaría conmigo en todo. En lugar de decirle que sí, le dije: «Pedro, tú eres mi amigo, mi hermano, mi primo. Tú eres todo lo que yo voy a tener en el mundo».

Nos casamos el 14 de julio de 1962, en una ceremonia civil en la oficina de un juez de Greenwich, Connecticut. Fue una cosa muy sencilla con mis amigos Tita y Rolando Laserie y Catalino Rolón. Después nos fuimos a comer a una cafetería. Sí, mi fiesta de matrimonio fue en una simple cafetería.

El 14 de julio es también la fecha de la toma de la Bastilla, y por eso Pedro siempre me dice: «Yo te tomé como la Bastilla», y yo le contesto: «No. Yo no te di el sí a ti. Se lo di al juez». Así siempre jugamos.

Pedro y yo solemos celebrar nuestro aniversario mientras viajamos. Durante los primeros años de nuestro matrimonio, los pasamos en concierto con la Sonora Matancera. Años más tarde, viajamos a París donde me iba a presentar y casualmente, nuestro aniversario cayó en esas fechas. Ya no me acuerdo qué año fue, pero todavía me da risa cuando lo recuerdo. Esa vez a Pedro se le había olvidado comprar francos franceses antes de salir, y siendo día de fiesta allá, tampoco encontró un lugar abierto para cambiar dinero. Como teníamos dólares y tarjetas de crédito, no nos preocupamos demasiado. Así que Pedro salió a buscar un lugar donde celebrar nuestro aniversario, y encontró un restaurancito argentino de lo más gracioso donde comimos muy bien y pasamos un rato muy tranquilo. Pero cuando llegó la cuenta no teníamos francos y no nos aceptaban los dólares. Pedro empezó a sacar una tarjeta tras otra y no aceptaban ninguna de las que tenía. Entonces Pedro me dijo, «Negra, me van a dejar preso aquí», y yo le contesté, «No te preocupes, Pedro, yo lavo los platos».

No fue necesario porque al final, gracias a Dios, Pedro encontró una tarjeta que por fin aceptaron. En ese momento, pasamos tremenda pena, pero ahora cuando me acuerdo de lo que pasó esa noche, me pongo a reír.

Después de la muerte de nuestra mamá, Gladys —que era soltera— se empezó a sentir muy sola. Además, la situación en Cuba empeoraba cada día y ella ya no la soportaba más. Los funcionarios del sistema le quitaban a la gente sus derechos por puro capricho, y como Gladys tiene un carácter muy fuerte, nos preocupaba que le fueran a hacer algún daño. En 1963 solicitamos un permiso del régimen para que la dejaran salir de la Isla rumbo a México, y gracias a Dios, nos lo concedieron. Una vez llegó a México, hicimos los trámites necesarios para solicitar asilo en los Estados Unidos. El día que mi hermana pisó suelo americano fue uno de los más felices de mi vida. Ni ella ni yo estaríamos nunca más sin familia. Fue una tranquilidad enorme volver a tener a mi hermana cerca de mí.

En 1964 tuve la suerte de presentarme en el escenario más importante de los negros americanos, el teatro Apollo de Harlem. Me sentí honrada de que me invitaran a cantar en el mismo teatro donde tantas estrellas negras americanas habían deleitado al público durante décadas. Me presenté ahí con Machito y su hermana Graciela, en una producción de música cubana que montó mi amigo y productor, Jack Hook. De hecho, Jack jugó un papel muy importante cuando llegó el momento de que Tito Puente y yo nos presentáramos en el Japón.

El año 1965 resultó ser determinante con respecto a mi relación con la Seeco y la Sonora Matancera. Me estaba cansando de grabar siempre las mismas canciones, una y otra vez. Yo quería hacer cosas nuevas y grabar con otros artistas, pero como estaba con Seeco, no podía. Además, yo sentía que el señor Siegal no le estaba haciendo suficiente promoción a mis discos. Por lo tanto, decidí dejar el sello y, como siempre, Pedro me apoyó en mi decisión. Fui a la oficina del señor Siegal y le pedí que me rescindiera el contrato. Él me dijo que si quería romper con él porque mis discos nos vendían, que no lo debería culpar a él, ya que el problema era que simplemente no vendían. Entonces le pregunté: «Míster Siegal, ¿si yo no vendo para qué me quiere usted?». Acto seguido, me sacó unos papeles que según él comprobaban que había tratado de promover mis grabaciones, pero le dije que no se molestara más, porque estaba decidida. Pasaron unos cuantos días, y me mandó una carta registrada en la cual me decía que le debía cinco elepés. Entonces le grabé creo que tres discos más y con eso ya rompí con él. No rompí con la Sonora, pero como ellos se quedaron con Seeco yo ya no podía grabar con ellos. El día que fui a la oficina de la Seeco a despedirme y para que me diera el papel que verificaba que el contrato se había terminado, el pobrecito Míster Siegal se puso a llorar cuando me vio salir de su oficina. Fue así como también se acabó mi relación profesional de quince años con la Sonora Matancera.

Sin embargo, la Sonora y yo seguimos haciendo giras. Fuimos a Venezuela y a México, y también hicimos muchas giras dentro de los Estados Unidos. Precisamente porque teníamos mucho trabajo en México, Pedro y yo mantuvimos una casa ahí por mucho tiempo. Esa casa siempre fue alquilada porque la ley mexicana les prohíbe a los extranjeros comprar terreno en México. Debo señalar que el pueblo mexicano siguió queriéndome tanto que incluso me dieron el Premio Heraldo de Mejor Intérprete de la Música Tropical en los años 1967, 1968 y 1970.

Aquí debo hablar un poco de mi relación con Venezuela en la década de los sesenta. Joaquín Riviera era un gran amigo mío de La Habana de los cincuenta, y él se había exiliado en Caracas a principio de los sesenta. En Venezuela, Joaquín se volvió responsable de talento de Venevisión, la mayor cadena televisiva de ese país, y por lo tanto, me contrataba lo más que podía. A través de los sesenta y setenta, me presenté por todo lo largo y ancho de ese país en especiales televisivos. También me invitaron muchas veces a cantar en el concurso de Miss Venezuela, el cual en ese bello país es un magno evento anual. Desde que empecé a visitar a Venezuela en la década de los años cincuenta, el país y su gente siempre han ocupado un lugar muy especial en mi corazón. Me entristece mucho que en los últimos años el país esté pasando por tantos problemas económicos y políticos, pero le pido a Dios que Venezuela pronto vuelva a ser el gran país que siempre me ha mostrado tanto cariño y tantas oportunidades.

En Nueva York no tuve ningún problema en conseguir un

nuevo contrato luego de que me aparté de Míster Siegel. Dios me puso en una ciudad donde habían dejado su marca muchos pioneros de la música cubana en el extranjero. Desde la década de los años treinta, los ritmos de mi país se habían vuelto toda la moda en Nueva York. Además, entre los cincuenta y sesenta, el famoso Palladium de esta ciudad se volvió una meca para los músicos cubanos en el extranjero. De hecho, en el Palladium el ambiente era tan bueno y divertido que dejó de ser un club de latinos y se convirtió en el foco de la mejor música de la época. Por ejemplo, en cualquier fin de semana se podía encontrar allí a Sammy Davis Junior, Dean Martin y Peter Lawford, los artistas del famoso «Rat Pack», que iban a oír a Tito tocar los timbales y a ver a los mejores bailarines dar sus pasos.

Mario Bauzá, Arturo «Chico» O'Farrill, Ramón «Mongo» Santamaría, Carlos «Patato» Valdés, Miguelito Valdés y muchos otros fueron fundamentales en el desarrollo de la música cubana en Nueva York. Xavier Cugat, español de nacimiento pero criado en Cuba, llevó los ritmos de nuestro país a Hollywood, y en la década de los años cincuenta, Desi Arnaz se dio a conocer en todos los hogares americanos a través de su programa televisivo, *I Love Lucy*. En otras palabras, los ritmos de mi país, ya fuera el chacha chá, la rumba, la conga, etcétera, se habían vuelto parte de la vida cotidiana americana. Pero con la llegada de ese régimen a Cuba, los artistas cubanos dejaron de viajar a los Estados Unidos. Cuba empezó a aislarse, y su música corrió el peligro de desaparecer de la conciencia americana.

Nacido en Harlem, Nueva York, de padres puertorriqueños, Tito Puente, «El Rey de los Timbales», también contribuyó decisivamente en el desarrollo de la música cubana en los Estados Unidos. Aunque todo el mundo lo conocía como Tito, este gran amigo y hermano mío fue bautizado Ernest Anthony Puente, y se crió en la misma época en que los ritmos de mi país empezaban a tener impacto en los Estados Unidos. Es decir, como un americano de primera generación de ascendencia puertorriqueña que creció en el barrio boricua de East Harlem, para él la música cubana era algo esencial. Conocí a Tito por primera ven en La Habana a principios de los cincuenta, en uno de los muchos viajes que hizo a Cuba. De jovencito, Tito ya era un experto en el tema de la música cubana, y sus contactos con la Isla y sus músicos lo hicieron una autoridad en el tema.

Desde el principio de la década de los años sesenta, Tito había estado colaborando con la afamada cantante cubana Lupe Yoli Raymond, conocida mundialmente como La Lupe, que también había salido rumbo al exilio en la misma época que yo. Pero ya desde Cuba, La Lupe era conocida por su extraordinaria voz y su estilo único. Desde que llegó a Nueva York, Tito y ella trabajaron juntos, pero a mediados de la década de los sesenta ambos decidieron tomar rumbos diferentes.

Un día en 1965 recibí una llamada de Tito. Me dijo que le gustaría trabajar conmigo, y yo le dije sería un honor. Me pidió el favor de que esperara la llamada de un tal Morris Levy, y a los pocos días el señor Levy me contrató para trabajar con la Tico Records. En enero de 1966, Tito y yo empezamos a trabajar en nuestro primer elepé, titulado *Celia y Tito*. En total, grabamos ocho elepés muy buenos, pienso yo. Ninguno tuvo mucho éxito, aunque sí tuvimos canciones que pegaron mucho. Yo creo que no tuvieron más éxito porque no se les dio la debida promoción. No cabe la menor duda que los elepés en sí eran maravillosos.

Con Tito grabé *Acuario,* que fue nuestra versión de *Age of Aquarius,* grabado en inglés por los Fifth Dimension. Era un número precioso que sonó por todo el mundo y prácticamente cerró la década de los sesenta. Después grabamos una canción que yo ya había hecho con la Sonora. Se llamaba *Dile que por mí no tema,* y como era bueno, pues, volvió a sonar. Con Tito también grabé cosas nuevas, pero repetí mucho de lo de la Sonora, como *Cao cao maní pica'o, Tatalibaba, Algo especial* y *Moncó.* Me acuerdo que cuando fuimos por primera vez a España, en 1967, grabamos *Sahara,* otro número que yo ya había grabado con la Sonora. Tito siempre tenía delirio de grabar un elepé que sonara como la Sonora, pero eso era imposible, ya que no hay nada que se le pueda comparar.

Tito siempre estaba a cargo de los arreglos, y le gustaba trabajar solo y de madrugada. Salíamos a cenar, y cuando regresábamos, Tito se quedaba hasta las cuatro de la mañana componiendo arreglos para lo que íbamos a grabar al día siguiente. Aunque no tuvimos mucha suerte con nuestras grabaciones, a Tito y a mí sí que nos fue muy bien con las giras. Juntos viajamos a muchos países, y fue durante esos viajes que desarrollamos esa gran amistad que tuvimos. Yo a Tito lo quería mucho, y se me partió el alma cuando Dios se lo llevó en el año 2000.

Gracias a los esfuerzos de mi productor, Jack Hook, Tito y yo viajamos al Japón dos veces, donde Tito era una estrella y donde siempre nos recibía un público que lo adoraba. Es muy curioso ver lo bien que cantan los japoneses en español, ya que nuestros idiomas son tan diferentes, pero esa gente tiene una facilidad para la fonética increíble. Hay una cantante japonesa que se llama Aimée Kai que me admira desde hace tiempo, y cuando voy al Japón le ayudo con la pronunciación de la letra de algunas de mis canciones que ella canta pero que no entiende. También había una orquesta de salsa japonesa muy conocida por América Latina que se llama la Orquesta de la Luz. La cantante del grupo es una muchacha que se llama Nora, y tengo entendido que su marido es cubano o panameño. Según Nora, yo soy su inspiración, y aunque le encanta cantar *Cúcala,* no habla ni soca de español. También, tengo un amigo japonés que se llama Yoshiro Hirohichi, que me contó que en 1995 ya había quince o veinte orquestas de salsa en el Japón. En gran parte, Tito se merece el crédito por haber sido el pionero de mi música cubana, tanto en ese país asiático como en los Estados Unidos.

Mientras Tito y yo viajábamos, Pedro seguía con la Sonora, y muchas veces no me podía acompañar. Con los diferentes compromisos de cada cual, andábamos cada uno por su lado, aunque hubo ocasiones en que lográbamos encontrarnos en una u otra ciudad por algunos días. Pero tantos viajes empezaron a complicarnos las cosas en la casa. Finalmente, llegó el momento en que Pedro y yo tuvimos que hablar muy seriamente sobre el manejo de nuestras carreras. Pedro era mi representante, pero también seguía con la Sonora. A él nunca le ha gustado que yo ande sola. Se preocupa porque yo vaya a pasar una necesidad o una inconveniencia y que él no esté conmigo para ayudarme. Además, Pedro dice que yo no he aprendido a decir «no». Y eso es cierto; yo no le sé decir que no a nadie, pero él sí puede.

Pedro y yo somos una pareja completamente comprometida, y por eso él habló con Rogelio y le explicó la situación. Le dijo: «Rogelio, tengo un problema. O dejo a Celia viajar sola a todos lados y sigo con la Sonora, o dejo la Sonora y me voy con Celia. Pero el problema es que yo me casé con Celia, Rogelio, no con la Sonora. Así que tengo que irme con ella. Y si tengo que escoger entre Celia y la trompeta, yo la escojo a ella». Rogelio le dijo a Pedro que él nunca estaría fuera de la Sonora, y que cuando quisiera, su puesto de trompeta estaría ahí, esperándolo. Con eso, Rogelio le dio la bendición.

Tanto es el amor que Pedro siente por mí, que el 30 de abril de 1966 dejó a su amada Sonora y su trompeta para construir todo lo que ahora tenemos. Con eso comenzó a viajar conmigo a todas partes. Con muy pocas excepciones —hasta la fecha— hemos estado siempre juntos durante mis presentaciones. A Pedro le han preguntado por qué dejó la Sonora o por qué no da entrevistas, a lo cual él contesta: «Porque yo tengo muchas cosas que hacer para ayudar a Celia. Hay miles de cosas que quedan pendientes que ella no puede hacer, y para eso estoy yo. Cinco minutos que se pasen conmigo ustedes, señores periodistas, son cinco minutos que no están con Celia. Por eso, no quiero fotos ni quiero entrevistas. No quiero nada. Su tiempo dedíquenselo a ella».

Siempre he dicho que mi carrera se la debo a mi mamá porque ella me apoyó. Hoy creo que cuando Ollita murió me dejó encomendada con Pedro, porque desde los días en que él repartía mis partituras hasta el día de hoy, Pedro ha sido mi mayor respaldo.

El final de los años sesenta y los primeros años de los setenta nos trajeron muchos cambios, no sólo en nuestra vida privada sino también en nuestra música. A pesar de los esfuerzos de personas como Tito Puente, la juventud —que es la que compra discos y mantiene a los artistas vigentes— empezó a darle la espalda a nuestra música, porque la veían como algo de viejos. Pasamos todos unos tiempos bastante flojos y difíciles, pero con la ayuda de Dios siempre nos manteníamos a flote.

Fue durante ese intervalo que Pedro y yo pensamos en la posibilidad de tener hijos. Él ya tenía siete hijos de sus matrimonios anteriores, pero yo quería tener mis propios hijos con él. El problema fue que yo nunca salí embarazada. Fui a varios médicos y me hicieron muchos tratamientos que me dejaban muerta, pero nunca supieron decirme por qué no me embarazaba. Yo me puse muy triste, pero Pedro me dijo: «Negra, no te preocupes. No necesito más hijos. Con los que Dios ya me dio me basta. No quiero verte mala». Al principio me fue duro aceptarlo, pero luego pensé que si a Pedro no le dolía no tener hijos conmigo, entonces yo no iba a llorarlos más. Es así como empecé a «adoptar» hijos por dondequiera. Pedro y yo somos padrinos de más de ciento cincuenta criaturas, y de verdad que los quiero a todos. Tengo álbumes llenos de fotos de ellos y me mandan sus calificaciones del colegio, sus carticas, sus dibujos, y yo guardo todo. Siempre les escribo y estoy pendiente de los días de su santo. Me gusta disfrutarlos, mimarlos y después dejárselos a sus mamás, felices y contentos.

A veces me pongo a pensar en qué clase de padres hubiéramos sido Pedro y yo. Creo que yo hubiera sido demasiado consentidora y Pedro demasiado estricto. Con toda seguridad, hubiera dejado de trabajar y mi carrera quizá hubiera terminado ahí, porque nunca hubiera andado con los niños por todos lados, ya que ellos necesitan su propio espacio, su escuela y mucha estabilidad. Y según mi parecer, eso es algo imposible de lograr cuando los padres de una criatura están constantemente de gira.

Sin embargo, Dios me compensó con sobrinos. Ellos son la cosa más grande para mí, sobre todo los hijos de mi hermana Gladys, con quien he tenido más oportunidad de convivir. En 1969, Gladys trajo al mundo una niñita que se llama Linda. Después, en 1972, dio a luz a un par de mellizos, o «jimaguas» como les decimos en Cuba, que fueron su segunda niña y su primer niño, y los bautizó Celia María y John Paul, aunque a éste le pusimos Johnpy de cariño. Yo quiero mucho a mis sobrinos y estoy orgullosa de todos ellos. Pero lo de John Paul fue un caso muy especial. Esa criatura vino al mundo para dar amor y bendiciones. Yo siempre digo que él se tomó su tiempo en entrar al mundo, ya que nació doce horas después que su hermana Celia María.

Desde el primer momento que lo tuve en mis brazos y lo miré a los ojos supe que John Paul y yo seríamos mejores amigos. Gracias al amor y el cariño que he podido compartir con mis sobrinas y sobrinos, estoy muy tranquila y en paz con el hecho de que nunca traje un alma al mundo.

Durante esa misma época, tuve el gran privilegio de cantar en un espectáculo titulado *Cuba canta y baila,* en el recién inaugurado centro artístico Lincoln Center de Nueva York. *Cuba canta y baila* agrupó a muchos artistas cubanos que habían huido de Cuba en la década anterior. Para mí fue un gran placer reunirme con tantos artistas que habían tenido que abandonar a nuestra tierra, y también fue una bendición —aunque momentánea— poder revivir la alegría de nuestra patria en la céntrica avenida neoyorquina de Broadway, enfrente de varios miles de mis compatriotas exiliados.

Sinceramente, creo que he tenido muy buena suerte y que sólo Dios sabe por qué me la dio. En aquellos años, muchos artistas batallaban con sus carreras, pero a mí la gente nunca me dejó de venir a ver. Mi carrera siguió a paso lento, pero seguro, por México, Venezuela, Costa Rica, Ecuador, El Salvador, Panamá, Nicaragua, Honduras, Guatemala, Belice (que en aquel entonces se llamaba Honduras Británica) y Miami. Fue precisamente durante una de esas presentaciones en Miami, como a finales de los años sesenta, que conocí a tres de las más queridas e íntimas amigas que he tenido en mi vida.

Cuando íbamos a Miami, tocábamos en un club que se llamaba Montmartre. En aquella época, en Miami existía un motel que se llamaba el Sandman, y que daba en la calle 34 con Biscayne Boulevard. El dueño era César Campa, un cubano que tiene una voz hermosa. César había hecho unos acuerdos para que los artistas que llegaban a Miami a hacer sus presentaciones en el Montmartre se hospedaran en su motel. Así fue que Cesar, Pedro y yo no hicimos muy buenos amigos, e incluso, soy madrina de uno de sus nietos que se llama igual que su abuelo.

César tiene una magnífica habilidad para improvisar la letra de las canciones, y en más de una ocasión yo le he pedido que suba al escenario para cantar la *Guantanamera* conmigo. De hecho, somos tan buenos amigos que en un concierto que di en el Madison Square Garden de Nueva York, el 31 de agosto de 1998, interrumpí lo que estaba cantando para cantarle *Happy Birthday*. Aquella época, a finales de los sesenta y a principio de los setenta, cuando Pedro y yo nos hospedábamos en el Sandman, fue una maravilla. Nos quedábamos ahí por semanas con Rolando Laserie, el Gran Combo y muchos otros artistas brillantes, y hacíamos unas fiestas buenísimas en el traspatio del hotel. Cantábamos, bailábamos y comíamos bajo de las estrellas. A veces otra gente se nos unía, como si fuera una fiesta de barrio, y por momentos hasta nos atrevíamos a pensar que estábamos en Cuba.

En uno de nuestros viajes a Miami llegamos tarde en la noche y fuimos derechito al Sandman. El día siguiente, por la mañana, conocí a la administradora del hotel, una muchacha preciosa que se llamaba Mary García. No tardamos en hacernos amigas, y pronto después también me hice amiga de otra amiga suya que se llamaba Elia Pérezdealejo.

Mary y Elia tenían otra amiga más, Zoila Valdés, y ésta tenía una agencias de viajes muy cerca del hotel. Un día, Mary y Elia la invitaron a que me conociera, y así empezó una bellísima amistad entre las cuatro. Intercambiamos números de teléfono y prometimos mantenernos en contacto. Con el pasar de los años, dejamos de ser sólo amigas, para convertirnos en hermanas.

Mi amistad con Mary, que por cierto, me dice «Ceño», se

empezó a desarrollar de verdad cuando se ofreció a ayudarme con mis moños postizos. Mary es una mujer inteligentísima, y por lo tanto, pasar tiempo con ella es un placer. Yo siempre la animaba a que se vistiera con más color y a que comiera frutas, ya que son buenas para la salud. Entre más amigas nos hicimos comenzamos a viajar juntas, y en 1978 nos fuimos de vacaciones por varios países europeos.

Uno de los momentos más inolvidables de ese viaje fue cuando recibimos la bendición de Su Santidad el Papa Pablo VI. En otro viaje que hicimos a Europa, en 1983, fuimos a lo que en aquel entonces era Berlín Occidental, y cuando llegamos lo primero que hicimos fue hacer una peregrinación al infame muro que separaba el Este del Oeste. Alguien que estaba ahí me preguntó si me quería retratar delante de las cruces que representaban a los alemanes de la Alemania comunista que habían sido asesinados por los guardias de su propio país mientras trataban de alcanzar la libertad al otro lado. Pero yo me negué a hacerlo. Ese panorama me repugnó tanto que me era imposible posar frente a una cámara. Según me parece, posarse frente a ese muro horripilante —que gracias a Dios ya dejó de existir— sería equivalente a retratarme sonriendo frente a una de las cárceles de Castro. Mi visita al muro fue uno de esos momentos conmovedores que compartí con mi querida amiga Mary.

Ahora permítanme hablar un poco de Elia, que todo el mundo llama «Bruja» o «Brujita». Por supuesto, ese apodo se me hizo muy curioso, y le pregunté por qué le decían así poco después de conocerla. Me explicó que cuando era niña le gustaba mucho ponerse pañuelos y otras cosas en la cabeza, y que por más que su mamá se los quitaba, ella siempre encontraba algún trapo y se lo ponía. Como era muy chiquita, y a todo el mundo le daba gracia, le decían, «mira, parece una brujita», y el nombre se le pegó. Bruja es un pan de Dios, muy buena y muy acomedida, y con todo me ayuda. No hay nada que yo le pida que Brujita no haga. Es de esas personas que si cierro los ojos y me dejo caer para atrás, me aguanta para que no toque el suelo. También quise mucho a su mamá, América Quiroz. De los muchos recuerdos muy bonitos que tengo de esa señora está un San Lázaro precioso que me dejó cuando falleció.

Mi querida amiga Zoila es una de esas mujeres que dondequiera que va está siempre bien presentada y se ve de lo más bien, y yo también soy así. Ambas somos mujeres de estilo. Mi estilo y mi ropa son muy femeninos. Hay gente que dice que soy extravagante, y está bien que lo digan porque es verdad que así soy. En el escenario me gusta brillar. Me encanta el maquillaje, la ropa, los zapatos, las pelucas —que a finales de los sesenta y a principios de los setenta estaban muy de moda— y las uñas largas. Mire hasta dónde llegó mi pasión por las uñas largas, que por no querer cortármelas nunca aprendí a tocar bien el piano. En Zoila encontré un alma gemela en ese aspecto, ya que ella también se maquilla mucho, usa pestañas y todo lo demás. A mí me gustaba mucho la manera en que ella se maquillaba. Hasta el momento en que la conocí, no tenía a nadie en especial que me maquillara, y casi siempre lo hacía yo. Cuando nos volvimos amigas le pedí que me maquillara, y lo hizo tan bien que a partir de ese momento —y gracias al gran cariño que nos tenemos las dos—, me ha hecho el favor de maquillarme para muchas presentaciones y ocasiones muy especiales.

Antes de seguir, me parece apropiado hablar un poco de mi pelo y de mis pelucas, ya que mucho se ha dicho sobre ese tema. Cuando cantaba con la Sonora Matancera, yo misma me peinaba, y por eso casi no usaba peluca. Pero a finales de los años sesenta las pelucas se pusieron muy de moda. Eso me vino muy bien por-

Celia como alumna de la Escuela Pública 6, «República Mexicana».

Fotografía de estudio tomada en 1932 después que Celia recibió la primera comunión en la parroquia de La Milagrosa de Santos Suárez.

Celia con sus hermanos
y su madre en 1948.
De izquierda a derecha:
Catalina Alfonso,
Bárbaro Jimenez,
Gladys Jimenez,
Dolorez Ramos, Celia.

Celia y su prima
Evangelina García
«Nenita».

Celia en navidad, Santos
Suárez, La Habana,
Cuba.

Celia en un elegante vestido de 1955.

Fotografía que Celia le dedicó a una amiga. La dedicatoria dice: «Para Margarita E. Mendoza y familia. Recuerdo de Celia Cruz».

Celia en una
presentación en el
cabaret Tropicana,
20 de enero de 1957;
Marianao, La Habana.

Celia y la Sonora
Matancera en
«El Teatro de La
Habana», 1957.

Celia y la Sonora Matancera.

Celia y Myrta Silva, en la urbanización
Valencia de Río Piedras, Puerto Rico.

Celia y el gran cantante mexicano Pedro
Vargas en el programa de variedades
«El Casino de la Alegría» de la CMQ
televisión, canal seis, La Habana,
12 de octubre de 1955.

Celia y Las Mulatas de Fuego, Cabaret Bambu, La Habana, Cuba.

Celia bailando con famosos cantantes cubanos. *De izquierda a derecha:*
Jorge (bailarin) Celia, Beny Moré, Rolando Laserie y Celeste Mendoza.

Celia con Tito Puente cuando lo conoció
en La Habana a principios de la década
de los cincuenta.

Chino Hassán (en camisa blanca de
mangas cortas), Celia, Pedro Knight
y la Sonora Matancera.

Celia y Pedro llegando
al aeropuerto de
Mardrid-Barajas.

Celia en la playa, El
Condado, Puerto Rico, 1976.

Celia y Pedro en su casa.

Celia y Pedro con la
Estatua de la Libertad, 1965.

Celia, La Habana Cuba, 1959.

Yolanda Montes «Tongolele», Celia
y Las Mulatas de Fuego.

Celia presentandose en Los Globos,
Mexico. La gran actriz mexicana María
Félix esta sentada a la izquierda.

Celia en concierto en Bogotá, Colombia.

Celia en «El Teatro Blanquita», 1967.

El gran actor mexicano Mario Moreno «Cantinflas», Maria Victoria y Celia en Mexico.

Celia en su casa, Ciudad de Mexico.

Celia y Pedro Knight con sus sobrinos, los hijos de Gladys. *De izquierda a derecha:* Linda Becquer, John Paul Becquer, Celia María Becquer.

Celia y La Fania All-Stars en Niza, Francia.

Celia y Johnny Pacheco.

Celia en la ceremonia inaugural de su estrella en el Paseo de la Fama de Hollywood, 1987.

Cubierta de un album de Celia.

Celia en los Grammys del 2003.

Celia con el presidente George Bush, padre, en Florida
International University cuando recibió un doctorado de honor.

Celia, frente a la Casa Blanca con el presidente Bill Clinton luego de recibir el medallón del National Endowment for the Arts, 14 de octubre de 1994.

Celia y Thalía en la apertura de Bongo's Cuban Café en Walt
Disney World, Orlando.

Mary J. Blige, Tony Bennett y Celia

Plácido Domingo, Celia y Juan Gabriel durante el «Premio Lo Nuestro», Univision, Miami, 1990.

Celia con Luciano Pavarotti, durante el ensayo para el concierto de
«Pavarotti & Friends» en Modena, Italia.

Cristina Saralegui, Celia y
Gloria Estefan en una
fiesta de la revista *People
en Español* en Miami
Beach.

Emilio Estefan, Celia y
Mario «Don Francisco»
Kreutzberger, en el
Beverly Hills Hotel.

Celia y Antonio Banderas
en la premiere de *Mambo
Kings*.

Celia, Patti LaBelle y Omer Pardillo-Cid en el teatro Jackie Gleason de Miami Beach antes del tributo de la cadena Telemundo «Celia Cruz: ¡Azúcar!», 2003.

Celia y Grace Jones en Galicia, España.

Celia y Aretha Franklin durante el concierto de «VH1 Divas» en el 2000.

Celia en concierto en el Festival Calle Ocho, Miami, 2000.

Pagina anterior: Celia en el auditorio national de Mexico,
durante un tributo que se le hizo en octubre del 2002.

Celia durante la filmación del video musical de «Mi vida es cantar» en el Barrio Chino de Ciudad México.

Celia en concierto.

Celia en su papel de Evalina Montoya, dueña del Club Babalú, en la película *Los Reyes del Mambo,* 1991.

Celia en el concierto más grande de la historia, tal como fue registrado por el *Guinness Book of World Records*. Tenerife, España, 1987.

Celia y Pedro en Amsterdam.

Celia y Johnny Pacheco, 1978.

En el teatro Apollo de Harlem, Nueva York.

El estadio El Campín de Bogotá, 1999.

Lincoln Center, Nueva York.

Madison Square Garden, 1994.

Maracaibo, Venezuela, 1993.

Con Oscar D'León en el Miami Arena, 1996.

En el Olympia en Paris.

Madison Square Garden.

En el James L. Knight Center de Miami, 1997.

CELIA EN CONCIERTO

Carnegie Hall, Nueva York.

El desfile de modas de Thierry Mugler en Los Angeles, 1992.

El Hollywood Bowl, 1998.

El JVC Jazz Festival, Carnegie Hall, Nueva York, 1993.

Celia con el presidente Ronald Reagan en la Casa Blanca, Washington, D.C.

Con el entonces alcalde de Nueva York, Edward Koch, en la Quinta Avenida durante el desfile hispano, 1988.

Olga Guillot, Lola Flores y Celia en Madrid, España.

De izquierda a derecha: Pedro Knight, Johnny Pacheco, Tito Puente, Celia, Rogelio Martínez y José Alberto «El Canario».

Jerry Masucci, Celia, Ralph Mercado.

Celia con Oscar de la Renta.

Celia y la modelo Naomi Campbell en la fiesta de Dolce & Gabbana en Los Ángeles, 14 de junio de 2001.

Celia y Desi Arnaz, 1982.

Celia y Bill Cosby en la estacion de radio WQBI, Febrero 9, 1992.

Celia y Pelé en Mallorca, España.

De izquierda a derecha:
Andy Garcia, Celia,
Marlon Brando, Tito
Puente y Ralph
Mercado en el
Hollywood Bowl, Los
Angeles.

Celia, Paul Simon y Rita Moreno.

Celia y Pedro en su aniversario de 25 años de casados, agosto 1987.

Celia en Venecia, Italia, agosto 2003.

Celia durante la exposicion de «Cuba Nostalgia» en Miami, 1999.

Pedro y Celia con sus sobrinos Celia Maria Becquer y John Paul Becquer, Miami.

Celia mientras se recuperaba de su cirujia.

Celia y su tía, Ana Alfonso, en Nueva York, 1995.

Barbaro Jimenez (hermano de Celia), Maria Herminda (amiga) y Celia en Nueva York, 1998.

Celia en París, agosto 2002.

Celia con una bolsa llena de tierra cubana que recogió al pasar la mano por las rejas fronterizas de la Base Naval estadounidense de la Bahía de Guantánamo, Cuba. Dicha tierra la acompaña en su ataúd.

Durante el viaje que hizo en 1990 para cantarles a los refugiados cubanos albergados en la Bahía de Guantánamo, Cuba. Aquí Celia mirando a través de las rejas y alambres de púa que dividen la Base del pueblo de Caimanera, provincia de Oriente.

que me ayudó a variar mi *look,* y desde entonces, yo ya no suelto mis pelucas. Tengo muchas y siempre viajo con varias, pero siempre hay una que me sirve de «María Auxiliadora». Esa me encanta porque es muy práctica, de pelito corto y me queda muy bien. Necesito tener una peluca así porque hay momentos en que hay entrevistas o conferencias de prensa de última hora, y no tengo tiempo de peinarme. Las pelucas siempre son la solución para cuando tengo que prepararme en poco tiempo.

Ahora, permítanme hablar más de mis amigas. Desde un principio, las tres han sido muy buenas conmigo. Cada vez que llegábamos a Miami, las llamaba para avisarles de mi llegada. A veces las tres nos iban a buscar al aeropuerto, y de ahí nos íbamos a la Ermita de la Caridad del Cobre, en Coconut Grove, y luego a almorzar o a cenar. Yo tengo hecha una promesa de ir a la Ermita cada vez que estoy en Miami, y casi siempre una de las muchachas —tan buenas que son— va conmigo. Hasta Zoila, que es judía, se ha sentado detrás de mí mientras rezo el rosario en la Ermita. Todas ellas me han ayudado mucho con esa promesa. A veces es difícil cumplir la promesa ya que la gente no piensa y se me acerca para que les dé un autógrafo. Nunca le he negado nada a mi público, pero la iglesia es la casa de Dios y yo no estoy ahí para complacer a nadie que no sea Él. Por lo tanto, nunca he firmado autógrafos en la Ermita. Muchas veces mis amigas se encargan de explicárselo a la gente para que yo pueda pasar mi ratico tranquila con Dios.

Fue también en aquella época que nació mi famosa expresión, «¡Azúcar!». Resulta que un día estábamos cenando en un restaurante cubano que me gusta mucho. Después de la cena pedí un café, y el camarero me preguntó si quería azúcar. Me viré y les dije a mis amigos, «¿Imagínense eso? ¿Un café cubano sin azúcar?», entonces le contesté al mesero, «Mira, tú eres cubano, y sabes que el café de nosotros es muy fuerte y amargo. Chico, lo quiero con ¡azúuuucar!». Esa misma noche durante el concierto que di en el Montmartre, se lo conté al público, y todos nos morimos de risa. A partir de esa noche, todos querían que les contara la anécdota, pero después de repetir la anécdota varios días seguidos, me aburrí y empecé a gritar únicamente «¡Azúcar!» y así la gente se ponía de pie. De ese momento en adelante, «¡Azúcar!» se volvió parte de mi repertorio.

Con el exilio, me separé de las amigas de mi niñez, Estela, Caridad y Ana María. Sin embargo, como si fuera una recompensa, Dios me dio a Elia, Mary y Zoila. Claro que las amistades de jovencitas no se comparan a las amistades de mujeres. Cuando una es niña, las amiguitas son más compinches que otra cosa, pero de mujeres —así pase mucho tiempo— la amistad se mantiene. Con tantos compromisos que tenemos las tres, no nos vemos mucho, pero hemos viajado juntas a muchos lugares, nos hablamos por teléfono varias veces por semana y nos visitamos cuando podemos. En esos días, a principios de la década de los años setenta, Elia, Mary y Zoila se volvieron mis hermanas, y hasta el día de hoy les agradezco que estén en mi vida.

Debo añadir que Tongolele y yo trabajábamos mucho en el Montmartre, y ella también se hospedaba en el Sandman. Fue en aquel tiempo que realmente se desarrolló nuestra amistad, aunque, como ya he dicho, habíamos trabajado muchas veces juntas en Cuba y México. Una de las cosas de que hablábamos mucho era de cuánto queríamos viajar, pero sólo para pasear, y así fue que se nos ocurrió ir a Hawai. El plan era que fuéramos sólo Joaquín, su esposo, Yolanda, Pedro y yo, ya que allá muy poca gente me conocía y podría disfrutar de mis paseos y mis comidas en restaurantes con tranquilidad, sin que nadie nos detuviera para pedirnos autógrafos. Después de planearlo por dos años, el famoso viaje finalmente se hizo en 1976, y en Hawai pasamos unos ratos muy contentos, yendo a los espectáculos de música hawaiana que Tongolele quería ver para enterarse de qué había de nuevo en las danzas. Desafortunadamente, no había nada fuera de lo que siempre se les ofrece a los turistas. De Hawai fuimos a Las Vegas, donde lo pasé muy bien, jugando mi suerte con las maquinitas bandidas, por las cuales —tengo que reconocer— siento debilidad. Los cuatro pasamos unas vacaciones maravillosas.

Mi relación con la maravilla española, Lola Flores «La Faraona», jugó un papel muy importante en la divulgación de mi música, y por extensión, de la música popular cubana por toda España. Como ya he dicho, Lola —que Dios la tenga en la gloria— fue la cantante más querida de España. Las dos veníamos de hogares humildes y las dos vencimos grandes obstáculos para lograr el éxito. Sin embargo, ninguna de las dos nos olvidamos de nuestras raíces. Quizá por eso éramos tan unidas.

Mi música se oía por todo el mundo hispanohablante, a través de las estaciones radiales tan potentes que había en la Cuba de ayer y por medio de todas las giras que hice por la región. Sin embargo, no había tenido impacto en España, la Madre Patria, a la cual quiero como si fuera mi país natal. Después de la sangrienta guerra civil de los años treinta, España pasó por una larga dictadura y un periodo de aislamiento, en el cual las influencias «extranjeras» no eran muy bien vistas. Aunque España y Cuba comparten lazos culturales e históricos muy estrechos, durante la época de Franco todo lo cubano era considerado nocivo para la cultura española.

A Lola la conocí a principio de los cincuenta en Cuba, y

cuando empecé a viajar a España a finales de esa década, nos volvimos a juntar. En aquella época, Lola tenía un restaurante en Madrid que se llamaba Caripén, y cuando yo estaba de visita ella lo cerraba al público y me invitaba a cantarle ahí exclusivamente a un grupito de personas importantes invitadas por ella. Esas fiestas privadas ayudaron a que mi música se empezara a propagar por toda España. Sus esfuerzos por propagar la música cubana en España tuvieron tanto éxito que ahora se escucha por toda la península ibérica.

Lola y yo nos hicimos muy buenas amigas, y en 1995 se me partió el alma cuando oí la noticia que Dios se nos la había llevado. Desgraciadamente, yo estaba trabajando en Los Ángeles y no pude ir a su entierro. Pero sí me enteré que fue una de las mayores expresiones de dolor colectivo jamás vistas en España. De hecho, parece que cada vez que mis grandes amistades fallecen, ya sea Tito Puente o Lola Flores, no he podido asistir a sus velatorios debido a mis obligaciones de trabajo. En todo caso, como el panteón de Lola en el cementerio madrileño de la Almudena se ha vuelto un lugar de peregrinaje, cada vez que voy a España —lo cual hago varias veces al año— me aseguro de ir a hacerle la visita y darle las gracias por la maravillosa amistad que compartimos. De hecho, en 1998, cuando grabé mi humilde homenaje a su memoria, *Canto a Lola Flores,* en mi álbum *Mi vida es cantar,* se lo llevé, y cuando se lo puse en el panteón el viento lo levantó y cayó encima de la lápida que lleva su nombre. Parece que Dios Santo quería que estuviera lo más cerca de ella posible.

Ya para los ochenta, los esfuerzos de Lola permitieron que mi música se volviera toda una locura en España, y luego hablaré más de cómo mi carrera se desarrolló allí, pero debo anotar aquí que dos de los regalos más bellos que ella le dejó al mundo —y a mí— son sus dos hijas preciosas, Lolita y Rosario. Lolita y yo hemos trabajado y grabado juntas, y en esas ocasiones el espíritu de su hermosa madre siempre parece estar presente.

Pedro y yo nos habíamos acomodado a nuestra vida de exiliados. Como ya dije, salimos de mi Cuba sin saber que jamás regresaríamos. Todo se quedó ahí. Sin embargo, Dios es grande, porque en los primeros diez años después que llegamos a los Estados Unidos, pudimos recuperar mucho de lo que perdimos, en lo que a lo material se refiere. Encontré un amor, amigas, una nueva vida para mi carrera, e incluso encontré un país que siempre me respaldó del todo y que me dio —sin yo haber nacido en su territorio— lo que un día injustamente pretendieron robarme cuando mi país me borró de su historia: mi ciudadanía.

El día que me hice ciudadana americana, en 1977, fue un día feliz. Al salir de la juramentación que se llevó a cabo en la corte de Brooklyn, iba tan contenta con mi certificado que me puse a gritar en la calle. Un policía se asustó y le preguntó a Pedro qué me pasaba. Cuando se lo explicó, el uniformado simplemente sonrió y se fue.

A pesar de las barreras de idioma y de costumbres, ser ciudadana de los Estados Unidos ha sido muy importante para mí, ya que aprendí a vivir mi cubanía de una manera que quizá en Cuba jamás hubiera sido posible. Vivo obsesionada con la suerte de mi tierra, y creo que mi exilio me ha hecho querer a Cuba más todavía. Pero los Estados Unidos —con su mezcolanza de gente de todos lados, al igual que la posibilidad de viajar por todo el mundo— me han dado una perspectiva muy amplia. Tengo amigos y fanáticos de todas las razas, de todos los colores y de todas las religiones y creencias. En los Estados Unidos nos encontramos a latinoamericanos de todos los países de América bajo una sola bandera. Somos cubanos, hondureños, puertorriqueños, dominicanos, panameños, mexicanos, venezolanos, colombianos, ticos, guatemaltecos, salvadoreños, y a todos nos une nuestro idioma, el español. En los Estados Unidos nos aceptaron con todas nuestras ideas y costumbres, y nos dieron oportunidades que en nuestras tierras no teníamos. Este país nunca nos pidió que olvidáramos nuestra identidad a cambio de dichas oportunidades. Y eso es sí que es una maravilla.

Cuatro
CON SALSA Y ¡AZÚCAR!

«Lo primero que hago al despertar es darle gracias a Dios todos los días».

—Johnny Pacheco. Celia Cruz, *La dicha mía.*

$\mathscr{E}$*s* CIERTO QUE TODO TIENE SU TIEMPO, PERO LO QUE es bueno nunca pasa de moda.

El final de la década de los sesenta y el principio de los setenta eran los tiempos del disco y el *rock,* y como resultado, casi no se escuchaba nuestra música. La juventud se metía a las discotecas a bailar la música de Donna Summer, Gloria Gaynor o los Bee Gees. Había muchos que pensaban que la música cubana iba a pasar a la nostalgia, y que sólo se escuchaba en las casas y en los bailes de los cubanos exiliados; o sea, que era «la música de los viejos».

Pero la música es algo que te dice quién eres y de dónde vienes. Es lo que se expresa con todo el cuerpo. Sin embargo, la juventud latina iba a los clubes a bailar música americana porque eso era lo que estaba de moda. Sería música buena, pero no era la suya. Era como bailar con zapatos prestados. Por más bonitos que estén, se sienten apretados.

Estos jóvenes latinos —desde niños— aprendieron a moverse con los ritmos de nuestras tierras. Sus canciones de cuna eran en español. Sus comidas tenían el sazón de sus abuelas. Pero cuando fueron a la escuela, se empezaron a volver americanos. Hicieron lo mismo con el inglés, el cual reemplazó el español. Los jóvenes latinos se convirtieron en algo nuevo: un poco de sus padres y un poco de los Estados Unidos.

En 1972, varios músicos exiliados cubanos y yo nos presentamos en el gran teatro neoyorquino Radio City Music Hall en un tributo a Beny Moré. Yo ya me había presentado en ese escenario a mediados de los sesenta, pero lo que me sorprendió de este concierto fue la edad promedio de los asistentes, que era mucho mayor que antes. Eso me entristeció, ya que me pareció que la música cubana estaba condenada a desaparecer. El régimen de La Habana le había dado la espalda a la música tradicional del país y había a favorecido la canción revolucionaria de protesta. Los músicos cubanos ya no se podían mover libremente por el mundo, y los públicos en el exilio carecían más y más de sangre nueva. El futuro no se veía nada bonito.

El gran flautista dominicano, mi querido hermano Johnny Pacheco, me vino a ver en 1969 después que me vio presentarme en el teatro Apollo con la Sonora. Pacheco estaba consciente de que los jóvenes hispanos traían el ritmo nuestro en la sangre pero que no sabían distinguir entre el merengue, la bomba, la guaracha o el guaguancó. Aun así, Pacheco tenía a dominicanos, cubanos y puertorriqueños en su orquesta, y juntos tocaban música tradicional bailable cubana a la que añadían su propio sabor. Necesitábamos una palabra para reunir todos estos ritmos. La música cubana volvió a nacer en el extranjero, bajo el nombre de *salsa*.

Ya para 1974, Pacheco y su socio, el gran promotor Jerry Masucci, eran dueños de la Fania All–Stars, una orquesta de salsa, y de la disquera Fania Records. Pacheco una vez me dijo: «Los blancos tienen sus disqueras, los negros tienen Motown y con Fania los latinos tendremos lo nuestro también, con nuestra disquera de salsa». Pronto, los Fania All–Stars le llevaron al mundo esta *nueva* música: la salsa. Y como yo era la única mujer en la agrupación de la Fania, me coronaron «Reina de la Salsa».

«¿Salsa de qué?» Todo el mundo se hacía esa pregunta. Como no se había inventado ningún ritmo nuevo, nadie sabía qué era. Hubo mucha gente que desde un principio se opuso a la utilización de ese término. La verdad es que en un principio sí que nos metimos en un lío con la palabra *salsa*. Me acuerdo que a Tito, quien había hecho tanto por mantener viva la música cubana en la década de los sesenta, le chocaba. Por nada del mundo la decía. Hasta el día que murió se disgustaba cuando oía a alguien llamarle *salsa* a su música. Me hacía reír cuando decía; «¿Qué? ¿Salsa? La salsa se come, no se baila».

Hay mucha controversia acerca del término *salsa* y de cómo nació. En 1967, me presenté en el programa de radio venezolana de un señor que se llamaba Fidias Danilo Escalona. El programa se llamaba *La Hora de la Salsa,* y en él se transmitían las grabaciones de la Sonora Matancera. Ahí fue donde yo creo que se usó por primera vez la palabra *salsa* para identificar la música cubana. Por eso es que yo siempre digo que la salsa es un nombre comercial de mercadeo que se le puso a la música cubana, y luego, como los músicos de muchas nacionalidades la estaban tocando en los Estados Unidos, la salsa empezó a desarrollar su propio sabor. Ya para finales de la década de los ochenta, casi todos los ritmos latinoamericanos eran presentados bajo el título «salsa» o «música tropical». Por ejemplo, cuando yo grabé *El yerbero moderno* con la Sonora Matancera, éste era un pregón, y cuando lo grabé con Pacheco en 1974, se volvió *salsa*. Sin embargo, sigue siendo lo mismo. *Sopita en botella,* grabada originalmente en 1955, era una guaracha, pero cuando la grabé con Pacheco en 1975, también le pusieron *salsa*.

Todavía hay mucha gente por ahí que rechaza el término *salsa*, y le echan peste. Pero como dice Pedro, los jóvenes estaban rechazando la música cubana, y la única forma de rescatarla fue por medio de ese título. Por ejemplo, cuando nos presentábamos en Miami en los años sesenta y setenta, los jóvenes no iban a vernos. A veces, esos bailes estaban medios vacíos. Decían, «¿Música de Celia Cruz y la Sonora Matancera? Ah, música vieja». Pero cuando le pusieron *salsa,* esos mismos bailes se llenaban, aunque era la misma música. En otras palabras, si decíamos que nuestra presentación era de salsa, ochenta por ciento del público eran jóvenes, pero si decíamos que era música cubana, no nos hacían caso.

Lo que sí no veo bien es que esos mismos que protestan tanto por la palabra *salsa,* vivan de eso. Si la palabra los ofende tanto, entonces que no participen en los conciertos que se organizan bajo ese nombre. Eso es tener honor. Pero sucede que muchos se presentan y cobran en los festivales de salsa pero se niegan a decir que es salsa, e incluso se quejan de eso cuando los entrevistan. A mi parecer, si van a quejarse, que digan también: «Yo no soy salsero, ni tampoco voy a los festivales de salsa». Pero no veo bien que acepten el pago y critiquen el nombre que les da de comer.

Lo mismo digo de varios músicos que aún están en Cuba. Muchos de ellos repiten como cotorras la línea oficialista de que la salsa no existe. Sin embargo, he oído que últimamente han empezado a poner letreros para los turistas en el Tropicana de La Habana que dicen, «Aquí se baila salsa». Además, y también en los últimos años, el régimen castrista has estado exportando a los mismos músicos y la misma música tradicional cubana que ignoraron y marginaron por casi cuarenta años mientras el mundo acogía la salsa. Aunque parece mentira, la dictadura cubana ahora está tratando de aprovecharse de la salsa para ver cuánto le pueden sacar.

Durante los setenta, solíamos presentarnos mucho con Pacheco en Venezuela, aunque los venezolanos también contrataban orquestas oficialistas como la Orquesta Aragón. Una vez, en 1975, estábamos Pacheco y yo en la planta baja del Hilton de Caracas tocando nuestra salsa, y la Aragón estaba en otro salón con su música cubana, «la verdadera», como ellos decían. A la una y media de la mañana no les quedó más remedio que irnos a ver a nosotros ya que nadie se molestó en verlos a ellos. Así que creo que los representantes oficialistas del régimen no tienen ningún derecho de criticar la palabra *salsa,* ya que gracias al dictador que ellos representan, la música cubana en el extranjero casi se muere cuando el régimen les cerró las puertas en los sesenta. En otras palabras, la salsa vino a rescatar la música tradicional bailable cubana.

Entre 1967 y 1979 trabajamos en México siete meses al año. Estábamos ya con Morris Levy de Tico Records, y nos presentábamos en teatros con una orquesta que se llamaba Guaciri, y otra que se llamaba África, ambas mexicanas. Después de los teatros seguíamos con las caravanas al interior. En ese entonces vivíamos un tiempo en Nueva York y un tiempo en México.

Estábamos todavía en México cuando recibí una llamada, en la cual me informaron que Larry Harlow, «el judío maravilloso» de la Fania, estaba escribiendo una ópera —basada en una ópera rock que se llamaba *Tommy*— con música afrocubana y en español, titulada *Hommy.* Entonces, a Masucci se le ocurrió que tendría que ser yo la que cantara el número *Gracia divina.* Cuando regresamos a Nueva York, me salieron con la noticia de que habían fijado la fecha para que yo grabara la canción con Larry Harlow. Me aprendí el número el mismo día que lo grabé, y luego la ópera debutó en el Carnegie Hall en 1973.

Después de *Hommy,* Masucci se encaprichó con que quería grabar conmigo. Hablamos con Morris Levy y nos salimos del

Con salsa y ¡azúcar!

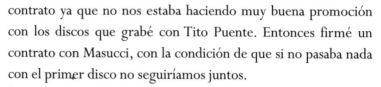

contrato ya que no nos estaba haciendo muy buena promoción con los discos que grabé con Tito Puente. Entonces firmé un contrato con Masucci, con la condición de que si no pasaba nada con el primer disco no seguiríamos juntos.

Jerry Masucci cumplió con todo lo que me prometió con ese primer elepé. Lo primero que hizo fue preguntarme con quién quería grabar, y yo le dije, «Con Pacheco», ya que en aquel entonces Pacheco sonaba como la Sonora Matancera. Él siempre fue gran admirador de la Sonora, tanto, que cantaba en sus coros y era la misma voz de Caíto.

Lanzamos un primer elepé llamado *Celia y Johnny,* el cual fue un gran éxito. Jerry le dijo a Pedro: «Yo te la voy a poner en los primeros lugares», y como así fue, firmamos un contrato a largo plazo con Vaya, que era propiedad de Masucci. Ese elepé es el que trae *Químbara,* una canción escrita por un muchacho que se llamaba Júnior Cepeda.

En 1973, Júnior le mandó a Pachecho un casete con más o menos veinticuatro números. Como no recibió respuesta alguna, se apareció en la oficina de la Fania y le dijo a Pacheco: «Maestro, mire, yo soy el que le mandó el casete con las canciones». Pacheco le contestó: «Sí, sí, pero me tengo que ir para una reunión. ¿Por qué no me esperas? ¿Ya comiste?». «No», le contestó Júnior. «Pues ve, come y al rato bajo». Pues Pacheco se olvidó del muchacho. Después de quién sabe cuántas horas, Pacheco bajó y el muchacho seguía esperándolo ahí. «¡Caramba!», dijo Pacheco, «Discúlpame. Pero a ver, ¿qué canciones me mandaste tú?». «Maestro», le contestó Júnior, «es la que va, 'químbara químbara cumba quim bambá . . . ' ». Y con eso lo cogió Pacheco del cuello y le dijo, «ven para acá muchacho». Y así fue que llegó *Químbara* a manos de Pacheco.

A Masucci no le gustaba ese número porque decía que todas

las canciones salseras dicen «la rumba me está llamando». Yo le insistí que no era verdad. Le expliqué que los cantantes cuando están inspirados dicen eso y que seguro que hasta yo misma lo había dicho en alguna grabación con la Sonora. Le dije que el número estaba muy bueno y que yo lo quería grabar. Le expliqué que *Químbara* era como si el tambor le estuviera hablando a la tumbadora y al bongó. Al fin accedió. Ese número ha sido el más famoso de ese elepé. Está a la par con los más famosos números de la Sonora, como *El yerbero moderno* y *Bemba colorá*. Tristemente, Júnior murió un 29 de julio, dos días antes de que saliera el elepé con *Químbara*. Nunca se enteró de lo grande que fue ese número ni los otros que le grabe después, como *Dime si llegué a tiempo*.

Después de grabar con Pacheco, grabé con Willie Colón. Me gusta trabajar con él porque además de ser un músico de la más alta categoría, lo considero un amigo. Hace poco tiempo me enteré de que él había dicho que yo era un orgullo para mi raza negra, mi gente latina y también como mujer, ya que yo pertenecía a los tres grupos. Yo no me veo como un orgullo, pero le agradezco a Willie de todo corazón su elogio tan lindo.

Los periodistas siempre me preguntan cuales son los números que prefiero de la Sonora y de la Fania. Yo les contesto siempre que todos son mis favoritos, lo cual es verdad, ya que hasta el día de hoy nunca he grabado un solo número que no me haya gustado. Al contrario, hay muchos números que no he grabado que me hubiera gustado mucho grabar, pero por una razón u otra todavía no he podido. Soy consciente de que son los productores o las compañías disqueras quienes les dicen a la mayoría de los artistas qué números deben grabar, cuándo y cómo tienen que hacerlo y hasta con quién. Sin embargo, yo he tenido la dicha de que en cada una de mis grabaciones he tomado parte en la selección de las canciones, y si no me gusta un número, simplemente no lo grabo.

Con salsa y ¡azúcar!

Con la Fania, en *Celia y Johnny,* cada cual trajo sus ideas sobre los números que se debían grabar. Yo traje *Toro mata,* una canción peruana muy bonita que aprendí durante los días que pasé en el Perú a mediados de los sesenta. Yo estaba presentándome en un teatro de ese país andino y oí a una muchacha llamada Cecilia — nunca he podido acordarme de su apellido o quizás nunca lo supe— que lo cantó. Me gustó y le pedí a un señor que se llamaba Alberto Castillo, y que copiaba muy bien, que me anotara la música. Él la escuchó, se aprendió la melodía, me dio la parte para piano, y así yo me la traje para Nueva York. Creo que le llevé el disquito a Pacheco y le gustó porque está en un tiempo muy peruano. También traje otra que se llama *La langosta y el camarón* que grabé con la Sonora y que le gustaba mucho a Pacheco. Ya no me acuerdo quién trajo *El canto a La Habana,* que se ha vuelto como un himno para los exiliados cubanos, ya que la letra habla de un viaje nostálgico por la isla.

Sin embargo, las cosas se me viraron cuando se trató de *Cúcala,* en el elepé *Tremendo caché* que grabamos Pacheco y yo en 1974. En esa ocasión Masucci se encaprichó de que yo tenía que grabar ese número, pero yo no quería porque el gran maestro Ismael Rivera ya lo había grabado y a mí simplemente no me gustaba como sonaba en tiempo de bomba plena. No me gustaba para nada. Entonces Pacheco me dijo: «Mi Diosa Divina, vamos a cambiarla a una guaracha a ver qué pasa». Cuando la oí así, ahí sí me gustó. Me gustó tanto, que la grabamos con Ismael Rivera en el Madison Square Garden. Después se metieron a un estudio para corregirle todos los defectos que ocurren cuando se graba en vivo, y así fue como se convirtió en uno de mis más grandes éxitos.

Esos primeros conciertos que hice en el recién inaugurado Madison Square Garden, uno de los escenarios más famosos del mundo, fueron esenciales para llevarle la salsa a un público que no era necesariamente latino. La oportunidad de presentarme en un lugar tan respetado como ése, hizo que nuestra música ganara en reconocimiento y popularidad. Además, a nivel personal, cuando me veía a mí misma cantando en el Madison Square Garden, me sentía tan orgullosa como aquella noche en que me presenté en Carnegie Hall. Y como siempre, sentía que mi mamá Ollita estaba junto a mí durante toda la presentación, animándome a dar lo mejor de mí misma.

Mucha gente cree que yo grabo ciertos números porque tengo algún mensaje que quiero transmitir, pero ese no es el caso. Yo grabo mis números si me gusta como suenan, o si el ritmo está bueno y me parece que va a caminar. Cuando grabé la canción *Isadora* de Tite Curet Alonso, mucha gente me preguntó si admiraba a Isadora Duncan, y querían saber más de ella. Pero la verdad es que yo no sabía nada de ella, ni siquiera la conocí, ya que ella murió en 1927. Yo no soy compositora; sólo interpreto las canciones. Ahora, mis inspiraciones, eso es otro asunto.

La gente me pregunta: «¿Celia cuál es tu secreto? ¿Por qué tus canciones son tan populares?». Bueno, en primera, creo que es porque a mí me gusta todo tipo de música. En segunda, la canción tiene que quedar con mi estilo y mi voz. Cuando esos dos elementos combinan, el resultado es maravilloso. La otra razón por la cual nuestras canciones son tan populares en muchos lugares es porque en los elepés a mi me gusta darle un poquito de todo a todos. Por ejemplo, cuando seleccionamos los números, incluimos una bomba para Puerto Rico, una guaracha para los cubanos y así sucesivamente. Me he dado cuenta que todo el mundo se emociona cuando se les canta algo de lo suyo. Pero quién sabe por qué, también me ha pasado que hago una cosa para un pueblo y su gente no le presta mucha atención. Eso me ha pasado mucho con los puertorriqueños y los mexicanos. Parece que ellos no se entusiasman cuando se les cantan canciones hechas sólo para ellos. Un día grabé una canción que se llama *La isla del encanto* —un número precioso— y se la dediqué a Puerto Rico, pero yo sentí que allá no le hicieron mucho caso. En México, sin embargo, me la pedían a cada rato. Yo les decía: «Caballeros, pero si este número es para Puerto Rico». Pero no les importaba. Entonces, se la cantaba a los mexicanos.

Ahora, si uno va a México y les canta alguna canción de mariachi, entonces sí se ponen de pie. A los mexicanos les encanta. Yo me he atrevido a hacerlo si me acompañan los mariachis. Eso sí que los vuelve locos.

Yo cantaba una o dos canciones de mariachi, como *Laguna de pesar* y *La cama de piedra,* los cuales eran los únicos que me sabía bien. Mi compadre Don Vallejo me decía: «¡Ay, comadrita, échese una rancherita con el mariachi! ¡Ándele!». Y como los mariachis no necesitan ensayar de antemano ni tampoco necesitan buscar el tono ni nada por el estilo, yo sólo me ponía a cantar y ellos me seguían. ¡Ojalá siempre cantara con mariachis! De verdad que son buenísimos músicos. Pedro dice que es porque ellos tienen un sistema con las siete claves que les da la facilidad de simplemente seguir al cantante. Conocen todos los tonos. No se necesita decirle a un mariachi el tono. Cuando uno empieza a cantar, enseguida bajan medio tono o suben, lo que sea necesario para acompañar bien al cantante. No me explico cómo lo hacen. Pedro los admira mucho, sobre todo —dice él— porque tocan trompetas y violines, y bajarle en un instante un tono a las partituras de cada instrumento, y que salga bien, es algo increíble. A la mayoría de las orquestas les lleva días hacer lo que hace un mariachi como si nada. Eso quiere decir que para ser mariachi se tiene que ser muy buen músico. Además de que me encanta trabajar con mariachis, por lo buenos músicos que son, también me gusta complacer a mi público mexicano. Yo siempre he sido del público. La gente me pide lo que quiere, y si puedo yo se lo canto. Yo nunca le digo al público lo que le tiene que gustar. Creo que por eso es que mi música sigue viva.

Debo mencionar aquí a mi adorado Puerto Rico y su gente maravillosa, tanto los que viven en la isla como los que se han ido. La poeta puertorriqueña Lola Rodríguez de Tío escribió, «Puerto Rico y Cuba son de un pájaro las dos alas, y reciben flores y balas en el mismo corazón». No hay palabras para describir mi relación con Puerto Rico, que ha durado más de cincuenta años.

La primera vez que me presenté en la isla fue en 1952, y desde entonces, cada vez que voy, me tratan como si fuera de los suyos. En los años sesenta, miles de cubanos se fueron a Puerto Rico, en donde fueron bien recibidos y donde han gozado de todas las libertades que nosotros sí perdimos en nuestra isla. Sólo por eso, le estaré eternamente agradecida a Puerto Rico. Y en cuanto al cariño que le tengo a los puertorriqueños que se han ido de su bella patria, ya hablé de mi relación con Tito Puente, Myrta Silva y Daniel Santos, al igual que con tantos otros músicos de ese fantástico país. En el escenario, me he presentado con cientos de puertorriqueños, y siempre nos hemos entendido a la perfección.

En Nueva York y a través de los Estados Unidos, los puertorriqueños siempre han sido un gran apoyo para mí, y han sido unos admiradores fenomenales. Desde el día que debuté en el teatro Puerto Rico de Nueva York, hasta el día que fui nombrada maestra de ceremonias del Puerto Rican Day Parade en la quinta avenida, en 1988, todos los boricuas me han mostrado amor y admiración sin excepción. Por eso, les estoy eternamente agradecida.

Pacheco y yo hicimos muchos viajes al extranjero. Estuvimos por ejemplo en Venezuela y también tuvimos la suerte de hacer un viaje increíble al África. En 1975, Pacheco, la Fania All-Stars y yo hicimos un viaje al Zaire, la actual República Democrática del Congo. El gobierno estaba celebrando en grande una fiesta patria, y había organizado un festival que duró casi un mes. Montaron un concierto con los mejores artistas africanos y americanos, y también contrataron a los más populares de la Motown y la Fania. Ese concierto lo hicieron como preludio al famoso encuentro pugilístico entre Muhammad Alí y George Foreman. Volamos a Kinshasa en un avión particular en el que íbamos todos los de la Fania All-Stars, Pedro y yo, James Brown, las Pointer Sisters, los Spinners, B.B. King, Sister Sledge y otros artistas que ya no recuerdo. El avión iba llenísimo, y recuerdo haber pensado que tal vez no íbamos a poder despegar de lo pesado que estaba.

El vuelo fue muy largo, y después de varias horas tuvimos que hacer algo para no morirnos del aburrimiento. Johnny y yo nos pusimos a bromear y a cantar hasta que los demás se metieron, y de repente, se armó una rumba en ese avión. Johnny sacó su flauta y yo me puse a cantar y marcar el tiempo con un zapato. Eran como las tres de la mañana y nosotros estábamos en plena rumba. Los americanos se asombraron de nuestra energía, pero la sorpresa no les duró mucho porque no tardaron en unirse a la fiesta.

Cuando por fin llegamos a Kinshasa, nos recibieron con limosinas y filas de gente por toda la ruta. Toda esa gente gritaba, «¡Pacheco! ¡Pacheco! ¡Pacheco!». Fue increíble como en esa tierra, tan lejos del Caribe, Pacheco era el rey. No vi que le hicieran lo mismo a James Brown ni a ninguno de los otros artistas americanos. Todo eso parecía para por Pacheco y nadie más.

El concierto estaba pero repleto de gente. Era un mar de negros gozando y bailando, aunque no se les entendía nada de lo que decían. Pacheco me dijo: «Celia, tu cántales *Guantanamera,* y vas a ver que te la vas a comer con ellos». Primero les canté *Químbara,* pero cuando entoné «Guantanamera, guajira guantanamera», esa gente sí que se encendió. Aplaudieron, bailaron, cantaron y gozaron sabroso. La verdad es que a mí me sorprendió mucho saber que la *Guantanamera* había llegado hasta el África. ¡Qué cosa, mi madre!

Fue como una semana o más de todo tipo de conciertos, y me acuerdo de lo amable que fue Muhammad Ali con todo el mundo. Lo veíamos todas las mañanas cuando bajábamos a desayunar. Debo decir que, en general, en el Zaire nos trataron muy bien. Hasta nos iban a organizar un safari para ver los animales y todo, pero Pedro y yo teníamos un compromiso en Venezuela y por eso tuvimos que regresar. Además, le dije a Pedro: «Mira, si quiero ver animales mejor me voy al zoológico del Bronx, porque no quiero andar brincado en jeep por ahí para ver si de suerte nos sale un león bien furioso». Nos montamos en el avión y nos fuimos del África.

De África nos fuimos a dar un concierto en Caracas. Luego hicimos una breve escala en Miami, donde tuve la oportunidad de conocer a Lourdes Aguilea, a través de una amiga mía que se llama Marta Domínguez. Lourdes era una mujer muy dedicada a la Lucha Contra el Cáncer, y era la fundadora del telemaratón para recaudar fondos para ese organismo. Me pidió que le ayudara y, en nombre de mi mamá, le dije con gusto que sí. Así fue como comenzó una campaña que yo emprendo y emprenderé todos los años hasta que Dios me dé vida.

Durante los años setenta, en Miami había un grupo muy popular que se llamaba el Miami Sound Machine, cuya cantante se llamaba Gloria Estefan. En 1977, el grupo fue invitado a participar en el telemaratón, y así fue como conocí por primera vez a Gloria y a Emilio Estefan, cuando apenas estaban recién casados. Nunca olvidaré la primera vez que vi a Gloria cantando *Químbara*. Fuí a saludarla después de su presentación, y a partir de ese momento nos hicimos amigas, y pronto después, familia. Emilio se ha convertido en un importante empresario de la música latina y me ha invitado a participar en todos los eventos especiales que ha organizado. Marcos Ávila era otro de los integrantes del Miami Sound Machine, y a él también lo conocí en esos días. Años después, él se casaría con Cristina Saralegui. Quien se hubiera imaginado en ese entonces, que Marcos sería quien escribiría el guión de la película que llevaría mi vida a la gran pantalla. A Cristina la conocí en 1978, un día en que llegó a hacerme una entrevista para *El Nuevo Herald,* la edición en español de *The Miami Herald*. Cristina llegó y me empezó a entrevistar, pero de repente perdió el hilo de la conversación y se puso a llorar. Yo le pregunté: «¿Qué te pasa, Mamita?», y entonces ella, con mucho dolor, reveló su triste secreto. Me confesó que acababa de perder un bebé. Dejamos la entrevista a un lado, y le conté que yo había hecho todo lo posible para tener hijos, pero que nunca me llegaron. Las dos nos consolamos, y aunque pasamos unas cuantas horas juntas, la entrevista nunca se realizó.

Nuestra amistad floreció en gran parte gracias a que cuando

teníamos un viaje que hacer a algún país de América Latina, procurábamos programar algo en Miami a la salida o al regreso de la gira, y así podíamos pasar a ver a Marcos, Cristina, Gloria y Emilio.

En 1979, viajé al Ecuador para presentarme en una ciudad del litoral que se llama Esmeraldas. Desde el momento en que llegamos al aeropuerto de Guayaquil, no paró de llover, pero todos teníamos la esperanza de que la lluvia se aplacara para que pudiéramos disfrutar del espectáculo.

Yo nunca me había presentado ahí, y la gente parecía estar muy embullada. Las autoridades declararon ese día festivo, y dejaron que los niños entraran primero para que me fueran a conocer. Hasta ese momento, todo iba de lo más bien. Pero como a eso de las cinco de la tarde, otra vez empezó a caer tremendo aguacero que no parecía tener intenciones de parar. Pensamos en cancelarlo todo, ya que el espectáculo se iba a realizar en un teatro al aire libre. Sin embargo, todas las personas que habían llegado para el concierto —más ó menos unas cinco mil— se quedaron ahí paradas esperándome, lo cual me sorprendió. Pobrecitas, muchas de las mujeres habían ido a la peluquería a peinarse y arreglarse bonito, pero con tanta agua el pelo se les escurrió y la ropa se les pegó al cuerpo. Aún así, no se movían. No podía defraudar a mi público, así que hicimos el concierto y, salvo la lluvia, todo salió bien.

Cuando ya la gente se había ido y era hora de bajar del escenario, me acuerdo que había un señor cubano muy gordo y grande que estaba ahí para ayudarme a bajar las escaleras, porque después de tanta lluvia, estaban bien mojadas. Para ayudarme a bajar, el señor se subió por la escalera, me extendió la mano y así empecé yo a bajar sin percatarme del peligro. Pero mientras ponía un pie tras otro con todo el cuidado del mundo, comencé a oír crujir la madera y de repente se desplomó todo eso y yo sólo alcancé a gritar: «¡Ay mi madre!». Se cayó el cubano, me caí yo y para colmo de males ¡el gordo ése se cayó encima de mí! Él quedó desparramado y yo debajo de él. No podía ni moverme, y empecé a sentir algo caliente en la pierna, seguido por un dolor fuertísimo. Pedro gritaba: «Ay Negra, mira lo que te ha pasado. Ven acá, ayúdenme con Celia». Intentaron levantarme, pero no me podían sostener. Queríamos ir para el hotel, pero yo simplemente no podía. La pierna me dolía demasiado y por eso decidimos ir mejor al hospital. El doctor me puso una inyección para el dolor, ¡pero qué va! Me seguía doliendo igual. Me dijo que parecía que me había torcido el tobillo, y que esperara hasta llegar a Guayaquil para que me atendieran mejor.

Pasé una noche de perros, y al día siguiente, cuando llegamos a Guayaquil, no hubo tiempo de ir al médico, por lo que tuve que trabajar así. Trabajé con un bastón y un dolor que no se diga. Al día siguiente, fuimos a una clínica que se llamaba Clínica Alcívar, y cuando me sacaron una radiografía se vio que me había fracturado el tobillo. Me lo enyesaron y me dieron pastillas. De ahí me fui a trabajar a un cabaret, con yeso y todo.

Después del Ecuador, se suponía que debíamos ir a República Dominicana. Pero aún estando en Guayaquil hablé por teléfono con Ralph Mercado para dejarle saber que no podía ir a Santo Domingo porque me había lastimado. Pero Ralphy me dijo que no podía cancelar porque Johnny Ventura, el que me llevaba a Santo Domingo, no alcanzaba a reemplazarme en tan poco tiempo, y que por lo tanto, tenía que ir.

Me habré fastidiado, pero al final me fui para Santo Domingo con el pie así porque tenía que cumplir con el compromiso. ¿Qué más podía hacer? Me monté al escenario y canté y me puse a bailar merengue con el tobillo roto. Yo traía conmigo un par de botas doradas. Pero claro, con la pierna así me pude poner sólo una. Entonces Enrique me hizo una bota de Lamé para ponérmela sobre el yeso. La gente no se daba cuenta y pensaba que era mentira mía. Pero eso fue terrible. Esa caída no sólo me afectó el tobillo. Creo que también me lastimó la rodilla, pero con tanto dolor que sentía en el tobillo, no me di cuenta de eso sino hasta muchos años después.

De Santo Domingo regresamos a Nueva York, y ahí me pude recuperar tranquilamente. Pasó el tiempo y todo regresó a la normalidad, hasta un 14 de diciembre, cuando oímos por la radio que habían asesinado a John Lennon. Me dio mucha tristeza oír eso, pobre muchacho. Lo peor de todo es que fue en la entrada del edificio de apartamentos donde vivía en Nueva York, y enfrente de su esposa, Yoko Ono. Qué pena, sobre todo porque tenía un hijito que se quedó huérfano. Pedro y yo vimos en el Central Park los homenajes y las veladas que le hicieron sus fanáticos.

A mí me gustaba mucho *Yesterday,* la canción que escribió con Paul McCartney, y me hubiera gustado grabarla. Cuando esa canción estaba de moda, yo trabajaba mucho en Acapulco en un lugar que se llamaba El Zorro. Al espectáculo que se daba por la noche iban muchos americanos y siempre me pedían que se la cantara. Como a mí me gusta tanto, me la había aprendido en mi inglés chapurreado, y se la cantaba. Esa gente se ponía feliz. Por eso fue que muchos años después, en 1989, a Ralph Mercado se le ocurrió que Tito y yo le hiciéramos un homenaje a los Beatles. Nuestro álbum incluía una canción de los Beatles que se llama *Obladí obladá.* Me la compusieron en español y le cambiaron la letra para que hablara de mi vida con Pedro. Al público le encantaba, y siempre cantaba el refrán, «obladí obladá vamos p'allá que la fiesta va empezar». El álbum salió a la venta mientras Tito y yo estábamos de gira, y tuvo muy buena acogida.

Ese año, poco después del asesinato de John Lennon, otro loco trató de asesinar al presidente Reagan. Bendito sea Dios que no lo logró. ¡Ay! cómo me gustaba a mí ese presidente. Siempre le estaré agradecida por haberme concedido uno de los honores más grandes de mi vida. Pobrecito, tan enfermo que está con el mal de Alzheimer. Me da mucha tristeza saber que ya no se acuerda de todo lo que hizo por el mundo. El presidente Raegan siempre estará en mis oraciones.

En el mes de diciembre de 1981, un señor que se llama Humberto Valverde publicó por primera vez un libro acerca de mí que se llama *Celia Cruz: Reina Rumba*. Pedro y yo lo leímos y nos pareció muy bueno, pero yo siempre he dicho que ese libro habla más de las experiencias de mi amigo Humberto que de las mías. Pero ahí está. El gran escritor cubano Guillermo Cabrera Infante fue el autor del prólogo. Fue un homenaje muy bonito, de verdad, y le estoy muy agradecida por sus palabras tan cariñosas.

Con ese libro pasó una anécdota muy curiosa. Mi amigo Dizzy Gillespie me mandó un ejemplar de la segunda edición. Yo no sé qué pensó ese negro, ya que en el sobre sólo le puso «Celia Cruz, New York, New York», imaginándose que así me llegaría. Y para mi fue una gran sorpresa cuando, efectivamente, el paquete me llegó.

Para ese entonces, no importaba a dónde fuera, ya Nueva York se había convertido en mi casa. Es una ciudad que me encanta, y la quiero como si hubiera nacido allí. Desafortunadamente, a principios de los años ochenta, la ciudad se estaba deteriorando mucho. Había muchísima pobreza y el graffiti que aparecía en las esquinas, de la noche a la mañana, estaba destruyendo su particular belleza. Fue en esa época que la alcaldía de la ciudad me invitó a participar en el lanzamiento de una campaña antigraffiti. Para mí fue un honor poder ayudar en algo a aquella gran ciudad que me recibió con brazos abiertos cuando mi propio país me rechazó.

En 1982, me presenté con Willie Colón en Miami en uno de esos tremendos bailes que se organizan en el canódromo de Flagler. La noche antes del concierto, yo estaba en mi habitación a punto de quedarme dormida cuando sonó el teléfono. Me extrañó muchísimo porque ya había hablado con Gladys y no estaba esperando ninguna otra llamada. Contesté el teléfono antes de que volviera a sonar, porque Pedro ya estaba dormido y no quería que el timbre lo despertara. «¿Oigo?», contesté, y al otro lado me respondió la vocecita de un niño que, me imaginé, se habría puesto a jugar con el teléfono. Me encariñé con él y le pregunté, «Ven acá, m'hijito, ¿tú vas a la escuela?», y el chiquito me contestó: «Sí yo voy a la Miami Aerospace Academy». Entonces le dije: «¡Ay, caramba! Debes ser muy inteligente mi niño». De pronto me preguntó, «Tú no sabes quién soy yo, ¿verdad?», y le contesté: «Pues no te reconozco la voz ¿pero tú sí sabes quién soy yo?». «Sí. Tú eres Celia Cruz». Entonces Pedro me preguntó: «¿Negra, con quién hablas?», y le contesté, «No sé, pero parece que este niño me conoce muy bien». Pedro se quedó tranquilo, y yo seguí conversando con el niño, quien me dijo que se llamaba Luisito Falcón y que tenía doce años. Me contó que su tía me había visto en un concierto con Willy Chirino la noche anterior, y que a él se le había metido en la cabeza que me tenía que localizar. Me explicó que una amiga de su mamá había llegado a su casa diciendo que se había encontrado conmigo y que me estaba hospedando en el Everglades Hotel. Luego me dijo: «Fui al cuarto de mi abuelita, cogí el teléfono y le pedí el número a la operadora. Llamé el hotel y les pedí que me pasaran la llamada». Me quedé tan asombrada de la inteligencia de ese niño, que le di mis números de teléfono y le dije que de ese momento en adelante, nunca nos íbamos a separar.

Al día siguiente hablé con Sonia, la secretaria de Ralph Mercado, y le dije que si me llamaba un niñito llamado Luisito Falcón, que le diera toda la información de cómo contactarme, igual que hacía con mis sobrinos. Luisito y yo mantuvimos nuestra comunicación telefónica durante varios años, y yo siempre le mandaba postales de donde estuviera y tarjetas el día de su santo. El único inconveniente que teníamos era que Luisito no sabía descifrar la diferencia de horarios, y a veces llamaba a las dos de la mañana y nos daba un tremendo susto a Pedro y a mí. Pedro siempre me decía, «Pero mira, ese muchacho que te llama a todas horas ¿No tendrá quién lo vigile?». Pero yo le explicaba que Luisito no era más que un niño, y que seguramente nadie en su familia sabía siquiera que me estaba llamando. Luisito me confesó que su abuelita no lo sabía, pero cuando se daba cuenta, le decía, «Ya deja a esa muchacha trabajar». La cosa es que si Luisito decidía hablar conmigo, no había manera de detenerlo. A veces se llevaba a un grupo de personas que querían hablar conmigo para que yo los saludara. Aunque parezca raro, sus llamadas nunca me molestaron. Siempre me daba mucho gusto oírle la voz. Ay Luisito, lo quiero mucho.

Al fin lo conocí en persona cuando me eligieron como la Reina del Carnaval de Miami. Ahí me enteré que había formado un club de fanáticos llamado «Celia Cruz nro. 1 Fan Club». Tenía un grupito de veinticinco muchachitos y dondequiera que yo iba entraban todos a verme. No sé cómo lo hacía, pero ese niño, con sólo trece años de edad, lograba todo lo que se proponía.

Luisito comenzó a llamar a todas las emisoras, conoció a todos los locutores y bueno, andaba metido en todo. Yo le decía: «Luisito, no vayas a olvidarte de la escuela por andar con las cosas del club de fans. ¿Oíste?». «Sí», me decía. Para asegurarme de que era verdad, empecé a exigirle las calificaciones y le advertí que si no me las entregaba no lo iba dejar pasar a verme. A partir de entonces, Luisito me entregaba sus calificaciones todos los semestres sin yo tener que pedirlas.

Luisito y su grupo me acompañaban a muchos eventos, pero hubo uno en especial que fue algo maravilloso y muy importante para mí. Yo siempre participo en el telemaratón de La Liga Contra el Cáncer, con mi amiga Lourdes Águila, todo el equipo de voluntarios, médicos y los cangrejitos de la Liga, a quienes vi crecer con el pasar de los años. Yo había jurado hacer todo lo posible por combatir la enfermedad que se había llevado a mi mamá, así que todo lo que hacía yo con ellos era en nombre de Ollita. El telemaratón se televisaba en Univision canal 23 de Miami desde el frontón de Jai Alai. La gente iba y Luisito llevaba al grupo de fans.

Finalmente, en el año 1983, por obra de Dios y el compromiso del público, rompimos la barrera del millón. Nos ayudó mucho una canción de Pacheco que se había vuelto muy popular, llamada *El guabá*. Para animar al público, Omar Marchant decía que si alcanzaban tal meta saldría Celia Cruz a cantarles *El guabá*. Así fue que salí a cantar cuatro veces y por fin logramos la meta. Fue durante ese telemaratón que los muchachos del club de fans inventaron la tradición del «Cubo de Celia Cruz». Sacaron cubos y los fueron pasando por todo el frontón pidiendo cualquier donación que la gente quisiera dar, y eso también ayudó a que esa noche rompiéramos el récord del millón de dólares. Recuerdo que estuve ahí desde las diez de la mañana hasta las dos de la mañana del día siguiente, y por mi mamá, Ollita, que no me sentí nada cansada. Al contrario, estaba muy contenta que a nombre de mi santa madre se lograra eso. A partir de esa vez, nunca le he fallado a la Liga, y pienso seguir poniendo mi granito de arena hasta que triunfemos sobre esa enfermedad.

También en 1982 me dieron el grandísimo honor de brindarme un homenaje en el Madison Square Garden, el mismo escenario que había ayudado a salvar la salsa del olvido en los años setentas. El concierto fue una experiencia inolvidable, ya que esta vez fueron mis colegas músicos los que decidieron homenajearme. En esa ocasión, Ralphy me presentó a una muchacha que se llama Ruth Sánchez, una puertorriqueña que tenía una peluquería que se llamaba el Yunque Obá. Ella fue la que me peinó y me maquilló para esa noche, y me encantó lo que hizo. Desde ese día Ruthie se convirtió en la creadora de todos esos peinados exóticos de los cuales se habla tanto.

Junto a Ruthie he viajado por casi todo el mundo. Siempre me dice, «Celia Cruz, usted es muy linda». Y yo le contesto, «Chica, tú me ves con ojos de amor». «Pues sí, la quiero mucho», me dice. Tengo tantos recuerdos tan lindos con Ruthie que no hay espacio para ponerlos todos. Pero hay uno en particular que fue muy especial. Ruth es muy respetada dentro de su profesión. Ella le hace los peinados a muchos artistas famosos, sobre todo los afroamericanos, ya que la quieren mucho y la conocen desde hace muchos años. Un día ella le comentó al famoso dúo de autores Ashford and Simpson que era mi estilista, y ellos le dijeron que me admiraban mucho y que querían conocerme. Así que Ruthie organizó una cita para que nos encontráramos en el Sugar Bar del Upper West Side, y cuando llegué, me encontré con que el lugar estaba lleno de artistas R&B *(rythm and blues)*. Me cantaron, me homenajearon, me besaron la mano y otros hasta se arrodillaron frente a mí. Yo me conmoví muchísimo. Gracias a Ruth pude conocer a algunos de los artistas más famosos de R&B, y algunos hasta se han convertido en amigos míos.

En 1983 me invitaron a Finlandia por primera vez. Ese país me encantó, aunque de verdad nunca me imaginé que fuera así. De hecho, yo jamás me lo hubiera imaginado, pero a los finlandeses les encanta la música latinoamericana. La primera vez que fui a Finlandia fue por invitación de Machito, para presentarme en uno de los carnavales más importantes de Finlandia, el que se celebraba en el hotel Esperia de Helsinki. Todos los años en el mes de enero, el hotel bota la casa por la ventana durante una semana para celebrar el carnaval. Mi amigo Rolando Columbie llevaba años trabajando en ese hotel durante los carnavales, y cuando Machito le dio mi nombre al director, Rolando le dijo que me tenían que contratar. Así fue que llegué a Helsinki.

El concierto fue todo un éxito y la gente quedó encantada. En el hotel me hice amiga de unos muchachos que hacían parte de un grupo de samba finlandés. Se portaron todos tan cariñosos conmigo, que no querían que me fuera. Sin embargo, llegó el día de despedirnos, una mañana muy fría en la que estaba nevando. Los del grupo de samba se enteraron a qué hora nos íbamos y nos estaban esperando abajo en el *lobby* del hotel. Qué sorpresa fue bajar del elevador y verlos a todos vestidos con sus trajes y las niñas en sus tangas con plumas y todo eso. Hicieron dos hileras para que yo pasara por el medio, y así me escoltaron desde el hotel hasta la calle donde la temperatura estaba a menos doce grados centígrados. Ahí se quedaron paraditos aplaudiéndome en despedida. Desde el carro, yo me quedé mirándolos por la ventana, hasta que los vi desaparecer en el horizonte.

Ese mismo año me presenté en la Feria del Pacífico y visité la bella ciudad de Cuzco. Luego nos presentamos en el Casino de Viña del Mar en Chile. Durante los siguientes dos años, Pedro y yo viajamos a muchos países más, y me presenté en cientos de escenarios por todo el mundo. Fueron unos años extraordinarios, en los que Dios me tenía guardadas muchas bellas sorpresas.

El 18 de septiembre de 1985, a las siete de la mañana, los habitantes de la capital de México pasaron por un terrible terremoto. Yo me enteré como todo el mundo: por el noticiero. Inmediatamente me preocupé. Pedro y yo estábamos en Puerto Rico, y como tenemos tantísimas amistades ahí, enseguida nos preocupamos por todas. Le tenemos un cariño muy especial al pueblo mexicano y nos dio mucha tristeza ver tanta destrucción y tanto sufrimiento.

Supimos que murieron parientes de Plácido Domingo. También pensamos en Tongolele, Roberto y Mitsuko, Verónica Castro, Marco Antonio Muñiz, Silvia Pinal, mi gran amiga Fanny Shatz y Silvia Cantarell. Los llamamos a todos. Por horas no fue posible comunicarse con nadie porque las líneas estaban todas ocupadas por tanta gente de aquí que estaba tratando de llamar a México. Lo bueno es que no duró mucho esa angustia, porque poco a poco se fueron reportando unos con otros hasta que teníamos razón de todos. Apenas comenzaron a organizar los esfuerzos de reconstrucción, Pedro y yo nos ofrecimos para participar en un telemaratón para auxiliar a los damnificados. Hicimos todo lo posible por ayudarle a toda esa pobre gente que se había quedado sin casa.

Si se puede, yo prefiero pasar la Navidad con mi familia y mis amigos. Poco tiempo después de la tragedia de México, un 24 de diciembre, mi amiga María Hermida, que jamás permitió que el exilio le robara su gran amor por las fiestas y la tertulia, nos invitó a su casa a pasar la nochebuena con ella. Tenía un sobrino que venía de Barcelona, lo cual le dio más razón para celebrar. ¿Quién iba a saber que ese día Dios me tenía esperando a un hijo que a través de los años se convertiría en el mayor apoyo para Pedro y para mi en los últimos años?

Las famosas fiestas de María Hermida acostumbraban empezar a las nueve de la noche, y no se acababan sino hasta después de las tres de la mañana. Como una hora después de que llegamos, llegó María Luisa Bolet acompañada de un joven de catorce años y su mamá, Magaly Cid. Resulta que al muchacho, que era un gran admirador mío, le prometieron que nos presentarían. Nunca me voy a olvidar de la manera en que se le iluminó el rostro cuando me vio. Eso me impactó, y desde el momento que nos conocimos hicimos muy buena química. Se llama Omer Pardillo, y da la casualidad que él nació bajo el signo de Libra, igual que yo.

Me contó cómo fue que se propuso conocerme y desde cuándo le había nacido esa admiración hacia mí. Omer me contó que cuando era un niñito de seis o siete años en Cuba, en casa de la señora que lo cuidaba mientras su mamá trabajaba, se encontró con una foto mía en la revista *Semana*. Cuenta que le impactó muchísimo y le preguntó a la señora sobre la mujer de la foto, y entonces la señora sacó unos elepés viejos que yo grabé con la Sonora Matancera y se los puso. Dice que se quedó bien tranquilo toda la tarde escuchando mi música. Magaly me dice que

Con salsa y ¡azúcar!

eso la sorprendió mucho porque Omer era un niño hiperactivo, y era muy difícil tranquilizarlo.

Después, como era mi costumbre con todos mis niñitos, le mandaba carticas, postales y fotos de muchos de los lugares que visitábamos. Omer era un joven muy especial. Mientras todos sus amiguitos se la pasaban jugando y escuchando la música de las discotecas, él se la pasaba estudiando y escuchando mi música.

Para mi sorpresa, unos años más tarde, Omer empezó a trabajar como asistente en la oficina de Ralph Mercado con tan sólo diecisiete años de edad. Cuando Ralph Mercado fue viendo el interés que Omer tenía por todo lo que se relacionaba conmigo, le fue dando más y más proyectos míos. En aquel entonces, Debbie Mercado, la hija de Ralph, se ocupaba de la publicidad de RMM Records, y cuando Omer se hizo su asistente trabajó todavía más cercanamente conmigo.

Hasta entonces, yo viajaba con la estupenda Xiomara Fonseca, pero cuando su papá se enfermó y ella tuvo que dejar de viajar para atenderlo, Omer comenzó a viajar conmigo. En nuestra primera gira, en 1996, visitamos diecinueve países en mes y medio. Pobre Omer, fue muy pesado. Sin embargo, su cuidado a todos los detalles y su entusiasmo con todo lo que se tenía que hacer me demostraron lo profesional y responsable que era, a pesar de ser tan joven.

En 1986 hice una gira con Tito, en la cual pasamos por Alemania e Inglaterra. Estando yo en Londres, recibí una visita de Guillermo Cabrera Infante y su esposa, Miriam Gómez. Yo lo había llamado en una ocasión para agradecerle una carta hermosa que había publicado sobre mí. De hecho, fue mi amigo Valverde, el autor de mi primera biografía, quien me dio su número de teléfono. Pasamos un rato inolvidable y le estoy muy agradecida por su gestión y su apoyo. Desde ese momento, siempre que pasábamos por Londres lo íbamos a ver.

En marzo de 1987 regresamos a Europa, pero esta vez fuimos a España, donde ensayamos y finalizamos los últimos detalles para los famosos carnavales de Santa Cruz de Tenerife. Llegó el 3 de marzo, la noche del concierto, y nos avisaron que la cantidad de público era más de lo que se habían imaginado. Llegó la hora y me presenté en el escenario. Dios nos dio una brisa fresca esa noche en Tenerife. Salí, y desde donde me encontraba en el escenario no le podía ver el fin a ese mar de humanidad. Era increíble. Doscientas cuarenta mil personas bailaron y cantaron conmigo. Cuando me puse a cantar *Bemba colorá,* toda esa gente se puso hacer coro y retumbaban las voces a pesar de que estábamos al aire libre. Gracias a los esfuerzos de Javier y Miguel Zerolo, el famoso *Guiness Book of World Records* lo catalogó como el concierto más grande —hasta la actualidad— que se haya realizado en la historia. Eventos como ese me comprueban, una y otra vez, lo importante que ha sido llevar la música de mi pequeña isla a todo el mundo.

Meses después, Ed Koch, el alcalde de Nueva York, me condecoró con la Pewter Apple. Fue una condecoración que me conmovió mucho, ya que dejé de sentirme como una hija adoptiva de la ciudad donde vivo, aunque tampoco se necesitaba que la alcaldía de la ciudad me lo probara con un premio tan importante. Más tarde, en 1988, el alcalde Koch también nos entregó el premio de honor del alcalde por artes y cultura a Toni Morrison —ganadora del premio Nobel— y a mí. Cuando el alcalde Koch me entregó el premio en Gracie Mansion, su residencia oficial, no pude sino pensar en lo orgullosa que estaría mi mamá Ollita. Siempre está conmigo en aquellos momentos especiales.

En julio de ese año, Pedro y yo cumplimos veinticinco años

de casados. Pensábamos hacer una ceremonia en la iglesia, pero lamentablemente no se pudo. La Iglesia tenía ciertos requisitos con los cuales no fue posible cumplir. Entre ellos estaba entregarles la fe de bautizo de cada uno, y esos documentos se quedaron en Cuba y no había manera de sacarlos de ahí. Por eso decidimos hacer una gran fiesta e invitar a nuestros amigos más queridos y a todos nuestros parientes. Ese día fue como si me estuviera casando por primera vez, ya que cuando me casé, en 1962, no tuve boda. Mi mamá acababa de morir y no había humor para celebrar nada. Pero esta vez queríamos que todo fuera diferente. Invitamos a nuestras amistades de México, España, Colombia y de todos lados. Se armó tremenda fiesta en la sala de recepciones del Astorian Manor de Queens, Nueva York.

La mañana del 14 de julio de 1987 me desperté muy temprano. Pedro estaba profundamente dormido. Me le quedé viendo un buen rato, recordando el día que nos conocimos, el día que me dijo que me amaba y el día que me pidió que me casara con él. Me acordé que yo le dije: «Pedro, tú eres mi amigo, mi hermano, mi tío, mi papá, mi mamá. Tú eres todo lo que me queda en este mundo». Entendí que Pedro aún lo era todo para mí y que siempre lo sería. Puse mi cabeza en su pecho y me quedé pensando en lo realizada que soy como mujer. Pedro ha sido un gran esposo. Cuando despertó, le dije: «Pedro, si yo me muero, en el cielo me vuelvo a casar contigo», y él me contestó: «Negra, si yo vuelvo a nacer, yo me caso con Celia Cruz y con nadie más».

Nos levantamos, disfrutamos de nuestro cafecito y desayunamos lo mismo de siempre: cereal, un juguito y unas tostadas. Después del desayuno empezaron las carreras: que el vestido, el tocado, los zapatos, la corbata, las flores, la cámara, el carro y un montón de cosas que ya se habían organizado, pero que por obsesión y nervios revisamos otra vez y una. Gracias a Dios, Zoila, Brujita, Mary y César habían llegado unos días antes para ayudar con todos los arreglos. Finalmente convencida de que todo estaba en orden, me metí a darme un baño de reina. La bañadera es uno de mis lugares favoritos. Me gusta llenarla con agua perfumada y meterme a remojar. Me relaja mucho y es uno de los lujos que más me gustan. Salí y me preparé rápido, ya que Ruthie no tardaría en llegar. Mientras esperaba, no sólo me aseguré que la camisa de Pedro estuviera sin una sola arruga, sino que también me aseguré que todo su traje —desde las medias hasta la corbata— estuviera listo, esperándolo para cuando saliera de la ducha. Llegó Ruthie y me hizo un peinado muy romántico con un tocado de flores blancas en forma de luna creciente a un lado de mi cara. Cuando terminó, Zoila se encargó de maquillarme mientras Brujita y Mary se ocupaban de los últimos detalles.

Entre tanta actividad, me llegaron cantidades de arreglos florales y llamadas por teléfono de mis amigos para felicitarnos en nuestro día. Tongolele llamó para saludarnos y se disculpó por segunda vez porque ella y Joaquín no podían estar con nosotros, ya que ella tenía una presentación.

En total llegaron trescientos invitados. Tanta gente llegó temprano que al lugar no le quedó más remedio que abrir las puertas antes de la hora acordada. En realidad, debo admitir que eso sucedió porque yo adelanté la hora en la invitación. Como sé que muchos latinos están peleados con el reloj y llegan tarde a todo, cité a todo el mundo una hora antes para asegurarme que nadie faltara. Pero ¡Qué suerte la mía! Todo el mundo llegó a la hora que puse en la invitación, y me alegra, porque así nadie se perdió esa ceremonia tan bonita. Estaban mi hermana Gladys, su esposo Orlando, mis sobrinas Linda y Celia María, Ralphy, Jerry Masucci, mis amigos de la Fania y mis hermanos de la Sonora Matancera. Bailé y gocé hasta que se me hincharon los pies. Como mi Perucho no baila, yo me puse a bailar con Johnpy y con todos mis amigos. Pasamos una noche hermosa. Esa noche Pedro y yo nos tomamos una foto muy linda que se ha vuelto nuestro retrato de nupcias.

Dos meses después, Pedro y yo llegamos a Los Ángeles para asistir a la ceremonia de mi estrella en el Paseo de la Fama de Hollywood. Ese premio puede que sea mi favorito. Aunque estoy feliz y muy agradecida con todos los premios y reconocimientos que me han dado a través de los años; pero el valor especial que le pongo yo a ese premio se debe a la manera tan especial en que me llegó.

En Los Ángeles tengo un grupo de amigos que son locutores y periodistas, profesionales de la más alta categoría. Como son muchos, les hemos puesto «El Grupo Apoyo». Dos de ellos en especial tuvieron mucho que ver con que yo recibiera mi estrella. El locutor Pepe Reyes es un mexicano muy bueno que decidió hacer un programa sobre la falta de reconocimiento que él pensaba que existía en Hollywood hacia los artistas latinoamericanos. Invitó a su público a llamar y expresar sus opiniones. Una de sus preguntas era: «Miren el ejemplo de la señora Celia Cruz. Esa mujer es una de las artistas más grandes de Latinoamérica. ¿No creen ustedes que se merece una estrella en Hollywood?». La gente empezó a llamar. Una de las personas que estaba escuchando el programa era la periodista Winnie Sánchez. Ella habló con Pepe Reyes de la emisora K–Love, y ambos se comprometieron a lograr esa meta, sin yo saber absolutamente nada del tema.

Winnie no sabía cómo se tramitaba el asunto de la estrella, pero empezó a averiguarlo con sus colegas. Le explicaron que eso se manejaba por medio de la Cámara de Comercio de Hollywood. Entonces fue a la Cámara de Comercio, pidió la solicitud y se la llevó a casa. Me parece que es importante mencionar que en la Cámara de Comercio de esa ciudad no había —ni la hay aún— más que una sola persona que hable español, y esa persona se llama Ana Martínez. Winnie no sabe manejar un carro, ni sabe cómo hablar inglés, pero es una mujer con un espíritu y determinación tan enorme, que ha logrado todo lo que se propone.

Se llevó la solicitud a casa y con el diccionario en la mano y un poco de sentido común pudo descifrar lo que pedía de información. Lo único que la hizo pensar un poco fue el renglón que decía «Category» (categoría). Entre las opciones, había una que decía *«Live Theater»*. Winnie estaba consciente de que *live* es *en vivo*, y que *theater* es *teatro*. Ella también sabía que yo me presentaba en los teatros. Entonces, y con razón, marcó ese cuadrito y entregó la solicitud. Pasaron los días y no recibió noticia alguna de la Cámara de Comercio. Sus compañeros le preguntaron qué había pasado, y ella les dijo que no sabía nada y que creía que iba a ser necesario escribirle cartas a la Cámara de Comercio para que vieran el interés que había en mí. Todos sus amigos salieron al aire a pedir que escribieran cartas y también se hicieron peticiones para conseguir firmas. Las cartas comenzaron a llegar en cantidades alarmantes. Les llegó tanto correo que los funcionarios de la Cámara de Comercio no sabían qué hacer con tanto papel.

Resulta que luego nos enteramos de que el proceso no era así. Según la Cámara de Comercio, no importa de quién sea la solicitud, ésta se va pasando de junta en junta hasta que por fin llega el día en que se niega o se otorga la estrella. A la mayoría de las estrellas se les niega la estrella la primera vez, y por lo tanto los que los apoyan tienen que seguir entregando nuevas solicitudes todos los años. El problema era que nadie le explicó eso a mi amiga Winnie. Los funcionarios de la Cámara de Comercio se disgustaron y se comunicaron con las emisoras para preguntarles quién había dicho que se necesitaban cartas. Además, querían ellos saber, por favor, ¿quién demonios era Celia Cruz? Ya no podían más. Lamentablemente para la Cámara de Comercio, no hubo forma de parar las cartas, porque la bolita ya andaba corriendo y no había quién la detuviera. Ya para esas fechas, la campaña «Celia se lo merece» había cogido vuelo y se había extendido por todo el país.

De pronto, todos los lugares donde se congregan los latinos se convirtieron en centros de recolección de firmas. Eso fue todo un lío, pero de esos que sólo los latinos sabemos armar. Finalmente, llegó el momento en que los de la Cámara de Comercio se percataron de que eso no iba a parar sino hasta que me dieran mi estrella; entonces salieron al aire y le anunciaron a todo el mundo que ya tenía la señora Cruz su estrella.

La noticia se difundió por medio de las emisoras y la gente comenzó a celebrar. Me llamaron de la prensa para que les diera mi reacción. «Caballero ¿qué reacción? Si yo no sé nada. Déjeme informarme y luego hablamos», le dije yo a un periodista. Llamé a Winnie y ella me dijo llorando: «Mi hermana, mi hermana, te van a dar tu estrella». Le digo yo: «Pero chica, tranquilízate por favor». Estaba tan emocionada que Pedro tuvo que pasar al teléfono para ayudarme a calmarla. Cuando por fin se tranquilizó un poco, le pregunté: «Oye Winnie, ven acá chica, ¿tú tienes un papelito?». «¿Qué?». ¿«Que si tienes un papelito, chica? Yo soy como santo Tomás, tengo que ver para creer», le dije yo. Winnie me dijo que no tenía ningún comprobante pero que sí era cierto. Yo le dije: «Mira, no quiero que te emociones así para que luego te salgan con que siempre no. Mejor verifícalo y que te den una cartica y ya con eso nos podemos quedar tranquilos todos». Y así lo hizo.

Se fijó la fecha para la ceremonia y todo estaba en orden. Las estrellas se revelan el día de la ceremonia, pero se sientan en el cemento la noche anterior.

De casualidad, ese mismo 17 de septiembre estaba Su Santidad Juan Pablo II en Los Ángeles. Yo tomé la presencia del Santo Padre como una bendición para mí. Su despedida estaba programada para las diez de la mañana, y la ceremonia de mi estrella comenzaba a las doce. El Papa se fue a su hora, y por lo tanto, no hubo nada que impidiera nuestra llegada a tiempo. Después de la ceremonia pasamos por la Cámara de Comercio para darle las gracias en persona a Ana Martínez, la mujer de la Cámara de Comercio que ayudó en la campaña por mi estrellita, y para invitarla a comer junto a Ernesto Martínez, un buen amigo mío que trabajaba en aquella época en la emisora de televisión Galavisión.

Tengo entendido que toda clase de gente escribió cartas pidiendo mi estrella, desde el presidente Ronald Reagan hasta trabajadores indocumentados. ¿Cómo no va a ser esa estrella la más brillante de todas las que yo veo? Ese día tuve la oportunidad de conocer a Xiomara Fonseca, quien años más tarde se convertiría en mi *road manager.* Con ella, Pedro y yo viajaríamos a una infinidad de países. Además de mi estrella, en el Hollywood Walk of Fame ahora hay siete estrellas más que rinden homenaje a mis compatriotas cubanos: Gloria Estefan, Cristina Saralegui, Israel López «Cachao», Andy García, Desi Arnaz, Dámaso Pérez Prado y Xavier Cugat.

En 1989, me gané el primer Grammy de mi vida, después de haber sido nominada muchas veces. Me lo gané por el álbum *Ritmo en el corazón.* ¡Ave María!, eso fue grande. Durante la ceremonia estábamos sentados en el público, como todos los demás, pero cuando dijeron «Celia Cruz» me emocioné tanto, que brinqué, le tiré la cartera a Pedro y salí corriendo. Pobre Pedro, no me vio más sino hasta como dos horas después. Con la de las fotos y la prensa y todo eso, me le perdí por completo.

En el mes de abril de ese mismo año, tuve el privilegio de ser invitada a la Casa Blanca para un evento del exilio cubano, en el que se me pidió cantar el himno nacional de Cuba. Frente al presidente George H. W. Bush, el vicepresidente Dan Quayle, la congresista Ileana Ros–Lehtinen, cientos de otros oficiales del estado, líderes del exilio cubano y otros invitados, canté el himno del país que tuve que dejar, en el centro del poder de aquel que me recibió con los brazos abiertos. Cuando comencé a cantar, sentí que se me formaba un nudo en la garganta, y casi no puedo contener la emoción. Fue muy lindo, pero muy triste. Una vez más, sentí que mi Ollita estaba a mi lado, dándome fuerzas, teniéndome la mano. Siempre recordaré ese momento, pues tuve la oportunidad de utilizar mi voz en presencia del hombre más poderoso del mundo para expresar la búsqueda inquebrantable de la libertad de mi pueblo.

Un tiempo después del concierto en la Casa Blanca, Pedro y yo estábamos en casa, cuando nos entró una llamada de Blanca Lasalle, mi publicista, informándonos que la Universidad de Yale me otorgaría un doctorado de honor por mi trabajo dentro de la música. Yo me quedé sin saber qué decir. No sabía cuándo ni cómo sucedió eso.

Fue un día precioso, y yo estaba muy emocionada al ver a tantísimos distinguidos profesores sentados a mi alrededor. Me pregunté: «Celia, tú eres una humilde guarachera. ¿Cómo tú has llegado aquí?». Cuando subí a aceptar el diploma, todos esos muchachos se pusieron de pie. Me acordé de mi papá, Simón, que siempre quiso que fuera maestra. Me di cuenta ese día que su sueño se convirtió en realidad, ya que por medio de mi música —lo más lindo que sé hacer yo— le había enseñado al mundo entero los ritmos de mi tierra. El mundo fue mi aula, esa aula que algún día le pedí a mi profesora Marta Rainieri. Después de la ceremonia, tuve el placer de conocer al Señor Juez Cabranes de la ciudad de New Haven, Connecticut, quién se presentó y nos informó que había sido él quien había presentado la solicitud a la universidad y había promovido el asunto. Yo estaba muy agradecida por su gesto, y así se lo hice saber.

En 1982, tuve la suerte de reencontrarme con mis hermanos de la Sonora Matancera. Nos reunimos todos y grabamos el álbum *Feliz Encuentro*. Fue una experiencia inolvidable que inspiró mucha creatividad y alegría. Fue una cosa tan grande gracias a que mi amiga, la actriz y locutora puertorriqueña Gilda Mirós, se empeñó en celebrar los sesenta y cinco años de la fundación de la Sonora Matancera.

Finalmente, se pudo hacer el primer día de junio. Toda la semana había sido una linda emoción tras otra. Gilda le trabajó mucho, y al fin logró organizar tres conciertos para festejar el evento. En el primer concierto cantamos las más grandes canciones de la Sonora, como *Guantanamera, Bemba colorá, La bella cubana,* y no creo que el público se sentara un sólo minuto desde que empezamos a cantar. Nos presentamos Daniel Santos, Leo Marini, Vicentico Valdés, Bobby Capó, Carlos Argentino, Caíto. Todo eso fue grande, muy grande. Nos hicieron una ovación de más de cinco minutos y yo sentí mucha alegría.

Al día siguiente hicimos uno en Nueva Jersey, en la Meadowlands Arena, y el último se realizó al aire libre en el anfiteatro del Parque Central de Nueva York. Ese último concierto se hizo en honor al público, y por eso no se cobró la entrada. A pesar del tremendo calor, ese concierto pasó a la historia porque será imposible de repetir.

Tristemente, esa fue la última vez que estaríamos todos juntos, ya que en los meses y años que han pasado desde ese concierto tan apoteósico, han muerto Caíto, Bobby Capó y Carlos Argentino. Conforme pasen más años seguirán las despedidas. Bueno, por lo menos Diosito me tiene esperando una hermosa bienvenida.

Cinco

LA REINA DE LA SALSA

«No sé qué tiene tu voz que domina con embrujo de magia mi pasión . . . ».

—Ramón Cabrera Argote. Celia Cruz, *Tu voz*.

Celia Cruz en concierto en el parque
Bayfront de Miami por el 20 de mayo
día de independencia de Cuba.

$\mathcal{G}$*uantánamo*, ESA TIERRA QUE SE HIZO FAMOSA POR la clásica canción cubana *Guantanamera* y su bellísima letra tomada de la poesía de José Martí. Cuántas veces he entonado esos versos y escuchado esos tambores, añorando cada vez el ver sus palmeras. Pero Dios responde hasta a los más mudos de los deseos. Como regalo de la Divina Providencia, llegó a mí la oportunidad de regresar. Lloré de emoción, anticipando lo que sería pisar un trocito de la isla que fue mi cuna y es ahora la tumba de mis padres.

Fui a Guantánamo en 1990, y me llevé en el pecho grabado con sangre los nombres de todos esos hijos desterrados que murieron en el exilio sin ver sus palmeras meciéndose en su playa ardiente. Es casi imposible describir lo que sentía en el corazón el día que abordamos el avión. Era una mezcla de alegría y ansiedad, con un puño de tristeza. Iba a Cuba pero no a la Cuba que dejé. La Cuba actual seguía agobiada bajo la bota de un patán.

Sin embargo, al montarme en ese avión militar que, extrañamente, se parecía mucho al que un día tomé cuando salí de Cuba, no pensaba en eso. La cabeza se me llenó de imágenes de la Cuba de mi niñez. Me acordé de La Habana, con sus calles llenas de gente bien vestida caminando aprisa para llegar a su destino. Con el pensamiento fui a Santos Suárez volando, a esos días cuando corría por sus calles con mis amiguitas, cuidándonos de no tumbarle la mercancía a los vendedores ambulantes que se congregaban en las veredas para ofrecerles a las señoras fruta, malanga, hierbas y pan.

Mientras estaba perdida en mis pensamientos, alguien me preguntó una cosa. No supe quién fue y me disculpé. Era la congresista cubanoamericana Ileana Ros–Lethinan. Estaba hablando con algunos miembros de la prensa y con otros pasajeros, y como yo no había oído lo que me preguntó, me metí a la conversación y dejé a la Cuba de mi pasado para contemplar la Cuba del presente. Todos íbamos sonrientes y hablando entusiasmadamente. Entre el grupo nos encontrábamos Leticia Callava de Telemundo, Eduardo González Rubio de la WQBA, Mary Puget, Pedro y yo, pensando en lo que sentiríamos al pisar tierra cubana después de treinta años.

El vuelo se me hizo largo. Me explicaron que la demora de una hora más se debía a que era necesario darle la vuelta a la isla porque no se permitía que voláramos sobre ella. Por fin, llegó el momento cuando el avión comenzó su descenso. Me fijé por la ventanilla, y me sorprendió ver las luces de la isla de Cuba flotando en el mar tan serenamente.

De pronto vimos la base naval americana, y justo después la pista de aterrizaje se apareció debajo del avión. Cuando por fin las ruedas del avión tocaron el suelo cubano, todos aplaudimos. Acercaron las escaleras del avión y empezamos a salir, uno por uno. ¡Ay, mi madre santísima! Apenas salí por la puerta, el aire tropical me llenó la nariz y Pedro me cogió la mano. Estábamos tan felices que queríamos brincar. Yo casi corría para bajar las escaleras y pisar ese suelo. Por fin bajé y me arrodillé para besar el suelo tres veces y agradecerle a Dios por haberme dado la oportunidad de regresar a mi isla querida. Caminé hacia la verja que divide la Isla de la base, y en una bolsita metí un puño de tierra que cogí del lado cubano. Me lo llevé, por si un día muero sin poder regresar y pisar el suelo de una Cuba libre, quiero que entierren ese puñito de tierra cubana conmigo.

No puedo describir lo que sentí al pensar que al otro lado de esa vergüenza de cerca estaba mi familia. Estaban los sobrinos que nunca he conocido, los hermanos con quienes no se me permite convivir, tanta familia y tantos amigos que no he visto desde 1960. Cuba se había convertido en una prisión. Eso sí que es una infamia.

Presenté un concierto muy lindo esa tarde. Canté *Canto a La Habana*. Los versos de la canción hablan de la belleza natural de Cuba, y al ver desde el escenario las palmeras que crecían del otro lado de la reja, me agobió el sentimiento. Sentí ese nudo que en raras ocasiones, como el día que murió Ollita, se ha apoderado de mi garganta, y no pude continuar. Me quedé llorando ahí en el escenario unos momentos mientras la orquesta seguía tocando, hasta que pude seguir. Seguí cantado, grité «¡Azúcar!» y la fiesta terminó.

Durante esa visita también me pasó algo muy lindo que me hizo recordar muchas cosas de los días en Cuba antes del exilio. Hay algunos trabajadores a los cuales el sistema les permite trabajar en la base. Uno de ellos era un señor ya grande que se me acercó para hacerme una pregunta que en un principio se me hizo extraña. Me dijo, «Celia, ¿usted todavía usa el perfume Shalimar?». Le contesté que sí, que por qué me hacía esa pregunta, y me dijo: «Por que me acuerdo de una vez en 1953 que le pedí un autógrafo y usted me lo dio. Aún conservo el papel donde lo escribió y todavía traigo aquí su aroma de Shalimar». Me sorprendió mucho esa conversación, pero aun así, me sentí muy bienvenida, ya que me acordó de tiempos mejores en Cuba, tiempos que nunca podré revivir.

Nos fuimos de la base naval de Guantánamo esa misma noche, pero contrariamente a ese día en que me fui de Cuba en 1960, no miré por la ventanilla. Lo único que podía pensar era en regresar algún día a Cuba, como mujer libre con derecho a disfrutar la vida que Dios me dio. Pedro me cogió la mano todo el camino de vuelta a la Florida. Por la manera en que me la sostuvo, supe que estaba pensando lo mismo que yo.

Entre 1990 y 1994 parecía como si el cielo me estuviera bendiciendo con tantos premios y reconocimientos que se me dieron. Recibí de parte del Smithsonian Institution el premio por mi trabajo de toda la vida, el Lifetime Achievement Award. También recibí la Medalla Presidencial de las Artes de parte del presidente Bill Clinton. Me cayeron premios del cielo como goticas de lluvia. Me dedicaron una calle, Celia Cruz Way, en el Festival de la Calle Ocho, y también me nombraron entre los «grandes» cuyos nombres están grabados en la pared del Madison Square Garden en Nueva York. También me dieron mi estrella en la Calle Ocho de Miami. El gobernador del estado de Nueva York, Mario Cuomo, me otorgó el premio Hispanic Women Achievers Award, la Universidad Internacional de la Florida me otorgó mi segundo doctorado de honor y, luego, la Universidad de Miami me otorgó mi tercer doctorado de honor. La presidencia de la República de Colombia me dio una medalla de honor, y también fue una experiencia muy especial el verme inmortalizada a través de una reproducción de cera en el Hollywood Wax Museum. Cada vez que recibía un honor, me preguntaba lo mismo que me pregunté la primera vez que subí al escenario del teatro Olympia en París: «¿Cómo hizo una negrita de Santos Suárez para llegar tan lejos?». Dios es el que hace que todo sea posible. Todo esto ha sido cosa suya, no mía.

Como si todo eso fuera poco, en 1992 me llamó Jerry Masucci y me dijo: «Hay un muchacho que se llama David Byrne, de un grupo que se llama Talking Heads. Quiere que grabes una canción con él». Yo no sabía quién era ese grupo y por eso se lo pregunté a John Paul. Él se emocionó muchísimo y me dijo: «Tía, eso es grande en la música americana», y me trajo unos discos que tenía de ellos. Los escuché y me gustaron, aunque no les entendí un pepino. Le dije a Masucci que quería participar en el proyecto de David Byrne. Cuando me llegó el *demo* de lo que quería grabar Byrne, estaba todo en inglés y dije: «¡Ay mi madre! ¿Y ahora qué hago?». Yo ya había trabajado con músicos americanos y había grabado la canción *Loco de Amor* para la película *Something Wild,* pero nunca había grabado una canción en inglés.

Pedro me dijo que no lo hiciera si no quería, pero yo le dije, «No puedo no hacerlo. Tengo que tratar». Y me puse a escucharlo con más cuidado. Ya más o menos me lo había aprendido cuando me tocó ir al estudio y me di cuenta que no lo tenía que cantar en inglés, sino en lengua lucumí. «¡Ay qué bueno!», dije. Pacheco escribió la letra, le hizo los arreglos y salió bastante bien.

Desde los años setenta, los jóvenes latinos que disfrutaban de nuestra salsa habían comenzado a buscar maneras de expresar su propio estilo salsero. Ralph se percató del potencial de esos jóvenes y los reclutó. Entre ellos estaba una jovencita muy linda a la que le decían La India, y que por cierto era muy admirada por mi sobrino John Paul. También se encontraba un niño flaquísimo, pero con una personalidad muy cariñosa y una muy buena voz, llamado Marc Anthony. Me admiraban mucho, me escuchaban y me permitían darles consejos. Con el tiempo llegaría a formar una bella amistad con ellos dos, especialmente con La India, quien me inspiraba mucho cariño. Pobrecita, ella se sentía mal cuando la gente decía, «esa niña va a tumbar a Celia Cruz». Que feo que la gente no entienda que nadie tumba a nadie. Cada artista tiene su lugar y su público. El hecho de que al público también le guste otro no quiere decir que ese artista le quitó el público al otro. La India y yo hicimos varios conciertos juntas, y cada vez que me llamaban para hacer presentaciones y que yo no podía, yo siempre la recomendaba y ella nunca me hizo quedar mal. Es una mujer maravillosa y yo la quiero mucho.

Ese año de 1992 fue cuando el mundo celebró la vida de la Faraona, Lola Flores. Esa mujer fue para mí más que una amiga, fue una hermana. Como ya he dicho varias veces, creo que sin Lola y mi amigo Roberto Cazorla, el periodista de EFE, no hubiera tenido el cariño tan grande de los españoles. Me dio mucho gusto saber del homenaje que le querían hacer a Lola en Miami. A pesar de que cayó durante la filmación de *The Mambo Kings,* estuve presente para celebrar con todos la vida de esa gran mujer. No me lo habría perdido por nada en el mundo.

En Miami nos reunimos artistas de todos los géneros para celebrar la existencia de una mujer que fue un «monstruo». Esa era la palabra que usaba Lola para describir algo enorme. La víspera del concierto, Julio Iglesias le hizo una fiesta, y todo el mundo hizo presencia. Estaba la prensa, su hija Rosario, Lolita, su hermana Carmen, su hijo Antonio, su esposo, Antonio «El Pescadilla», y otros amigos de toda la vida. Nos divertimos mucho, y hasta tuvimos tiempo de sentarnos a hablar en una mesa en donde estábamos Rocío Jurado, Julio Iglesias, José Luis Rodríguez «El Puma», Lola y yo. Nos pusimos a reír, a tomarnos el pelo, divirtiéndonos y poniéndonos al día de todo lo que le había pasado a cada uno desde la última vez que nos habíamos visto. Fue una noche encantadora, y disfruté muchísimo.

La noche siguiente fue el gran concierto en el centro James L. Knight de Miami. Salimos Lola y yo cantando *Burundanga* con toda la fuerza de nuestras voces. Bailamos el número cada una con su propio estilo y ritmo. La gente en el auditorio se prendió y nosotros le seguimos hasta donde más pudo llegar. Pero cuando ya todo el mundo se calmó, me llegó el momento de pararme frente a tantísimo público y homenajear a mi hermana, Lola Flores. Fue un momento divino por el cual le doy las gracias a Dios; primero, por la bendición de haber conocido a una persona como ella, y luego de haber tenido el enorme privilegio de poder llamarme su amiga. Cuando le llegó el turno de hablar a Lola, en lugar de tomarse todo ese momento para ella, como se lo merecía, lo compartió conmigo y con Olga Guillot, brindándonos a las dos nuestro propio homenaje. Las tres nos quedamos en el escenario temblando de alegría, agradecimiento y cariño. No sé ni cómo explicar lo afortunada que me sentí de haber podido decirle, frente a cientos de sus admiradores y colegas, lo mucho que la quiero.

Después del homenaje a Lola, regresé a Hollywood para continuar el rodaje de la película *The Mambo Kings.* A lo largo de mi carrera he salido en muchas películas, incluso desde que se hacían en blanco y negro. Pero siempre salía como cantante en una fiesta o en un escenario. Nunca he sido actriz, y no estoy diciendo que con dos o tres actuaciones lo sea. Soy cantante y no tengo ningún interés en volverme actriz. Pero mis experiencias en el rodaje de todas esas películas han sido increíbles. En la película *The Mambo Kings* trabajé con buenísimos actores, y hasta conocí a Antonio Banderas cuando apenas empezaba a entrar en Hollywood.

Digo que la experiencia fue inolvidable, porque además de

que fue mi primera actuación, la manera en que me tocó ese papel fue sorprendente. Yo no sabía de la película. Había oído hablar del libro en que se basó, *Los Reyes del Mambo tocan canciones de amor,* que escribió un cubano muy distinguido, Oscar Hijuelos. Con esa novela se ganó el premio Pulitzer. Tuve el gusto de conocerlo durante la filmación. Pero lo interesante del asunto es que el papel que yo hice en la película, el de Evangelina Montoya, no existe en el libro. Lo que sucedió fue que el productor, Arnie Glimcher, es un admirador mío, y se le ocurrió que tenía que haber una mujer negra y santera que fuera la dueña del club Babalú donde llegan en busca de trabajo los Mambo Kings, que en la película son Armand Assante y Antonio Banderas.

Cuando fui a hablar con Arnold, él me dio el guión y yo le tuve que explicar que no hablo inglés más que con un acento muy pesado. El me dijo que eso era exactamente lo que él buscaba, y me pidió que leyera unas líneas. Yo me puse muy nerviosa, pero Arnold se mantuvo muy tranquilo y creo que eso me ayudó a leer la parte, porque a él le gustó. Como sabía que yo estaba nerviosa por la cuestión del inglés, me hablaba siempre muy despacio y pronunciaba clarito. Era el único a quien siempre le entendí todo lo que me decía. Durante el rodaje siempre llevan comida para los actores y todo el equipo, y si yo estaba por ahí, él mismo me traía de qué comer. Arnie Glimcher fue finísimo conmigo.

La grabación de la película se organizó para no interrumpir mi trabajo, y me pusieron una persona que nos ayudó mucho con el inglés a mí y a Antonio Banderas. Ese señor fue divino. Como él me inspiraba mucha confianza, yo le decía: «Gabriel, no me dejes sola. Tú párate enfrente de mí». Y Gabriel se mantuvo ahí conmigo para todo.

Mi papel en la película fue algo muy pequeño y en un principio yo tenía muy pocos parlamentos. Pero como a Arnold le gustó lo que hice, me dieron más. En realidad, no tuve que hacer mucho, pero me divertí y aprendí muchísimo. Lo único que me ponía nerviosa era la canción que querían que cantara. Había una versión en inglés y otra en español, y yo rezaba porque me dieran la versión en español. Pero al final de cuentas tuve que cantarla en inglés y todo salió muy bien. Otra cosa muy bonita que pasó fue que cuando estábamos filmando la escena de la boda del personaje de Antonio Banderas, yo me puse a cantar la *Guantanamera* y de pronto se metió Banderas. Eso no estaba escrito en el guión, pero quedó tan bien que se dejó.

Fue algo fuera de serie poder trabajar al lado de actores de la talla de Armand Assante y Antonio Banderas. Los dos son buenísimos actores. Cada quién en lo suyo, pero buenísimos los dos. Viví una camaradería tan bonita durante el rodaje, que si hubiera un premio Óscar para reconocer el espíritu de cooperación dentro de un equipo, *The Mambo Kings* se lo hubiera ganado. A mí me gustaba ver cómo Armand Assante se preparaba para entrar a filmación. Pegaba unos gritos y no sé si era para limpiarse la garganta o para emocionarse, pero yo la pasaba fascinada viendo todo eso. Cathy Moriarti y Talissa Soto me ayudaron mucho, ya que las dos hablan español. Llegó un momento, hacia el final de la filmación, en que yo entraba al estudio y la gente me aplaudía. Todos hicieron lo posible por hacerme sentir bienvenida.

Después de trabajar en *The Mambo Kings* me invitaron a participar en otra película que se llama *La Familia Pérez*. Yo hice como once escenas, pero después de la edición no salieron más que tres. Fueron escenas muy cortas, en una iba entrando y en la otra iba saliendo. Lamentablemente, no creo que tuvo mucho éxito, pero me alegra haber podido trabajar con Marisa Tomei, esa actriz tan talentosa y tan bella que ya se ha ganado un premio Óscar. Es un honor trabajar con gente así.

Debo mencionar aquí que 1992 no fue un año perfecto, porque en ese año el huracán Andrew arrasó con el sur de la Florida. La destrucción que causó fue aterradora, y apenas Miami se declaró lista para recibir ayuda, yo me ofrecí como voluntaria para participar en el telemaratón que se organizó para recaudar fondos para los damnificados. Aunque fue un momento muy triste, me alegró poder trabajar por una causa tan noble, en compañía de los mejores artistas de la música y la pantalla grande.

En 1993 lanzamos mi álbum *Azúcar negra,* con su número del mismo nombre. Ese álbum tiene mucho sonido *pop* que creo que va muy bien con mi tipo de voz. Grabé mi primer vídeo, dirigido por Emilio Estefan, de la canción *Sazón* donde Gloria Estefan y Jon Secada me hicieron el favor de hacerme coros con sus bellas voces. Por esa época nos presentamos con la orquesta de José Alberto «El Canario» en el teatro Gran Rex de Buenos Aires. Llegaron como tres mil personas y para un grupo salsero en la Argentina eso fue cosa grande. Me acuerdo que les pedí a los argentinos que por favor nos ayudaran a difundir la salsa por todo su país. Los argentinos se pusieron manos a la obra y nuestra música ahora suena en su país y en todo el Cono Sur. Es más, gracias a ellos, el año siguiente la Argentina celebró su primer Festival de la Salsa, al cual fuimos Tito, Cheo Feliciano, Marc Anthony, El Canario y yo. A partir de entonces, empecé a viajar mucho más al Cono Sur. Las playas de Punta del Este son uno de mis lugares favoritos para descansar durante las vacaciones de invierno.

En Agosto de ese año salí en primera plana de los periódicos, pero esta vez fue por la situación política en Cuba. Había estado en Bogotá presentándome en El Festival de la Cerveza, uno de los eventos que se celebran anualmente en esa ciudad. Resulta que mientras yo estaba allá, el presidente de Colombia, César Gaviria, invitó a Fidel Castro a una visita de estado. Me pareció que fue un error, ya que la horrible guerra civil que está desangrando al maravilloso pueblo colombiano ha sido fomentada, en parte, por Fidel, y ese hombre no merece ser tratado con respeto por un país en el cual ha ayudado a crear tanto dolor. En todo caso, mientras estaba en una rueda de prensa en donde estaban presentes todos los principales medios de comunicación colombianos, un periodista me preguntó qué pensaba de la visita del «Presidente» Fidel Castro a Colombia. En lugar de responderle, le pregunté que por qué insistía en llamar presidente a un hombre que no fue elegido democráticamente. En lo que a mí se refiere, Fidel Castro no es más que un vil dictador. Los demás periodistas siguieron haciéndome más preguntas acerca de la situación política en Cuba, y yo no evité ninguna de sus preguntas. Las fui respondiendo una a una. Pero como desafortunadamente no cambiaban el tema, les dije: «¿Por qué insisten en preguntarme lo que pienso acerca de Fidel? Cuando lo entrevistan a él, ¿alguna vez le han preguntado lo que piensa acerca de mí?».

En mi opinión, ya habíamos gastado demasiado tiempo hablando del tema, entonces decidí acabar la conferencia. Antes de irme, les dije lo siguiente:

Sé que me han hecho todas estas preguntas con el fin de fastidiarme. Entonces déjenme ponerle un fin a esto. De una vez por todas, les voy a decir lo que pienso. No entiendo por qué no le preguntaron a ese señor por qué vino hasta aquí en su avión, gastando tanto combustible, ya que el pueblo cubano no tiene cómo conseguir combustible en ninguna parte. Le han debido preguntar por qué tuvo que volar a Colombia con un segundo avión, lleno de comida y agua para su uso privado, cuando en

Cuba la gente se está muriendo de hambre. ¿Por qué no le preguntan por qué es que los exiliados cubanos tienen que enviarle dinero a Cuba para que pueda comer un pueblo que se está muriendo de hambre en una isla tropical? Es bastante irónico, pero hace un par de años, si te pescaban con un dólar en Cuba te enviaban a la cárcel por veinte años. Pero ahora, ese señor quiere que los exiliados enviemos dólares para darle de comer a la gente que él no quiere ni puede alimentar. La única razón por la cual vino aquí a Colombia es porque anda por todo el mundo pidiendo limosna. Necesita dinero y hará todo lo posible para conseguirlo. Pero paremos aquí. Nunca he conocido a ese hombre, y ni siquiera quiero pensar en él. Tuve que irme de Cuba hace muchos años, para poder enviarle dinero a mi madre, y que pudiera comer langosta. Sí, aquellas langostas que antes abundaban en Cuba, pero que por alguna razón, ahora han desaparecido de las cocinas cubanas. ¿Por qué no van y le preguntan qué pasó con las langostas cubanas? ¿Adónde se fueron? ¿Será que para la exportación, para que le entrara un poco de dinero a él directamente? Claro. Para él hay más que suficientes langostas. Sólo échenle un vistazo a toda la comida que trajo con él a Colombia. Sólo quiero aclarar que aquel hombre no me permitió regresar a mi país cuando mi madre se estaba muriendo, y aunque intento ser una mujer cristiana, jamás podré perdonarlo por eso.

Fue un discurso que apareció en primera plana de todos los periódicos.

En el otoño de ese año, el productor Quincy Jones —con quien hemos trabajado en varias ocasiones, y sé que tiene gran admiración por mí— me llamó porque quería que en

Miami yo cantara la *Guantanamera* en un concierto que él produjo para la Cumbre de las Américas. Tuvimos un ensayo y nos dejaron saber a todos los cantantes —entre los cuales se encontraban Liza Minnelli y Vicky Carr— que no podíamos hacer ningún tipo de comentario político debido al tipo de función que era. En ese momento se encontraban todos los presidentes de América Latina y el presidente americano, Bill Clinton. Me presentaron y salí cantando mi tradicional *Guantanamera*. En el momento que estoy cantando, durante una parte de la *Guantanamera* que lleva un solo de violín, y sin precedente, aproveché el espacio y dije lo siguiente: «Señores presidentes, por favor, en nombre de mis compatriotas, no ayuden más a Fidel Castro, para que se vaya y nos deje una Cuba libre del comunismo». Aunque me nació del alma, y también creo que era necesario hacerlo, eso causó otro tremendo escándalo. En mi país hay gente que va a la cárcel durante muchos años por decir lo que yo dije ese día. Dios me dio la oportunidad de decir algo en esa conferencia, y yo no podía dejarla pasar. Si no, hubiera sido como darle la espalda a todos mis principios más básicos.

Esas son las cosas que, tristemente, a mis hermanos cubanos a veces se les olvida con tanta facilidad. Algunos se valen de cualquier pretexto para herirme y yo desde que llegué a este exilio siempre he tenido la misma postura política. He caminado el mundo quitándole la careta al sistema que impera hoy en Cuba. Camino el mundo sin guardaespaldas, únicamente con Pedro a mi lado. Nunca me he escondido detrás de un micrófono de una cabina de radio para expresar opiniones propias que puedan herir o dañar a los demás.

En 1993, puedo decir que hice mi gran debut en la pasarela. El gran diseñador francés Thierry Mugler me invitó a participar en su gran espectáculo de moda. Me confeccionó un traje exclusivo. Así, cantando unos versos de *Químbara,* hice mi primer paseo por la pasarela de Mugler. Di una vuelta, y cuando regresé, salió Pedro vestido con un traje espectacular. Me tomó de la mano y salimos juntos. Una amiga me preguntó cómo había sido esa experiencia, al lado de modelos tan hermosas, ya que ese es otro tipo de espectáculo. Yo le comenté que fue muy divertido y luego dije: «Pero fíjate tú qué cosa, Celia Cruz modelo de pasarela. ¡Ja! Pero si ya te he dicho que yo me meto en todo, chica».

En 1994, recibí uno de los máximos galardones en los Estados Unidos, de manos del presidente Bill Clinton. Una medalla de parte de la nación por mi contribución a las artes: The National Endowment for the Arts Medal. En ese momento sentí una emoción muy grande, porque fue un reconocimiento de parte del país que me dio la bienvenida. El presidente Clinton, que es un hombre sumamente encantador a quien le gusta rumbear, me dijo que conocía mi música muy bien y que le encantaba mi voz. Me sentí muy halagada por sus palabras. También estaba encantada de estar sentada junto a Gene Kelly, Harry Bellafonte, Pete Seeger, Julie Harris, el pianista Dave Brubeck y el poeta americano Richard Wilbur. No lo podía creer. Qué honor poder representar un país tan grande como los Estados Unidos.

Luego, los premios de la revista *Billboard* que se celebran cada año en Miami me incluyeron en la lista de los famosos, o sea, en el Salón de la Fama de la revista. Después, la cadena Univision y *Billboard* se juntarían para premiar la labor de toda mi vida con el Premio a la Excelencia. Cuando fui a recibir estos galardones, los compartí con Pedro y Ralph Mercado.

Otro premio que para mí tuvo gran significado me lo dieron en Panamá el 25 de septiembre de 1994. Fue el premio Éxito de Vida de la Universidad de Panamá. Lo más bonito de haber recibido ese galardón es que con él, la universidad designó una beca artística en nombre mío. Fue una gran satisfacción pensar que en un futuro miles de estudiantes panameños podrán estudiar en la universidad gracias a esa beca.

Andábamos de gira como de costumbre, cuando recibí una llamada de México para ver si me interesaba participar en una telenovela. Me gustó la idea porque iba ser en mi propio idioma y con actores que admiro mucho, como Verónica Castro y Juan Ferrara. Lo pensamos bien para asegurarnos que no causara ninguna complicación con mis giras, y cuando llegamos a la conclusión de que se podía hacer, acepté trabajar en *Valentina*. Parte de la filmación se hizo en Cancún y la mayor parte se hizo en Ciudad de México.

El personaje que me tocó hacer se llamaba Lucume, una espiritista. Era una persona muy buena que le daba consejos a los otros personajes. No fue difícil hacer el papel, ya que no era algo desconocido en el sentido de que es un personaje muy caribeño. A mucha gente le gustó la novela. A mí me dio la oportunidad de forjar nuevas amistades con artistas que no conocía y también de hacer más fuertes los lazos con amistades que tenía desde muchos años, como Roberto y Mitsuko, «Los Misukos», que viven en México y muy gentilmente nos brindaron su casa. Yo les quedé muy agradecida, ya que Pedro es diabético y su comida es muy importante, y con tanto viaje no es fácil manejar las horas de la comida si no se organiza uno bien. La salud de mi marido me la tomo muy en serio, y no quiero ni que le baje ni le suba el nivel de azúcar en la sangre. Yo le digo así: «Perucho, la única ¡azúcar! que te permito es la mía, ¿oíste?». Después de la filmación de cada día regresábamos a la casa de «Los Misukos», y yo en su cocina andaba como en la mía. Ellos tienen un mozo que prepara un pollito a la naranja tan rico y tan sano que te chupabas los dedos.

Comíamos juntos y descansábamos. Con Roberto y Mitsuko estábamos en familia.

Roberto me ayudó mucho con un problema que lamentablemente no tuvo solución: para ir de Nueva York a México a continuar mi trabajo en *Valentina,* tomé un vuelo de Aeroméxico y se me perdió una maleta. Siempre viajo con todo mi atuendo porque hay presentaciones y entrevistas y me tengo que cambiar muchas veces. Entonces es necesario llevar todo lo que me va a hacer falta. Mis trajes y mis zapatos son confeccionados especialmente para mis presentaciones. En particular, los zapatos que calzo son toda una sensación porque son únicos en el mundo. Mucha gente piensa que son de plataforma, pero no lo son. Lo que sí tienen estos zapatos es que la parte del talón no existe, y de la punta les sale una pieza de metal fuerte y ancha que hace contacto con el piso. Por lo tanto, nunca se me viran los pies. Pero lo mejor que tienen esos zapatos es que impiden que me lastime en el escenario. Los pisos de los escenarios varían mucho; uno lo tiene muy parejito y otro, al día siguiente, está disparejo o lleno de hoyos. El tacón de un zapato normal se va en el hoyo, pero los míos no. Los primeros de ese estilo que yo tuve los compré en 1959 en Venezuela, en una tienda que se llamaba Condesa Ana. Pero luego fui a México en 1960 y conocí un zapatero muy bueno que se llamaba el señor Nieto, quien me hizo varios pares basados en ese estilo. Sin embargo, los que me hizo él eran mucho más cómodos. Hace más de quince años que no sabe nadie de él. Aún así, sus zapatos son muy especiales y muy cómodos. Como ya no los puedo conseguir, los mando arreglar. Bueno, en esa maleta extraviada yo traía todos mis zapatos. La aerolínea nunca los pudo recuperar. Roberto, pobrecito, se pasó horas con los funcionarios de la aerolínea, pero los zapatos nunca aparecieron. Todavía me pesa mucho porque eran únicos. Sin embargo, lo que esto demuestra es la calidad de amistades que tengo la dicha de tener.

Cuando se terminó la filmación de *Valentina,* la telenovela salió en México y por toda América Latina. Mucha gente no sabe que nuestras telenovelas, como industria, son un monstruo. Cuando yo estaba haciendo la promoción para *Valentina,* me enteré que ya había llegado hasta Rusia. Cómo me divertí pensando en cómo sonaría Celia Cruz hablando en ruso. Se lo comenté a mi amigo Mario Kreutzberger en su programa, Don Francisco, y nos divertimos mucho, como siempre.

A mediados de los noventa, también surgió una controversia que me molestó mucho. En esos días se volvieron muy populares las «líneas psíquicas». Por ejemplo, estaba la de la mamá de Sylvester Stallone, la de Dionne Warwick y las de muchas otras personas como esas que habían prestado su nombre a esos comercios. Ralph Mercado me propuso que yo hiciera una grabación que dijera «Hola, has llamado a la línea psíquica de Celia Cruz. En unos momentos te paso a uno de mis psíquicos». Yo no sé qué vio de mal la gente en eso, porque yo nunca dije que yo era psíquica. Pero alguna persona se sintió engañada, y otros lo vieron muy mal que yo me asociara con ese tipo de cosas. Pero digo yo: «Caballeros, ¿acaso no es este un país donde todo el mundo tiene la libertad de creer en lo que quiera?».

A toda esa gente que me acusó de llevar mi propio nombre al suelo con eso, yo les dije que siempre he sido una persona de rectitud moral, que he hecho mucho bien en mi vida y que si en este caso había fallado, yo pensaba que merecía su perdón. Mi hermana Cristina Saralegui me invitó a su programa para discutir el tema. Cuando todo terminó, la gente me dio una ovación, algo que me hizo sentir muy bien. El contrato siguió vigente, pero cuando me propusieron renovarlo decidí que sería mejor no seguir con eso.

Ese mismo año, tuve la oportunidad de regresar a *Sesame Street*. En 1989 aparecí por primera vez en el programa, gracias a la invitación de mi amigo Luis Santeiro, uno de los creadores del programa. Esa vez canté *Sun Sun ba baé* con Big Bird. Cuando volví en 1994, presenté *Burundanga,* pero lo más divertido fue sin duda cuando canté *Químbara* con los Muppets. ¡Imagínate eso! ¡Los Muppets cantando *Químbara!* Fue todo un espectáculo.

En el mes de noviembre de 1994 sucedió otra cosa muy importante. En medio de una gira por Europa, salí a llevarles un mensaje de esperanza a mis hermanos cubanos que se encontraban detenidos en la base americana en Panamá. Ahí había miles de balseros que se tiraron al mar en busca de la libertad. Esa pobre gente ya estaba desesperada de estar detenida por tanto tiempo, y algunos se pusieron en huelga de hambre. En Panamá había más de ocho mil cubanos viviendo así, incluyendo mujeres y niños, algunos de éstos recién nacidos. También había otro grupo grande en la base de Guantánamo. El gobierno americano quería que regresaran a Cuba, y que de allí tramitaran su visa para entrar a los Estados Unidos legalmente. Yo no estaba de acuerdo con eso porque ese sistema en Cuba no es fiable, y sólo Dios sabe lo que le hubieran hecho a esa gente si los devolvían a todos para allá. Además, ese trato de parte del gobierno americano hacia los cubanos me sorprendió mucho, ya que esa no era la manera en que un país como éste debía tratar a la gente. Eso déjenselo a gobiernos como los de Cuba, donde la gente no tiene derecho ni a su propia vida. Sin embargo, comprendo que tenían que buscar una manera de normalizar el proceso legal de cada persona.

Tomé esa oportunidad para pedirle al Señor Presidente Bill Clinton, en una conferencia de prensa que se organizó en Panamá antes del concierto, que por favor les permitiera a los balseros entrar a los Estados Unidos, y que dejara que tramitaran sus visas como personas libres. Como se los dije a los balseros, yo estaba segura que el presidente Clinton estaba haciendo todo lo posible para que esa situación se resolviera.

El concierto esa noche fue una experiencia divina para mí. Parada en el escenario, vi a esos miles de balseros cubanos disfrutando —dentro de su terrible situación— unos momentos de alegría. Cada vez que me subo a un escenario me acuerdo que fue para momentos como ése que Dios me trajo al mundo. Vi sus caras sonrientes y sentí una ola de agradecimiento a Dios por haberme dado tan bella misión en la vida. Antes de empezar, ellos me hicieron a mí un concierto bellísimo. Con las pocas cosas que tenían, esa gente me regaló a mí un trocito de su corazón. Uno de ellos talló en madera una balsita como las que usaron para huir de Cuba y la fueron pasando de mano en mano hasta que llegó a mí mientras yo les cantaba. También tengo una plaquita que me dieron conmemorando el día.

Cuando regresé a Europa para seguir con la gira que había interrumpido, lo único que podía pensar era que jamás me hubiera imaginado que mi país tendría un destino tan trágico, en el que todo el mundo aspiraría a irse de la isla. De niña, cuando crecía en Cuba, nunca me hubiera soñado con que mi gente se mataría, literalmente, por escapar de su país. De hecho, en esa época Cuba era un lugar al cual se emigraba, no al revés. Y ahora, mira lo que nos ha pasado. Le rezo a Dios porque algún día esta pesadilla se convierta en cosa del pasado.

También en esos días se discutía mucho la Propuesta 187 del estado de California. Con esa ley les iban a quitar toda clase de ayuda y protección social a las personas indocumentadas, incluyendo la educación de sus hijos. Yo tampoco estaba de acuerdo con eso. Los niños no tienen la culpa de nada, y además esa pobre gente no es criminal. Tengo entendido que vienen a trabajar y a contribuir con su esfuerzo y sus impuestos a la economía de los Estados Unidos. Ya estando aquí con sus casas y sus familias y sus vidas, ¿para qué tratarlos como si todo lo que han aportado no valiera para nada por falta de un papel? Yo comprendo la situación de los indocumentados porque la viví en carne propia. Un periodista un día me pidió que le explicara por qué decía yo que había sido indocumentada, y le expliqué lo siguiente: «Cuando yo salí de Cuba en 1960, me fui para México con visa, y de ahí pasé a los Estados Unidos. Pero luego no podía ir a ningún país de América Latina porque mi pasaporte cubano había sido anulado y todavía no tenía pasaporte americano. Yo sé lo que se siente ser un indocumentado». Le hice saber a todo el mundo mi posición sobre el asunto, pero desafortunadamente, la lucha por los derechos de los inmigrantes está lejos de haberse terminado.

Llegó 1995, y en el mes de enero nos encontrábamos en Colombia. Presentamos un gran concierto en Cali, al que asistieron sesenta mil personas a gozar con Oscar D'León, Pete el Conde y conmigo. Son esos conciertos que me dejan vibrando de energía y alegría por la entrega tan completa del público. Después de la función íbamos todos en el carro rumbo al hotel Intercontinental de Cali, cuando de repente me «mataron» en Venezuela. No era la primera vez que algo por el estilo me sucedía. Resulta que varios periódicos venezolanos publicaron —algunos hasta en primera plana— que yo había fallecido repentinamente de un ataque del corazón en Nueva York.

Tan pronto llegamos al hotel empezaron las llamadas de la

prensa. Claro, los periodistas caleños sabían que yo estaba bien, pero pobrecitos algunos de mis amigos y mis familiares, porque se asustaron. Sin saber lo que estaba pasando, me puse a contestar las llamadas. Me llamó muchísima gente al hotel, llorando porque yo estaba muerta, y luego seguían llorando porque estaba viva. Se tuvo que organizar una rueda de prensa para que la gente viera que yo no me había muerto. También me presenté en varios programas de radio en vivo para que la gente se convenciera. No me explico cómo sucedió semejante falsedad. Una señora me llamó y me preguntó: «¿Celia Cruz, tú no estás muerta?», y yo le contesté, «Pues fíjate que sí, pero de la risa». La verdad, después que todo ese alboroto se calmó, una vez más ese público tan bello me demostró su gran cariño.

En febrero viajé a México par promover mi álbum *Irrepetible* que grabé con Willie Chirino. Willie es muy joven y tiene muy buenas ideas. Cómo me divertí con esa grabación. Traía muy buenos números, como *Que le den candela* y uno de Concha Valdés Miranda que se llama *Limón y menta,* que me encantó. Creo que de todos en ese álbum, ése es el que más me gusta. Ese disco también tenía una canción viejita que es *Duerme negrita.* Todas me gustaron en realidad. Y creo que ese álbum quedó bastante bien, ya que Chirino es todo un profesional y ambos trabajamos muy bien juntos.

Durante una rueda de prensa que se organizó en la Ciudad de México para promover ese disco, otra vez me pidieron mi opinión acerca de la situación en Cuba. Me molestó y les dije que no había ido al Paseo de la Reforma para discutir política, pero que si tanto querían saber, qué mejor le preguntaran a Fidel, la próxima vez que lo anduvieran persiguiendo para entrevistarlo, sobre Celia Cruz. Pero la verdad es que a mí no me importa ni un pepino lo que ese señor piense de mí. Les dije que estaba ahí para hablar de mi música y de mis posibles futuras colaboraciones con el artista mexicano Juan Gabriel. Pero una vez más, se metió el tema de la política.

Yo tengo la costumbre de viajar con miniaturas de mis santos, mi rosario y retratos de mis sobrinos. La iglesia católica nos enseña —y así lo creo yo— que los santos son el ejemplo a seguir, y que por medio de su bendita intercesión Dios nos ayuda con todo. Por eso nunca estoy sin ellos. Tan pronto llego a un lugar, llamo a mi hermana Gladys para decirle que llegué bien, y saco mis santos, mi rosario y mis retratos, y los pongo en una mesita. De esta manera, cada vez que entro a la habitación, lo primero que veo es a las personas más queridas de mi vida rodeadas de las almas más iluminadas que Dios nos ha traído a la tierra. Todas las noches, y apenas me levanto por la mañana, le pido a Dios por mi familia, especialmente por mis sobrinos, Linda, Celia María y John Paul, ya que la juventud necesita mucha fe y esperanza. Es una devoción que tengo desde hace muchísimos años, y no le fallo, no importa dónde me encuentre.

Ese mismo año estábamos en Puerto Rico cuando me enteré que habían ingresado a mi sobrino John Paul en el hospital. Salimos inmediatamente para Miami. Tan pronto aterrizamos en el aeropuerto, salimos corriendo para el hospital donde nos esperaba toda la familia, además de Brujita y Zoila. Cuando llegamos al hospital, fui derecho a la capilla y me puse a rezar y luego si entré a ver a mi querido sobrino. Desde que nació, John Paul se volvió parte íntegra de la profundidad de mi alma. Pobrecita mi hermana Gladys, que sufrió mucho con ese chiquito que nació con hemofilia, o el mal de la sangre floja, como le decimos nosotros. Desde un principio tenía que cuidarlo bien porque todo le ponía la vida en peligro. Con cualquier raspón, moretón o cortada, Johnpy se nos podía quedar ahí, desangrándose. Los juegos de niños no fueron para él. La vida de John Paul se pasó entre hospitales y médicos en lugar de juegos de fútbol con sus amigos.

Sin embargo, ese niño fue tan noble que nunca le oí una sola queja. John Paul aceptó la realidad de su vida con la nobleza de un ser privilegiado. Su salud tan delicada y su personalidad tan dulce nos hizo encariñarnos de él de una manera muy especial. Sufrió muchos tratamientos y aun así, fue siempre muy valiente y alegre.

Cuando andábamos de gira, Johnpy nos seguía los pasos desde su casa. Se emocionaba cuando sabía que estábamos por regresar. Muchas veces sonaba el teléfono en el momento en que entraba a casa. Si alcanzaba a contestar, me decía: «Tía, que bueno que ya llegaron. Voy p'allá». Nunca se olvidó de un cumpleaños, un aniversario ni nada. Pensaba más en los demás que en él mismo. Fue el hijo que Pedro y yo nunca tuvimos.

Recuerdo que un día, cuando tenía como veinte años, Johnpy consiguió un trabajito, lo cual lo puso muy contento. En su primer día de paga, invitó a toda su familia a cenar a un buen restaurante. Fuimos Gladys, Orlando, Linda, el novio de Linda, Celia María, Pedro y yo. Pedro se preocupó porque John Paul se iba a gastar todo el cheque en esa cena, y le dijo, «Johnpy, yo te ayudo con la mitad, m'hijito». Pero Johnpy contestó: «No gracias Tío, cuando yo invito, yo pago». Era tan generoso, siempre quería hacerles atenciones a los demás.

Estuvimos con él hasta el último momento. John Paul se nos fue con solo veintitrés años. Dejó un vacío inmenso y muchas preguntas sin respuestas. Hay personas que vienen al mundo por poco tiempo y Johnpy fue una de ellas. Sin embargo, yo no pienso nunca en su muerte porque en sus pocos años de vida vivió una vida ejemplar, y eso es lo que importa. La pena devastó a sus padres y no hay poder en el mundo que les pueda borrar ese dolor. Yo lo extraño muchísimo y pienso en él todos los días.

Pedro y yo tenemos su retrato a la entrada de la casa, así que cada vez que salgo y cada vez que entró veo su carita sonriéndome. Al salir le digo: «Johnpy, 'orita vengo. Por favor, cuídame la casa», y cuando regreso le digo: «Johnpy, ya regresé. Gracias». Yo lo invoco a cada momento. Repito su nombre y le hablo a la gente sobre él para que siga siempre vivo, no sólo en mi memoria sino también en la de todo aquel que escuche su historia.

En mayo de 1996 se publicaron unos anuncios que hice a favor de la campaña contra la ceguera causada por la diabetes. Esa enfermedad, que parece ser un problema para nosotros los latinos, también la padece Pedro. Naturalmente, para mí es muy importante poder participar en una campaña que pueda ayudarle a la gente a cuidarse la vista. Cuando comenzaron a salir los anuncios, me sorprendió la cantidad de personas que los vio y que venía a contarme sobre sus experiencias con la diabetes. Siempre eran historias muy trágicas. Me alegró mucho poder contribuir con una campaña tan importante.

Ese mismo año, Dios nos concedió a Pedro y a mí un poco de tiempo libre para descansar y disfrutar con amigos. Recuerdo haber pasado un rato muy agradable con los Fanjuls, una familia cubana que tenía una casa en un balneario de la República Dominicana. También me divertí mucho en una fiesta de Coca—Cola en Caracas, con mis amigos Roberto Goizueta, que fue presidente de la Coca—Cola Corporation, y Patty y Gustavo Cisneros. Tuvimos tiempo de descansar y relajarnos un poco durante esos días que pasamos en la capital venezolana. Después de la muerte de Johnpy, tanto Pedro como yo necesitábamos tiempo para sanar.

El año 1997 marcó un cambio en la relación entre La India y yo. Desde el momento en que la conocí me gustó mucho su manera de ser y sentí mucha ternura por ella. Un día me comentó que a su mamá se le había olvidado bautizarla y nos pidió a Pedro y a mí que si queríamos ser sus padrinos de bautizo. Nosotros decidimos hacer eso por ella, con todo el cariño y el amor del mundo. El 14 de febrero, día de los enamorados, nos presentamos con ella en una iglesia de Nueva Jersey. Me acuerdo que me puse un traje blanco, que es el color de la pureza, algo que sentí que era muy importante enfatizar porque el bautizo borra el pecado original. Después de la ceremonia, le di la bendición a mi nueva ahijada y un fuerte abrazo. Cuando salimos de la iglesia, Pedro y yo la invitamos a cenar. Comimos paella acompañada de vino tinto, y La India me contó que cuando le di la bendición sintió una paz muy grande que pasó por todo su cuerpo. Yo le dije que era mi amor verdadero y que desde ese momento ella sería para mí como una hija.

A principios de ese mismo año o a finales del anterior, me llamó el director de televisión Juan Osorio con la propuesta de grabar otra telenovela. A mí me gustó la idea con la condición de que, igual a como habíamos hecho con *Valentina,* se hicieran mis escenas de acuerdo a mi calendario de presentaciones. Cuando todos quedamos de acuerdo, la telenovela se rodó en Monterrey. Esa telenovela se llama *El alma no tiene color,* con Laura Flores y Arturo Peniche. Mi personaje fue la mamá del personaje que interpreta Laura Flores, una muchacha de tez blanca. Me llamó mucho la atención porque trataba del racismo, el cual sigue siendo un problema por todo el mundo. Quedé muy satisfecha con la filmación y me hice muy amiga de todos esos jóvenes actores. Era una gente muy profesional.

Todo ese año de 1997 me la pasé entre las giras, la telenovela, y entre México y resto del mundo, con mi base en Nueva York. Ese año, recibí un honor muy especial y muy inesperado. La bellísima ciudad de San Francisco decretó el 25 de octubre de 1997 como Celia Cruz Day (El día de Celia Cruz). Pedro y yo nos emocionamos mucho de saber que la ciudad de San Francisco me admiraba tanto como para ofrecerme un día de su calendario.

Pero desafortunadamente, ese mismo año, tuve una experiencia muy desagradable en un concierto que presenté en el Madison Square Garden de Nueva York. Las semanas antes del concierto se montó una tremenda campaña para promover el concierto. Ralphy dijo que se presentaría conmigo un salsero sorpresa en el escenario, y yo, honestamente, pensé que sería Gilberto Santa Rosa. Entonces, muy feliz de la vida, salí y di mi concierto como siempre. Cuando terminé, se presentó un cantante llamado Isaac Delgado. Yo no lo conocía, pero pensé: «Bueno este Ralph se ha encontrado otro artista, pero qué raro que nadie lo conozca». Después del concierto Ralph tenía organizada una rueda de prensa donde le presentaría su nuevo artista al mundo.

No sé cómo fue, pero se descubrió que ese señor que Ralph tenía bajo contrato era un artista que todavía vivía en Cuba, y que estaba promoviendo sus discos en los Estados Unidos. Por lo tanto, se armó un tremendo escándalo y tuve que bajar a hablar con la prensa. Cuando llego, me preguntan qué pensaba yo, y les dije la verdad. Me sentí muy mal de tener que compartir el escenario con un representante de un sistema tan terrible. Me sentí un poco peor que Ralphy me hubiera hecho semejante cosa.

Ralphy es de ascendencia puertorriqueña y dominicana, y tal vez no comprenda lo delicado que es ese tema para los cubanos. Pero sí fue muy triste que me engañara de una manera tan pública que me obligó a dar explicaciones ante mis compatriotas exiliados. Desde que yo salí de Cuba mi música es prohibida allá. ¿Por qué tenemos que aceptar que a este país vengan artistas cubanos que representan el gobierno de Cuba? Y también, creo yo, se abusó de mi confianza al haber utilizado mi presencia en el escenario para llevarle al público a una persona cuyo trabajo sólo sirve para enriquecer un sistema tan malo. En todo caso, a pesar de que ese pequeño malentendido haya causado algo de tensión entre Ralphy y yo, pronto se resolvió todo el problema.

Yo quiero mucho a Ralphy y no tengo nada contra él. Al contrario, le estoy eternamente agradecida porque me ha ayudado a llegar donde estoy parada ahora. La verdad es que nadie se hace solo, y durante los veinticinco años que trabajé con Ralphy, logré premios y reconocimientos que nunca ni en sueños pensé llegar a tener. Ralphy es mi amigo y siempre lo será.

Sin embargo, las cosas tienen su tiempo, y el tiempo mío con Ralphy había terminado. Su compañía, RMM, había crecido muchísimo. Representaba a muchos artistas jóvenes con futuros muy prometedores que se tenían que encausar. Era muy difícil hablar con Ralphy como antes porque el pobre siempre andaba corriendo por todos lados. Además, yo sentía que mis discos no estaban sonando como antes. Entonces decidí que me iba. O sea, pasó con Ralphy como pasó con Sydney Siegal y con Morris Levy.

Cuando comencé a pensar en hablar con Ralphy, yo acababa de recibir el Hispanic Lifetime Achievement Award, y poco después iba a ser la entrega de los Grammys de 1998. Todos fuimos a la entrega de esos premios Grammy: Ralphy, Omer, Pedro y yo, por lo que decidí que hablaría con Ralphy en el avión durante el vuelo de regreso de Los Ángeles a Nueva York.

Wycliff Jean, Jeni Fujita y yo recibimos una nominación al Grammy por nuestra colaboración en *Guantanamera*. No ganamos, y eso fue una lástima porque de verdad que era un número muy bonito. Aunque yo sólo colaboré con una canción, pienso que el álbum en total es buenísimo. Mucha gente se acuerda de él. Incluso, gente joven que no me conocía antes, me conoce por ese disco.

Sin embargo, el día de los Grammy, me encontré con Ralphy en el *lobby* del hotel, y me contó que había cambiado su vuelo y que no regresaría con nosotros a Nueva York. Entonces decidí informarlo de mi decisión ahí mismo. Cuando le dije, Ralphy quedó impactado y me preguntó qué había pasado. Yo le contesté que nada había pasado, pero sí le dije que si ya se había comprometido conmigo en algo, yo estaba dispuesta a hacerlo. También le conté que no quería grabar más porque mis discos no estaban sonando. De hecho, estaba convencida de que nunca volvería a grabar con nadie. En primera, se tenían que hacer vídeos, y eso no me gustaba, porque el tener que doblar mi voz nunca me ha gustado. En segunda, la situación para los artistas en las grabaciones ya no era la misma, y yo no quería tanta complicación. Sin embargo, lo que sí quería era mantenerme frente al público, porque ese siempre ha sido mi gran amor. Yo no soy artista de estudio, soy artista del pueblo. No quiero retirarme, nunca lo he querido, a menos que ya me fallen las cuerdas vocales o que el público no me quiera ver más. Y de ser posible, me gustaría morir en el escenario como lo hizo mi amigo y hermano Miguelito Valdés, que murió en el escenario del Hotel Tequendama en Bogotá.

Ralphy quedó triste con mi decisión, pero me deseó mucha suerte, y desde entonces hemos seguido siendo grandes amigos.

Omer también decidió salirse de RMM para convertirse en mi representante. Aparte de Pedro, él ha sido mi gran aliado. Me decía, «Celia, usted es una artista muy grande. Va a ver que en cuanto las compañías se enteren que usted no tiene compañía disquera, le van a caer propuestas de trabajo por todos lados». Yo creía que sólo me lo decía por ser cariñoso, pero él insistía que sí era verdad. Llevábamos casi ocho años de trabajar con Omer. Pedro y yo conocíamos bien la calidad de su trabajo y sabíamos que Omer tenía muy buenas relaciones con todos los empresarios que acostumbran hacer negocios conmigo, por lo que pensamos que tal vez él sabía algo que nosotros no sabíamos.

El cambio de representación no afectó para nada lo que ya estaba programado. Los últimos días de 1998 nos cogieron festejando en grande en la Feria de Cali. El lema de ese carnaval fue mi canción *La vida es un carnaval,* lo que me hizo muchísimo elogio. La noche del concierto recibí el mayor honor que la Feria le otorga a un extranjero, la Medalla de Sebastián de Belalcázar. Debo añadir que sufro enormemente cuando veo el dolor del pueblo colombiano, y le pido a Dios para que por fin les llegue la paz que todos se merecen. Aprovecho cada oportunidad que tengo para expresarles a mis hermanos colombianos lo mucho que los quiero, y lo mucho que les deseo el futuro próspero y brillante que se merecen.

A medida que mi carrera empezó a desarrollarse en España durante los años noventa, grabé muchos especiales de *Noche de fiesta,* el codiciado programa de José Luis Moreno en la televisión española. Los grabé junto con cantantes españoles como Julio Iglesias, Rocío Jurado, Rafael y Miguel Bosé. También debo notar que Miguel y yo hicimos un *show* juntos que se llamaba *Séptimo de caballería.*

Para finales de esa década, grabé con Pau Donés del grupo Jarabe de palo la canción *A lo loco* para la película *El milagro del padre Tinto.* Pau y yo nos volvimos amigos y, más tarde, nos presentamos en el concierto de *Pavarotti and Friends* en Modena, Italia.

En 1999, con las cantantes cubanas Albita y Lucrecia y el saxofonista Paquito D'Rivera nos fuimos de gira por toda la península ibérica. Albita, que vive en Miami, es una música increíble y tiene un don maravilloso para improvisar versos. Lucrecia, que vive en España, es una mujer muy bella e inteligente, con una voz lindísima. Es muy famosa en España, y estoy muy orgullosa de ella por todo lo que ha logrado. Y claro, Paquito, mi querido Paquito, es todo un caballero y un mago de la música. Yo lo quiero mucho. Fuimos todo un éxito en todas las ciudades que visitamos en España y Portugal. Esa gira fue una experiencia inolvidable. Fue una lástima que mi amiga Lola Flores «La Faraona» no haya vivido para verla. Estoy segura que le hubiera encantado.

Mientras estábamos en España pudimos disfrutar de la compañía de nuestros queridos amigos Rolando y Gilda Columbie, quienes viven en Madrid, una ciudad que me encanta. Pedro y yo pasamos unos días divinos, y siempre descansamos mucho con Gilda y Rolando cuando estamos en su casa. Paseamos por la playa tempranito por las mañanas, hablamos de nuestros recuerdos, nuestro presente y nuestros anhelos. Con mucho cariño preparamos comidas deliciosas. Yo era una negrita que no sabía cocinar, pero durante ese viaje la cocina se convirtió en uno de mis amores.

De ahí nos fuimos a México, donde realizamos conciertos en la capital y en Monterrey para promover mi disco *Mi vida es cantar,* producido por Isidro Infante. Con ese álbum completé setenta y seis grabados en mi vida, sin incluir sencillos. Tiene canciones muy lindas como *Me están hablando del cielo,* un homenaje a Lola Flores que se llama *Canto a Lola Flores, Sal si puedes, Mi vida es cantar, La vida es un carnaval, No te quiere na', Cal y arena* y *Siento la nostalgia de palmeras*. El rodaje del vídeo del álbum se efectuó bajo la dirección del director cubano Ernesto Fundora en el pleno centro histórico de la Ciudad de México. Recrearon una fiesta en el Barrio Chino, pero con gente de todo el mundo. El vídeo quedó muy bien y a pesar de tener que doblar mi voz, creo que fue una buena experiencia. Salió tan bien que finalmente me animé a seguir grabando vídeos.

Tal como Omer dijo, las propuestas empezaron a llegar de diferentes casas disqueras, especialmente con la ayuda de Oscar Gómez, Omer y Emilio. Fue Sony Music International la que más nos gustó. Pedro y yo, acompañados por Omer, fuimos a las oficinas de Sony Discos, donde nos reunimos con los señores Ángel Carrasco y Frank Welzer para firmar el contrato con la Sony. Una vez se firmó el contrato, se pusieron en marcha los planes para mi primer disco con Sony, *Siempre viviré*.

Se iba terminando el milenio, pero yo apenas iba entrando por un nuevo camino que me llevaría a lo más grande de mi carrera.

Seis

SIEMPRE VIVIRÉ

«En el alma de mi gente, en el cuero de un tambor, en las manos del conguero, en los pies del bailador, yo viviré».

—Frederick Perren, Dino Fekaris y Oscar Gómez.
Celia Cruz, *Siempre viviré (I Will Survive)*.

Celia en su casa de Edgewater, Nueva Jersey, después de su cirujía el 12 de diciembre del 2002.

$\mathcal{S}e$ ACERCABA EL AÑO 2000 Y TODO EL MUNDO ANDABA
como loco. No sabía uno a quién hacerle caso. Unos decían
que se iba acabar el mundo, hasta un montón de locos se
suicidaron en California, y otros decían que era la cosa más
emocionante del siglo. Todos estaban seguros de que las com-
putadoras dejarían de funcionar. Lo que presuntamente cau-
saría que los semáforos y todos los medios de transporte se
quedaran paralizados.

Yo, por mi parte, estaba muy emocionada y quise celebrar
el fin de año —como siempre— en el escenario. Me gusta
terminar el año trabajando porque eso quiere decir que tendré trabajo todo el año siguiente y que también lo despediré
trabajando. Como siempre, Pedro se encargó de organizarlo
todo.

Yo veía ese fin de año como una gran cosa, porque el cambio de milenio se ve una sola vez. Decidí mejor irme por el
lado alegre y no ponerme nerviosa con los posibles desastres
y cosas por el estilo. A pesar de que siempre trae sus trage-
dias, para mí la vida sigue siendo muy bella. Pero si uno se
pasa la vida viendo por dónde le va a caer la próxima, nunca
va a llegar a hacer gran cosa. Ese fin de año lo pasamos en
Punta del Este, Uruguay, y lo disfrutamos muchísimo. Al día
siguiente vi en los periódicos y en la televisión que todo el
mundo pasó el cambio de milenio sin ningún problema. A

Dios gracias que ningunos de los terribles desastres pronostica-
dos por medio mundo se llegaron a realizar. El optimismo estaba
en el aire.

Mi deseo de fin de año fue seguir haciendo las giras sin pa-
sarme la vida tan correteada. Le pedí a Omer que nos progra-
mara unas giras más tranquilas. Nos programó un año de trabajo
muy bueno. Del Uruguay viajamos a la Argentina, Chile, Francia,
Grecia y, como siempre, disfrutamos los conciertos, los programas de televisión donde nos entrevistaron y, sobre todo, de la
gente que se porta tan bien conmigo. En Chile me dieron el premio Gaviota de Plata en el Festival de Viña del Mar.

A principios del año, recibí la gran noticia de que me habían
nominado para un Grammy por mi álbum *Celia Cruz and Friends: A
Night of Salsa*. Todos nos emocionamos mucho porque esa fue la
última grabación que hice con mis tres «cabecitas de algodón»:
Tito, Johnny y Pedro. Ay, cómo me pesa la muerte de Tito. A
pesar de que ya había sufrido un ataque del corazón una vez que
estábamos todos en San Juan, yo nunca me imaginé que se nos
iba ir tan pronto.

Cuando Tito murió estábamos en la Argentina, contratados
por un empresario que nos había conseguido una presentación en
el Teatro Gran Rex de Buenos Aires. Era un primero de junio.
Pedro y yo estábamos en la habitación del hotel Albear Palace, y
unas horas antes del concierto oí un golpecito en clave en la
puerta y supe de inmediato que era Omer. Años atrás habíamos
acordado en tocar la puerta con una serie de golpecitos que sólo
nosotros conocíamos. Es más que nada una medida de seguridad
para evitar que un desconocido me sorprenda en la habitación.
Abrí la puerta y vi en la cara de Omer que algo pasaba. Me contó
que Ruthie había llamado para informarle que Tito había fallecido. No quise creerlo. Hasta grité que no podía ser, pero cuando

prendí el televisor la noticia estaba por todos lados. Decían «El Rey de los Timbales, Tito Puente, ha fallecido en el New York University Medical Center. El mundo perdió un músico legendario».

No podía pensar en más nada, había perdido a mi querido amigo. Inmediatamente, le pedí a Omer que hiciera lo posible para regresar a Nueva York. Desgraciadamente, mi pesadilla no terminó ahí. Estaba bajo contrato y el empresario no nos permitió cancelar. Según la cláusula en el contrato, la muerte tenía que ser de un pariente, y Tito no era más que un amigo.

La prensa empezó a llamar y querían que yo hablara de Tito pero yo estaba muy dolida. Decidimos hacer una sola entrevista con CNN en español para que ellos la compartieran con los otros medios. Tito era mi hermano y no pude ir a su entierro. Fue como cuando murió mi mamá y no la pude enterrar. Aún no puedo aceptar su muerte. Ese día Pedro y yo le compramos sus flores, le recé su rosario y le dije, «Mi hermano, no es 'hasta luego' es 'hasta siempre'. Un día de estos vamos a estar juntos en el cielo tocando tus ritmos queridos y bailando con los ángeles». Desde el día que Tito murió, en cada concierto yo le hago un homenaje cuando canto *¡Oye cómo va!*

Quince días después regresamos a Nueva York, y me puse a revisar los recados que me habían dejado en el contestador. Quedé impactada al ver que Tito me había dejado un mensaje, sobre todo porque Tito no era el tipo de persona que deja mensajes. Cuando lo escuché, oí la voz de Tito diciéndome, «Hasta luego mi negra». Fue terrible porque me di cuenta que me había llamado justo antes de morir. Esas son las últimas palabras que tengo de él. Hasta el día de hoy, mantengo esa grabación guardada en mi caja fuerte. A Pedro y a mí nos tomó un rato sobreponernos a esa tristeza, pero teníamos que seguir con la rutina de siempre porque esa era la mejor manera de honrar su memoria.

En esos días me llamó Cristina Saralegui para decirme que tenía unas noticias increíbles que contarme. Me dijo que había estado en una conferencia en la cual se encontró con la actriz americana Whoopie Goldberg, y me contó que Whoopie siempre había querido hacer una película de mi vida. Yo me sorprendí mucho porque no me podía imaginar cómo era que esa señora me conocía a mí. Cristina me dijo: «Chica, ¿es que no te das cuenta de lo grande que tú eres? Whoopie me contó que cuando era chiquitica ella se ponía a imitarte con una botella de Coca-Cola que usaba como si fuera un micrófono. Imagínate tú eso, Celia». Seguí muy sorprendida, pero le dije a Cristina que quería hablar más a fondo de ese proyecto, aunque estaba realmente emocionada.

Un día tuve la oportunidad de conocer a Whoopie en un evento en el Kennedy Center en Washington. Cuando llegamos, me dice ella, *«Finally, we meet»,* (al fin nos conocemos). Me dijo que siempre me había admirado y que me tenía mucho cariño y respeto. Me comentó que para poder hacer bien su papel decidió tomar clases de español. Me alegró mucho haber conocido a Whoopie y estoy muy en paz de que ella vaya a hacer la película, porque sé que esa señora no se mete en nada que no salga bien. Además, Marcos y Cristina van a producirla, y Marcos va escribir el guión. Whoppie dice que se escribirán dos y que yo tendré que seleccionar cuál prefiero. No sé cuándo saldrá, pero las cosas están en marcha, y estoy segura de que será todo un éxito. Con ese trío de talentos no puede fallar la cosa.

Tal parece que Hollywood me estaba llamando porque no pensábamos ir, a pesar de mi nominación al Grammy. No estaba segura si asistiría o no a la entrega de los premios que ese año se efectuaron en el Staples Center de Los Ángeles. Me habían nominado nueves veces antes, y hasta ese punto había ganado una sola vez. Además, me estaba recuperando de una operación para reparar el menisco de la rodilla izquierda. Pero no fue sino que me llamara mi buen amigo Emilio Estefan para decirme que estaban preparando un homenaje a Tito Puente durante el *show,* y que quería que Ricky Martín, Gloria y yo participáramos. ¿Cómo no iba yo a rendirle ese homenaje a mi hermano, Tito? Como no había podido estar en su velorio, por nada del mundo perdería la oportunidad de hacer algo en su honor. Me olvidé por completo de los dolores en la rodilla.

Yo acostumbro hacer siempre mis propias maletas, porque cuando otros me las hacen no encuentro nada. Pero con mi rodilla mala, recurrí a mi hermana Gladys y a Omer para que me las hicieran. Es más, el dolor era tal que por primera vez en mi vida tuve que caminar con la ayuda de un bastón. Pedro y Omer no querían que yo cargara ni un solo papel. Decidieron pedir ayuda especial en el aeropuerto de Newark, pero el único servicio que tenían disponible era una silla de ruedas. No me molestó tanto la silla de ruedas, lo que sí me molestó fue que la señora que me llevaba le iba diciendo a todo el mundo, «miren a quién llevo aquí», y claro, aquello se convirtió en un circo.

Por fin llegamos a Los Ángeles y yo no quería montarme en la silla otra vez, pero tampoco debía caminar sin sostenerme. Al momento de desembarcar, Omer le anunció a los de la aerolínea que él no se movería del avión si no me llevaba él mismo en la silla de ruedas. Nos informaron que según sus reglamentos, sólo funcionarios del aeropuerto pueden ayudar a los pasajeros. Les explicamos por qué era tan importante que me llevara Omer. No queríamos darles guerra, lo que queríamos era que no me molestaran de nuevo al salir del aeropuerto. Todo salió bien, pero desde ese día me prometí que nunca más me montaría en una de esas sillas aunque tuviera que caminar despacio.

Al día siguiente, durante los ensayos, Gloria y Ricky me cuidaban aun más que Omer y Pedro. No me dejaban que me pusiera de pie ni por un minuto. Yo me cuidaba también, pero es que hay algo que cuando subo al escenario se me olvida todo, a pesar de que el médico me dijo que sería necesario usar un bastón para apoyarme al caminar.

Me había mandado hacer un vestido azul sencillo porque no me podía poner los zapatos que suelo calzar debido a la operación. Ese día, por la mañana, en el hotel me probé el vestido y le dije a mi estilista: «Marcos, me falta algo. No me siento completa. Soy consciente de que estoy media coja, pero yo tengo que hacer un impacto esta noche». Decidimos ir los dos a la tienda en la calle Sunset Boulevard donde compro todas mis pelucas, y me compré como diez. Entre las que había en la tienda, había una azul que se veía interesante y la compré por impulso. Después de haber terminado el maquillaje, Marcos me dijo: «Doña Celia, usted tiene muchas pelucas bonitas aquí, pero póngase esta azul porque ya verá que yo le busco la vuelta». Me la puse, pero luego le dije: «!Ay Marcos, por Dios! Yo estoy muy vieja para esto». Protesté porque nunca me había puesto una peluca con un color tan fuerte. Pero Marcos insistió: «Doña Celia», decía, «déjeme peinársela, y cuando se ponga el vestido, ya verá qué bien le queda». ¿Y cuál fue mi sorpresa al verme en el espejo? ¡Me veía de lo más bien! Por cierto, yo no quería aparecer en cámara con bastón como si fuera una viejita, entonces decidí dejar el bastón con Marcos.

Llegué al teatro y de pronto oí una voz con un acento español que me dice, «Negra, pero a ti todo te queda bien». Era Antonio Banderas. Qué gusto me dio verlo. Tenía casi cinco años que no nos veíamos. Le tocó sentarse a mi lado esa noche, así que por un lado tenía a mi Perucho y por el otro a ese galán.

Tal fue el impacto de esa peluca que hasta salí en la portada de la revista española *¡Hola!* que hasta ese momento nunca me había hecho un artículo ni nada por el estilo. Yo creo que la peluca tuvo más impactó que el Grammy que me gané esa noche.

Habían pasado once años desde mi último Grammy, y sinceramente no pensé que me ganaría este. Pero cuando Robi Rosa y Jon Secada anunciaron, *«and the Grammy goes to* Celia Cruz, *A Night of Salsa»* (y el Grammy se lo ganó Celia Cruz, por *A Night of Salsa*), brinqué de la silla como si tuviera resortes en los pies y subí las escaleras con una prisa que sorprendió a todos. Me olvidé de la operación por completo. En Nueva York, mi pobre médico estaba sentado en su casa viendo el *show* en vivo, y luego me dijo que pensó: «Esta mujer mañana tendrá que operarse de nuevo». Pero Dios es muy bueno conmigo, y no pasó absolutamente nada. ¡Ni siquiera se me inflamó la rodilla!

A poca distancia estaban esperándome Pedro y Omer. Los tres fuimos a que nos tomaran la tradicional foto con el Grammy en la mano. Yo estaba de lo más contenta frente a toda esa prensa internacional. Pedro me preguntaba: «¿Negra, pero no te duele la rodilla?». Yo le contesté, «Ay Pedro, ¿qué rodilla? Ahora lo que importa es el Grammy». Cómo disfruté esa noche.

De los Grammys, Pedro pensaba que volveríamos al hotel. Yo le dije: «Ay Perucho, ¿al hotel después de haberme ganado este Grammy? No, chico, hoy hay que celebrar». Pedro, con mucha paciencia, me recordó: «Negra, acuérdate que mañana por la mañana salimos para Portugal». Pero yo no quería saber de nada y le contesté: «Ay Pedro, esta noche es mía. Fíjate que Tommy Mottola está dando una fiesta para un grupo muy chiquito, Negrito, vamos». Como Pedro me complace mucho, pues no pudo decirme que no. Al llegar al restaurante, estaba toda mi familia artística: Gloria, Emilio, Thalía, Jennifer López, P. Diddy (ese Negrito tan lindo), José Feliciano, Ángel Carrasco y una muchacha que trabaja para Sony, Maria Elena Guerreiro. Gozamos hasta la madrugada. Qué alegría tan grande me dio ese Grammy. Es más, esa noche ni dormí porque teníamos que estar en el aeropuerto a las siete de la mañana para coger el vuelo a Lisboa. Cuando llegamos al aeropuerto de Los Ángeles, me vi con la peluca azul en primera plana de todos los periódicos y me dije: «Celia, te la comiste, chica».

Ese año perdí a otra persona muy importante en mi vida. Mi tía Ana, mi madrina, mi confidente, mi segunda madre, murió en La Habana. Pero esta vez no me sucedió lo mismo que con Ollita. A tía Ana la pude volver a ver. Desde finales de los ochentas, el régimen de Castro comenzó a dejar que algunos cubanos ya de edad pudieran visitar a sus parientes en el exilio. Claro, los que los queríamos traer teníamos que pagar una buena suma de dinero, pero cuando se trataba de mi segunda madre, el dinero no era problema. Tía Ana pudo salir de Cuba y venir a visitarme varias veces a Nueva York y a Cancún. Pasamos unos momentos memorables juntas, y espero que Dios me haya dado la oportunidad de devolverle tan sólo un poquito de todo lo que ella me dio a mi para el desarrollo de mi carrera como cantante. También debo mencionar que a mi hermano Bárbaro también se le permitió salir de La Habana a visitarme, y tratamos de revivir juntos todos esos años que pasamos separados. Tanto Bárbaro como mi tía Ana siempre decidieron regresar a sus familias en Cuba. Pero en el año 2000, Dios finalmente se llevó a mi tía, y sobra decir que a mi no se me dio permiso de ir a su funeral. Aunque siento tranquilidad al saber que fue enterrada en el cementerio Colón de La Habana, junto a los restos de Ollita. Las dos hermanas que eran tan cercanas ahora están unidas para siempre. Sólo le pido a Dios que algún día me permita ir a visitar sus tumbas.

El año 2000 se cerró tan felizmente como empezó. En octubre, la revista *Billboard* me hizo un homenaje por el aniversario de mis cincuenta años en el escenario. En diciembre, a Pedro y a mi nos invitó la basílica de Nuestra Señora de Guadalupe a cantar *Las mañanitas* el 12 de diciembre, y en México, eso es un gran honor. Esa noche, frente a una iglesia llena de peregrinos, y a través de la televisión, frente a todo el mundo hispanohablante, canté *Las mañanitas*. Pedro y yo le rezamos a Nuestra Señora de Guadalupe por la maravillosa vida que nos dio a partir del día que dejamos nuestra patria para refugiarnos en la de ella.

El año 2000 cerró con broche de oro, y esperamos el 2001 en Santiago de Compostela, en Galicia. A partir de ahí, los trabajos que nos esperaban en el transcurso de ese año serían de lo más emocionante. Primero, me reconocieron en el Camino de la Fama del Jackie Gleason Theater for the Performing Arts en Miami Beach. Después, tuve el grandísimo honor de cantar la *Guantanamera* en Modena, Italia, con el famoso Luciano Pavarotti, durante su tradicional presentación benéfica en la cual todos los años recauda fondos. Ese año se envió dinero a los niños de Afganistán. Me emocioné mucho con la invitación, porque él es de un género completamente distinto al mío y además es una persona tan respetada en todo el mundo. Ese concierto le puso el punto a la i porque me dio a conocer por toda Italia.

En septiembre, cuando regresamos a los Estados Unidos, llegué a cantar con la legendaria Aretha Franklin en un programa llamado *VH–1 Divas Live: The One and Only Aretha Franklin,* y también canté *Químbara* junto a Marc Anthony en el Radio City

Music Hall. Todo parecía tan perfecto. Pero pronto el mundo recibiría un golpe atroz.

Omer estaba con nosotros en la casa cuando llegó la llamada de mi nominación al Grammy por *Siempre viviré* y todos nos emocionamos. La ceremonia de entrega de los Grammy Latinos se haría el 11 de septiembre de 2001 en Miami. A pesar de mucha controversia, todo parecía marchar más o menos bien. Pero a última hora la ceremonia se trasladó a Los Ángeles por razones de seguridad.

Pedro, Omer y yo llegamos al hotel Beverly Hilton el 9 de septiembre de 2001 y ese mismo día empezaron los ensayos. La gente de Los Ángeles se portó, como siempre, muy bien conmigo. Al día siguiente, LARAS (Latin Academy of Recording Arts and Sciences) le otorgaría a Julio Iglesias su Lifetime Achievement Award. En la víspera de la ceremonia de los Grammy, se efectuó un homenaje a Julio Iglesias en el cual participamos Laura Paussini, Juanes, Thalía, Jon Secada y yo. Después, Pedro y yo decidimos regresar al hotel y no salir a ninguna fiesta esa noche.

Alrededor de las siete de la mañana yo todavía estaba durmiendo —aunque suelo despertarme muy temprano—, cuando Omer tocó la puerta de nuestra habitación. Se veía muy nervioso y nos dijo que un avión se había estrellado contra una de las Torres Gemelas en Nueva York. Enseguida prendimos el televisor y nos pusimos a ver todo lo que ocurría. No pasaron ni treinta minutos cuando de repente vimos otro avión estrellarse con la segunda torre. ¡Qué cosa más horrible!

Hasta ese momento todos pensábamos que había sido un accidente horrible. Pero después del segundo avión no había lugar a duda de que era algo tramado. Me puse tan nerviosa que Pedro y Omer se preocuparon por mí. Luego anunciaron que otro avión se había caído en Pensilvania y otro que se había estrellado contra el Pentágono en Washington. ¡Dios mío! ¿Qué estaba pasando? No sabía ni qué pensar. Por mi madre, juro que me entró un pánico que apenas podía con él. Cuando llamábamos a Nueva York no me podía comunicar ni con mi hermana Gladys ni con mi prima Cachita. También llamaba a Magaly Cid, la madre de Omer, y tampoco había comunicación con ella.

No me quise mover de la habitación ni por un solo minuto. Marlene Martínez, una puertorriqueña y maravillosa persona que trabajaba para LARAS, vino a acompañarnos. Esa angustia era una cosa que no puedo explicar, porque en definitiva, cualquier daño que le puedan hacer a los Estados Unidos me duele muchísimo. Este ha sido el país que me dio seguridad, libertad, y he vivido en él más tiempo que en mi propia tierra. ¿Cómo no me va a doler que le pase algo a los Estados Unidos?

Estuve pegada al televisor. Los empleados del hotel Beverly Hilton se portaron muy bien conmigo. Me trajeron otro televisor porque en uno veíamos a Jorge Ramos dando las noticias en español, y en otro ponía las noticias en inglés. Viendo tanto sufrimiento por las muertes de tantísimos inocentes, no podía mantener la calma ni parar mi llanto. Por la tarde de ese mismo día, al fin supe que todos mis seres queridos estaban bien, y así me calmé un poquito. Fueron unas horas muy angustiosas.

Naturalmente, los Grammy se cancelaron. LARAS luego organizó una fiesta pequeña y privada en el Conga Room de Los Ángeles para la entrega de los premios. Pero eso fue un poco tristón y no se pareció en nada a los otros años, porque ya no podíamos dejar de pensar en semejante tragedia tan grande.

Ya para el tercer día yo estaba desesperada por regresar a mi casa, y como los aeropuertos seguían todos cerrados, Pedro y

Omer decidieron que alquilaríamos un carro. La idea era irnos manejando desde Los Ángeles a Nueva York. Pedro, que es el más precavido de todos nosotros, quería que compráramos agua, mapas y quién sabe cuánta otra cosa más. Omer, decidido a encontrar un carro cómodo, estaba dispuesto a manejar todo ese tramo solo. Pero el problema de esos días es que no se encontraba ningún carro por ningún lado. Todos estábamos en las mismas. Maria Elena Guerreiro nos dijo que Sony estaba haciendo trámites para alquilar un avión privado que llevaría a todos sus artistas para Nueva York y luego hasta Miami. Nos dijeron que posiblemente saldríamos al día siguiente.

La situación también nos impedía que fuéramos a México, donde teníamos un compromiso. Por un lado yo estaba desesperada por llegar a mi casa, y por el otro, el empresario mexicano que nos contrató no nos permitía fallar. Pero los pasaportes estaban en Nueva York, nosotros en Los Ángeles, la presentación en México y los aeropuertos cerrados. Encima de toda la angustia estaba el estrés que surgió a raíz de fallarle a México, pero la verdad es que en ese punto la situación se nos salía de las manos.

Finalmente abrieron los aeropuertos y el avión que contrató la Sony estaba confirmado. Esa mañana mandaron las limosinas y nos llevaron a todos al aeropuerto. Estábamos bastante nerviosos por tener que volar en avión. En nuestro vuelo iba Shakira, que por cierto, no me saludó, parece que no le caigo muy bien. También iban los ejecutivos de Sony y otros. En otros tiempos, eso hubiera sido una fiesta, pero en ese momento nadie hablaba. Todos íbamos con la angustia y el terror de lo que había sucedido. ¿En qué clase de mente enferma cabe convertir un avión en un misil lleno de gente? Nunca me lo podré explicar.

Aterrizamos en el aeropuerto de White Plains en Nueva

York, la tarde del 16 de septiembre de 2001. Ahí, Harley, nuestro chofer, nos estaba esperando con el carro, y nos llevó directamente a la casa. Qué alivio sentí al abrir la puerta de mi casita y ver el retrato de mi Johnpy sonriéndome y dándome la bienvenida. Se me salieron las lágrimas y le di las gracias a Dios por habernos traído sanos y salvos a casa, aunque por mucho tiempo no pude olvidar esas imágenes de tragedia.

Como a mi nunca me ha gustado quedarle mal a nadie, terminamos yéndonos para México el 25 de septiembre. Muchos periodistas me preguntaron por qué no había cancelado y les contesté: «A todos nos afecta lo que ha sucedido en Nueva York. Yo decidí salir al escenario porque el *show* tiene que seguir». Me presenté cuando mi mamá murió en Cuba, y lo mismo cuando falleció Tito. Cuando estoy deshecha, como en estos momentos, me refugio en el escenario, en mis interpretaciones y con la gente que acude a verme». Por eso me presenté.

Creo que no exagero cuando digo que todos estábamos ansiosos por despedir ese año. A pesar de la incertidumbre y la nueva realidad del mundo creada por el terrorismo, los nuevos comienzos representan la esperanza. El año 2002 nos trajo una mezcla de bendiciones y unos momentos difíciles. El álbum *Siempre viviré* fue todo un éxito. Su título es mi realidad, porque a pesar de que nadie vive para siempre en forma carnal, pienso que Dios me ha dado la dicha de vivir para siempre por medio de mi música. Mi música es mi pasaporte al mundo. Es mi idioma universal. Puedo llegar a un país cuyo idioma no hablo, pero cuando les canto, me reciben con los brazos abiertos. Yo digo que yo soy mi música, y que el día que yo falte va a quedar mi voz. Toda la música es mía. Por ejemplo, la música venezolana me encanta y los valses peruanos también. Incluso en Cuba oía hasta la música china. Me gus-

Siempre viviré

209

taba aunque no entendía ni pescado frito de lo que cantaban. Por eso es que cuando se me propuso grabar *La negra tiene tumbao* en una mezcla de salsa y *rap,* me pareció una idea fantástica.

Aunque el vídeo era un poco atrevido, la canción pegó. Y bastante. Resulta que el director del vídeo para *La negra tiene tumbao* fue Ernesto Fundora, con quien yo ya había filmado el de *Mi vida es cantar.* Como me encanta su trabajo, supe que sería un éxito. Fundora le explicó a Omer cómo sería todo el proceso y el desarrollo de la historia del vídeo, y cuando Omer me lo explicó, el concepto a mí me gustó. Llegaron diferentes muchachas para un *casting* y al fin seleccionaron a Deborah David, una muchacha guatemalteca muy guapa. Me la presentaron, pero entre Omer y Fundora se guardaron el secreto de que esta chica saldría con la piel pintada pero totalmente desnuda. Yo tenía un sólo día para filmar mi parte ya que siempre ando corriendo, y en esa ocasión tenía un concierto planeado en Venezuela. Pupi, mi peluquero de México, empezó toda la preparación en conjunto con un vestido de pavo real que me acababan de confeccionar allá. Él, que es tan creativo, me hizo un peinado divino que incluía aquellas plumas de pavo real.

Después de la filmación pasó tanto tiempo que me olvidé por completo del vídeo. Llegamos a Miami y teníamos que grabar el show de Cristina, lo cual formaba parte de la promoción del álbum. Antes de salir para el programa, Omer nos dice a Pedro y mí: «Ay Celia, usted sabe que los tiempos han cambiado. Estamos en el nuevo milenio. El vídeo me acaba de llegar y está muy moderno. Usted quedó muy bien pero la modelo tiene muy poca ropa puesta. Prefiero que primero grabe el *show* esta noche, y cuando acabemos, le podemos pedir a Cristina y Marcos que nos pongan el vídeo en el televisor de su oficina». Con esos truenos, supe de antemano que había algo de sorpresa en el vídeo. Efectivamente. Más tarde, cuando Cristina, Marquitos, Pedro, Omer y yo vimos el vídeo, casi me desmayo. ¡Ave María! Lo primero que pensé fue esto no puede salir así. La gente va decir que Celia Cruz ha perdido la vergüenza, pero Cristina me dijo: «Mi hermana, eso es lo que estamos viviendo hoy en día. El vídeo tiene tremendo *swing*. Tú dale p'adelante, que tú veras cómo va a pegar esa negrita». Y qué razón tuvo. Ese vídeo le dio tremendo empujón a ese álbum y a todo mundo le encantó. A los hombres, ni para qué contarlo. Hoy día, a Deborah le ha cambiado la vida. A raíz del vídeo la gente la reconoce muchísimo, ha formado parte de un grupo musical y es una modelo renombrada en México. Para mí, eso fue lo mejor que salió de ese proyecto, y estoy muy orgullosa de ella.

Toda la producción de ese álbum —desde el disco hasta el vídeo— fue una experiencia nueva y muy grata, ya que tuve la oportunidad de trabajar con artistas muy jóvenes. Y como si eso no fuera suficiente, nos llegó el anuncio de la nominación al Grammy por *La negra tiene tumbao*. Por encima de todo lo que había sucedido con el apoteósico vídeo, la nominación al Grammy fue algo especial, porque ese número combinó dos estilos musicales que parecían ser muy diferentes, y eso no siempre da buenos resultados. Pero cuando oí cómo todos los sonidos y los tiempos se conjugaron, me di cuenta que haciéndolo bien, el *rap* se acopla muy bien con la salsa. La noticia nos emocionó a todos, y tuve el presentimiento que con esa canción sí me iba a ganar un Grammy.

Llegó el mes de mayo, y era la temporada del telemaratón de la Liga Contra el Cáncer, mi causa favorita. Cuando acabó, habíamos recaudado más de tres millones de dólares, a pesar de que la gente hablaba de lo mal que estaba la economía y todo eso. Como siempre, fue una magnífica experiencia, y doy las gracias por haber participado en una causa tan importante en nombre de mi mamá.

Como a la semana me presenté en la conferencia Up Front de Telemundo, lo cual también me puso muy contenta. Esa es una reunión en la que Telemundo presenta su nueva programación para la próxima temporada. En esa conferencia Telemundo anunció sus planes de televisar un homenaje en mi honor en el mes de marzo de 2003. Me sentí muy contenta y agradecida ya que sabía que sería algo lindo porque era obvio que las personas que lo estaban montando lo hacían con mucho cariño.

También tuve la oportunidad de presentar un bellísimo documental que se llamaba *La Cuba mía,* con mi adorado Miliki. Miliki es un español cuyo verdadero nombre es Emilio Aragón, y es uno de los tres hermanos actores conocidos como Miliki, Gaby y Fofó, quienes tuvieron una muy larga y muy distinguida carrera tanto en Cuba como en España. En *La Cuba mía,* Miliki y yo contamos la historia de la música popular cubana en el siglo veinte, con la distinguida colaboración de algunos grandes músicos como Willie Chirino, Albita, Lucrecia, Arturo Sandoval y Donato Poveda. Fue una experiencia muy divertida.

Terminando con esos compromisos que me hicieron sentir tan bien, Pedro y yo decidimos tomarnos varios días de descanso. Aprovechamos la oportunidad para hacernos nuestros análisis médicos de todos los años. Como siempre, como en todo, fuimos juntos. A mí me hicieron el examen que les hacen a todas las mujeres, la mamografía. A Pedro también le hicieron sus análisis, y después de hablar con el médico parecía que todo había salido de los más bien con los dos. Muy tranquilos con el asunto médico, programamos unas vacaciones en casa de Luisito y Letty en California. Al día siguiente, salimos rumbo a California.

Llevábamos varios días en casa de Luisito cuando llegó una

llamada, en la cual nos informó la asistente del médico que tenía varios días de andarnos buscando y que no nos había podido localizar. Resultó que en la mamografía se detectaba una manchita y el médico quería hacer más análisis. El doctor quería hacerlo lo más pronto posible, y nos pidió que regresáramos. Claro, sobra decir que todos en la casa se preocuparon, pero yo estaba segura que todo saldría bien.

Así fue como de la noche a la mañana, mi vida cambió. Salí de mi mundo de giras y los escenarios para enfocarme en mi salud. Pedro y yo regresamos, y enseguida los análisis se efectuaron muy ordenadamente. Nos dieron una cita para recibir los nuevos resultados.

El médico me informó que la mejor solución sería hacerme cirujía. Yo no sentí nada de miedo y le dije: «Adelante doctor. ¿Cuando lo quiere hacer?». «Lo más pronto posible» me dijo, y me recomendó a un cirujano. Cumplí con dos compromisos que tenía pendientes, y regresé para hacerme la cirugía.

Después de la intervención, Pedro, Gladys, Omer y yo nos reunimos en una sala para recibir un reporte del médico que nos dijo que todo había salido muy bien. Eso me dejó tranquila y decidí quedarme en mi casa por un tiempo, pero lamentablemente mi tranquilidad no duró mucho. Me llamaron otra vez y esta vez me informaron que necesitaba hacerme un montón de tratamientos de radiación que no me habían mencionado antes. Eso a mí no me gustó para nada, sobre todo cuando me di cuenta que no tenía más opciones.

Yo estaba desesperada porque nunca me había enfrentado a ese tipo de situaciones médicas. Gracias a Dios, siempre he sido una mujer muy saludable que ni siquiera un catarro me da. Entonces acudí a mi amiga María García que conocía muy bien al doctor Manuel Álvarez. Como yo nunca le he hecho un mal a nadie, dondequiera que llego siempre me encuentro un angelito. Fui a ver al doctor Álvarez, quien me tomó de la mano y se portó divinamente bien. Me llevó a los especialistas indicados para que me explicaran cuáles eran mis mejores opciones. Después de consultar a varios médicos en busca de segundas opiniones, decidí que mi en lugar de la radiación, mejor opción sería la mastectomía. Fue una cosa fuerte, pero el doctor me aseguró que con eso el peligro pasaría.

En ese momento, me transporté a un consultorio en Cuba, en el año 1958, cuando oí a un doctor pronunciar la palabra *cáncer* por primera vez. Me puse a llorar como una niña. No sé por qué lloré tanto. Creo que fue por mí y por Ollita y también por toda esa gente que vi ese día recibiendo sus tratamientos. Me acordé de los más de veinte años de telemaratones para la causa de la Liga Contra el Cáncer, que había logrado mucho, mas no vencer esa horrible enfermedad. Lloré por mi amiga Lourdes Águila. No sé por qué más lloré. Pobre Pedro no aguantó verme desecha así y se fue. Omer se quedó conmigo, agarrado de mi mano, y lloró a mi lado. Al fin se me pasó el momento y regresé tranquila a la casa. Dediqué ese tiempo para revisar correspondencia que no había revisado desde hacía mucho tiempo y pasé varias horas sentada en mi escritorio organizando fotos y haciendo cosas para no tener que pensar en la realidad de lo que estaba sucediendo.

Yo siempre digo que Dios te da una de cal y una de arena. Por primera vez en tantos años de carrera, recibí cuatro nominaciones para el premio Grammy: Mejor Canción del Año; Mejor Álbum del Año; Mejor Vídeo del Año; y Mejor Álbum de Salsa del Año. Todo esto sirvió para desviar mi atención hacia cosas más positivas. Consulté con el médico y me dijo que sí podía ir a los premios en Los Ángeles, lo cual fue una gran noticia para mí. Enseguida me puse a pensar en lo que me iba a poner. Le hice una llamada a Sully Bonnelly, mi diseñador. Él me devolvió la llamada inmediatamente y acordamos una cita para la siguiente semana.

Una vez en su taller, me enseñó diferentes telas y varias ideas que tenía para mí. Al fin acordamos en dos: un traje rojo para pasar por la alfombra roja y uno azul para cantar y recibir el premio en caso de que me lo ganara. Da la casualidad que ese mismo día por la mañana, Omer había recibido una llamada de Emilio Estefan diciéndole que yo cerraría la presentación de los Grammy, cantando *La negra tiene tumbao,* cosa que a mí me ilusionó muchísimo. Para mí no hay nada más placentero que hacer algo relacionado con mi trabajo. Como dije en una de mis canciones: «Mi vida es cantar».

Viajamos a la ceremonia de los premios Grammy con Omer, Raymond García, Zoila y Annie González de Sony Music. A la llegada participé en una cena que se realizó en honor a mi gran amigo de tantos años, Vicente Fernández. Le otorgaron el premio de la Personalidad del Año por la academia LARAS (Latin Academy of Recording Arts and Science). La noche anterior me entregaron una medalla de nominación, pero vi que era una sola, así que fui a ver a Omer y le pregunté: «Oye, ¿tú estás seguro que eran cuatro nominaciones?». Omer se rió y dijo: «Sí Celia, son cuatro». Y bueno, yo me quedé con la duda pero estaba bien contenta con mi medallita. Resultó, la noche siguiente, que Omer tenía razón.

Con tanto corre corre no había tenido tiempo de ir a comprar mi peluca. Entonces le encargué a mi comadre Leticia que me comprara una para un traje azul, y ella me trajo varias opciones. Resulta que la que más me gustó fue una peluca blanca y azul tan bulliciosa que cuando salí a cantar con ella todo mundo se

quedó más impresionado con ella que con la otra azul del año pasado.

Cerré el *show* de los Grammy que se transmitió en vivo por la cadena televisiva CBS al mundo entero. Resulta que entre la peluca y la negrita del vídeo, Deborah David, que formó parte de la coreografía, causamos tremenda sensación. No sé si fue la peluca o la negrita medio en cuero, pero todo mundo se puso de pie. De las cuatro nominaciones, me llevé la primera. Un gesto muy bonito —que la última categoría de la noche y la más importante— Mejor Álbum del Año, la ganó el español Alejandro Sanz, quien con mucho cariño me la dedicó. En esa noche de tanta alegría me olvidé un poquito de las penas, y hasta me fui a una fiesta que me hicieron mis hermanos Emilio y Gloria Estefan en el restaurante Asia de Cuba. ¡Ay! Cómo gozamos esa noche.

Al día siguiente teníamos un compromiso con el refresco Dr. Pepper. Nos levantamos como a las diez de la mañana y nos fuimos al rodaje del anuncio con Paulina Rubio. Estuvimos ahí hasta la madrugada. Fue una experiencia agotadora, pero divertida. Cuando por fin terminamos, y estábamos todos que babeábamos de cansancio, nos fuimos a dormir y regresamos a Nueva York al otro día.

Más tarde, en septiembre, tenía una entrevista programada con Ana Cristina Reymundo para la revista *Nexos* de American Airlines. Ese mismo día por la mañana fui al hospital a hacerme los exámenes preoperatorios. Todo mundo me decía: «Celia, por favor, cancela esa entrevista». Pero yo no quería. En primer lugar, no me gusta quedar mal con nadie. En segundo lugar, esa niña, Ana Cristina, ya estaba en Nueva York con todo su equipo, ¿Cómo iba yo a cancelarle a última hora? Si de cancelar se trataba, lo hubiera hecho antes de ir a Los Ángeles y se lo dije a todos. En tercer lugar, sería mi última sesión de fotos con mi busto intacto. Quería, a toda costa, que me tomaran esas últimas fotos.

Con Ruthie quedamos en encontrarnos en La Belle Époque, un lugar que queda en la calle Broadway de Nueva York. Ahí nos habían citado para hacer las fotos y sería más fácil maquillarme y arreglarme ahí mismo, ya que vendría directamente después de hacerme los análisis en el hospital. Ruthie llegó primero que nosotros porque se demoraron mucho en el hospital. En todo caso, llegamos tarde a lo de las fotos. El lugar estaba muy interesante, hasta se lo comenté a Pedro.

Después de saludar a todo el mundo, Ruthie y yo nos metimos en un bañito que había para arreglarme. Cuando estábamos las dos solas, le dije, «Ruthie, mañana temprano me voy a operar del seno». Se quedó fría, pero yo le dije que no había por qué preocuparse porque yo lo había pensado muy bien y estaba tranquila. También le dije que quería que me dejara muy bonita porque esas iban a ser las últimas fotos mías con mi cuerpo intacto.

Esa sesión de fotos y la entrevista duraron hasta las diez de la noche. No nos acostamos hasta pasadas las doce. La mañana del veinticinco empezó como cualquier otra. Pedro y yo conversamos un rato y esperamos a que llegaran Omer y Harley, nuestro chofer, para ir al hospital. Pobrecito Pedro, no quiso tomarse su cafecito, como acostumbra por las mañanas, porque yo tenía que estar en ayunas para la operación. No quería que yo oliera ese aroma tan rico y que se me antojara un café. Traía una expresión de preocupado, pero yo le dije: «No te preocupes Perucho, vas a ver que todo saldrá de lo más bien. Estamos juntos en todo». Y con eso nos fuimos al hospital. Desafortunadamente, mi hermana Gladys estaba en Atlanta con mi sobrina Celia María y no pudo venir a estar conmigo. Omer, su mamá Magaly y María

García nos acompañaron a Pedro y a mí en cada momento, algo que les agradeceré para siempre.

Cuando desperté de la operación, me sentía de lo más bien. A mí siempre me salen las cosas bien, no sé si es por la fe que tengo o porque tengo unos guías y protectores muy buenos. Pero salí de la operación fantásticamente bien. Hasta las mismas enfermeras se asombraron de mi rápida recuperación.

Mientras estaba recuperándome en el hospital, resultó que a Pedro también tuvieron que operarlo del colon. Pero gracias a Dios, a él también le salió muy bien su operación. Era increíble, Pedro y yo, los dos en un cuarto de hospital, durmiendo uno al lado del otro, pero en camas separadas. ¿Quién se lo hubiera imaginado? A los cinco días, más o menos, a mí me dejaron irme para la casa, pero Pedro se tuvo que quedar más tiempo y no me dejaron visitarlo porque querían que descansáramos los dos. Sólo nos dejaban conversar un rato por teléfono. Eso sí que fue difícil. ¡Mi madre! Sabiendo que mi Pedro estaba en el hospital, y yo no podía ir a verlo.

Pasó como una semana y a Pedro no lo daban de alta. Nadie me quería decir que se había puesto muy mal, hasta que un día mi hermana Gladys, Omer y Luisito me dijeron, «Celia, Pedro está muy mal. Se le complicó algo y necesitas ir a verlo». «¡Ave María Purísima! Vámonos», les dije. Cuando llegué al hospital, encontré a Pedro inconsciente en cuidados intensivos. Me dio tristeza y mucho miedo. Yo soy una mujer muy fuerte, pero por nada en el mundo me quiero imaginar mi vida sin Pedro. Me le quedé mirando y lo saludé. Le dije que lo quiero mucho, y que por favor no se diera por vencido. De pronto no me aguanté y le dije: «¡Pedro! Te necesito mi Negro. No se te ocurra dejarme aquí sola. Pedro, por favor levántate». Movió los párpados y sentí que me había oído.

No me dejaron quedarme más y me fui a la casa a pedirle a Dios por él. Por un instante sentí que todo se me venía encima y le pedí a Dios que me iluminara, porque no entendía qué le estaba pasando a mi vida. Al día siguiente, Dios me respondió con el despertar de mi amado Pedro. Amaneció débil pero bien. A partir de esa mañana comenzó a progresar muy bien hasta que finalmente se recuperó del todo.

Tuve que ir a Miami sin Pedro. Tenía un compromiso que no quería cancelar porque no quería estar explicando mi operación. Hasta ese punto nadie sabía nada, ni yo estaba dispuesta aún a divulgarlo. Me fui con Omer para Miami, y en el aeropuerto me esperaba Tony Almeida, un hombre de confianza de Emilio, para asegurarse de que nadie me tocara y me fuera a lastimar mi herida. Esa noche recibí en el hotel Intercontinental el premio Don Quijote del Hispanic Heritage Council. Dado que Pedro no estaba a mi lado, mis queridos amigos Gilberto y Jenny de Cárdenas me acompañaron y me protegieron a todo momento. Brujita se quedó conmigo, y entre ella y Zoila me ayudaron mucho. El brazo todavía me dolía un poco y para protegerme de la gente que me venía a tocar, se ponían una de cada lado. Para eso son las amigas.

Con mi regreso a Nueva York, la mejor noticia que pude recibir fue que Pedro salía del hospital ese mismo día. Seguimos adelante con los planes para el concierto que México me rendía para celebrar mis cincuenta años de vida en el escenario. Pedro estaba recuperándose pero todavía no estaba al cien por ciento. Para nosotros es muy difícil separarnos, y el pobre Perucho no quería que yo me perdiera de tan bello homenaje —el primero que se me daba en la tierra azteca— en un teatro tan importante como el Auditorio Nacional. Entonces hizo su esfuerzo, y bajo la supervisión de una enfermera, fue conmigo a México.

El homenaje, «Cincuenta Aniversario de Celia Cruz, Su Vida

Musical», se celebró el 1 de noviembre de 2002 en el Auditorio Nacional en la Ciudad de México a las ocho y media de la noche. Llegaron más de diez mil personas para gozar con nosotros esa noche. Entre ellas, se encontraban el escritor Gabriel García Márquez y su esposa, Mercedes.

Debo decir que yo lucía regia esa noche, con un a traje espectacular color rosa mexicano del diseñador Willie Mena. Canté con mis amigos Marco Antonio Muñiz, Daniela Romo, Pedro Fernández y una orquesta de cuarenta y tres músicos. Mi Perucho es un buen mozo, y esa noche lucía muy elegante con su esmoquin negro. Él estaba sentado en un sillón, a un lado del escenario y detrás de la cortina con una enfermera en guardia. Nunca fue necesaria la ayuda de la enfermera porque Pedro se pone feliz con verme gozar.

Sin sospecharlo yo, en un momento dado salió Pedro y cantó conmigo *Usted abusó*. El público lo vio salir antes que yo y explotaron en aplausos. Me viré para ver qué pasaba y me hizo suspirar el verlo caminando hacia mí tan recto y tan varonil. Cómo lo amo. Aún siento cosquillas en el estomago cuando lo veo venir hacia mí. De pronto me sentí un poco cansada y pensé que sería por tanta emoción. Pero me di cuenta que algo realmente estaba mal cuando se me fueron las palabras por un instante. La música siguió y todos los artistas salieron al escenario a rendirme una ovación. Daniela Romo hasta se arrodilló ante mí e inclinó la cabeza.

Regresamos a Nueva York y yo no me estaba sintiendo para nada bien. ¿Qué me estaba pasando? Parece que lo que no me enfermé en toda la vida, ahora se encarnaba en mí como un espíritu que quería que la vida se me volviera un hospital en vez de un carnaval. Me apareció un tumor en la cabeza y tenían que operármelo. Los médicos me dijeron que no había ninguna otra opción.

Ingresé al hospital New York–Presbyterian de Manhattan la mañana del 5 de diciembre de 2002. Fui sometida a una cirugía de más de cinco horas con un equipo de médicos que me inspiraban toda la confianza del mundo. Conmigo ese día en el hospital estaban Pedro, mi prima Cachita, mi hermana Gladys, Ruthie, Omer y Luisito. Yo sabía que con la ayuda de ellos y mi fe, yo saldría bien otra vez. Y así fue. Salí muy bien. A mí los ángeles me persiguen, porque ahí en ese hospital me encontré a Mercedes Perry y Felicia León, dos sobrinas de Mary y César que estuvieron conmigo durante mi estadía. Fueron mis ángeles de la guarda.

Hasta ese momento, me habían operado dos veces, pero así y todo pude mantenerlo como algo muy privado. Pero en esta ocasión, no fue posible con la prensa o el público. Fuera de mi familia y mis amistades más allegadas, nadie supo de la operación que tuve en septiembre. Esos momentos son tan importantes, que la tranquilidad y la paz que ofrecen el poder alejarse —aunque sólo sea por unos días o semanas— ayuda mucho. Es lamentable que la gente no siempre tenga la capacidad de comprender eso.

Mientras yo aún estaba en recuperación, un empleado del hospital llamó a una estación de televisión para informarles que yo había ingresado ahí para hacerme una cirugía plástica. Cuando Omer me lo contó, le dije: «¡Qué cosa, mi madre! ¿Yo con cirugía plástica? Por nada del mundo lo haría, si esta cara y esta risa y esta bemba son gran parte de mi personalidad. Me gusta como soy».

Omer me contó que había consultado con Pedro sobre la situación de la prensa y me propuso escribir una carta informándoles de mi deseo de contar con su apoyo moral en esos momentos, para que me respondieran de la misma manera tan profesional y cariñosa con que siempre me habían tratado. Así fue como me dirigí a los medios de forma personal en una carta que se les presentó el 9 de diciembre de 2002. Decía así:

A mis amigos de la prensa:

Sólo unas letras para expresarles mi más sincero agradecimiento por su preocupación en torno a los recientes hechos concernientes a mi salud.

En estos momentos me encuentro en el proceso de recuperación de una intervención quirúrgica y enfrentando un proceso de esos que de vez en cuando nos toca a los seres humanos.

Aunque mi vida siempre ha sido un carnaval y un libro abierto para tantos de ustedes, en estos momentos humildemente les pido que respeten la privacidad, tanto mía como la de mis seres queridos.

Sus rezos y mensajes de solidaridad han sido una gran muestra de su cariño y son el aliciente que me acompaña día a día y me da fuerzas para enfrentar este nuevo reto en esta parte de mi existencia. Gracias por su apoyo incondicional a través de todos estos años, por haberme recibido con brazos abiertos y darme la oportunidad, a través de mi música, de llevar alegría a sus corazones.

Durante este tiempo de reposo solicito la cooperación de todos ustedes y que comprendan que es una parte de mi vida personal que prefiero sea tratada precisamente de esta manera, con carácter privado.

Mientras tanto les deseo a todos unas Felices Pascuas y un Año Nuevo lleno de salud, paz y prosperidad.

Hasta nuestro próximo encuentro.

Su amiga de siempre,
Celia Cruz
¡Azúcar!

La prensa me respaldó y mi público también. Recibí miles de cartas expresando cariño y apoyo por parte de personas en todo el mundo. Los únicos que se portaron muy mal fueron los *paparazzi*. Omer me dijo que la noche de mi operación se había infiltrado, con cámara y todo, uno de esos *paparazzi*, disfrazado de enfermero. Pero Omer tiene ojos de gavilán y lo vio cuando iba rumbo a mi habitación. A partir de ese momento, el hospital me puso muy buena seguridad y no tuve más inconvenientes.

Pedro y yo pasamos unas pascuas muy tranquilas en casa de Johnny y Cuqui. Esa es mi manera preferida de pasar la navidad y el año nuevo: en casa, con Omer y Magaly, mi sobrina Linda y Cachita, mi prima. Magaly y Cachita prepararon una cena deliciosa. Todos mis amigos me llamaron a desearme unas felices pascuas. Estaban preocupados por mí. Mi amigo Don Francisco me envió unas orquídeas tan hermosas y tan grandes que cubrieron toda la ventana de mi cuarto. Disfruté tanto de ese fin de año en casa que me sorprendí, ya que yo siempre he dicho que es buena suerte pasarlo trabajando. Cuando pasaron las fiestas, Pedro, Omer y yo nos reunimos con Oscar Gómez y Sergio George para decidir las fechas de la grabación de mi álbum *Regalo del alma*. Acordamos que se llevaría a cabo los primeros diez días del mes de febrero, en Nueva York y Nueva Jersey.

Pedro y yo decidimos vender la casa y mudarnos a un penthouse en un edificio no muy lejos de donde vivíamos antes. Me gustaba mucho mi casita pero la verdad es que con los cuatro pisos y esta rodilla que tengo, me cansé de andar subiendo escaleras (la casa tenía un elevador pero siempre parecía estar dañado). Una vez, estando yo en el elevador, quería bajar de mi cuarto a la planta baja, pero éste se trabó y me quedé encerrada ahí, gritando «¡Pedro, Pedro! Sácame de aquí, chico». El pobre de Pedro corrió para tratar de abrir la puerta mientras hablaba con Omer por teléfono, quien llamó al técnico. Yo oía a Pedro decir, «!Ese elevador de basura!», entonces decidí sentarme y me puse a cantar.

Pasaron varias semanas y la prensa empezó a llamar a Omer para saber de mi progreso. Las llamadas aumentaban a diario. Había todo tipo de especulaciones sobre mi condición médica. Yo no quería revivir la experiencia que tuve en Colombia con la prensa de Venezuela, por lo que Omer me dijo: «Mira Celia, hay que tomar tres revistas recién publicadas y tomarte unas fotos con ellas en la mano para que la gente se dé cuenta de lo bien que estás. Las revistas son para comprobar que las fotos no son viejas. ¿Te parece bien?». «Sí chico, la idea es buenísima», le dije yo. Llamamos a Ruthie para que me viniera a maquillar y a peinar para las fotos. Omer me tomó una foto con la revista *Nexos* de la American Airlines que salió el primero de enero, otra con la revista *Cristina* que salió poco después y un periódico del día. Después que las revelamos, se entregaron a los medios. También fue necesario hacer una entrevista. Entonces la hicimos con la revista *People en español* que tiene un gran tiraje entre la comunidad latina de los Estados Unidos. La entrevista la hicimos en enero. Ya con eso más o menos controlado, pude concentrarme en las canciones para mi nuevo álbum, *Regalo del alma*.

Grabamos en los estudios de Inglewood, Nueva Jersey, y allí también ensayábamos. Las grabaciones tomaron un total de diez días. Qué nevadas cayeron, pero yo seguí grabando porque a mí la nieve me encanta. Esos diez días de grabaciones fueron ricos y divertidos, ya que con el canto yo vuelvo a la vida. Este álbum es muy especial para mí porque lo grabé durante esa época tan difícil. Una vez más, la selección de los números fue mía, con la consulta y colaboración de nuestro equipo de producción, Sergio

George y Oscar Gómez. Todos los números son buenos y lo que más me gustó del álbum es que tiene variedad de ritmos. Cuando terminamos de grabar, teníamos encima la gran tarea de prepararnos para el homenaje de Telemundo que se efectuaría el 13 de marzo. Tenía que seleccionar mi vestido y mi peluca, y tomar decisiones sobre muchos detalles que aún estaban pendientes. Pedro ya estaba muy recuperado y eso fue un gran alivio, porque cómo me preocupaba mi negrito.

Viajamos a Miami el 12 de marzo. Esa noche cenamos con amigos. La mañana del homenaje, me dejaron dormir un buen rato. Cuando me levanté, desayunamos y conversamos un rato hasta que llegó la hora de arreglarme. Me tomé mi baño de reina y salí envuelta en mi bata y turbante. Me perfumé y me preparé para que Zoila pasara a maquillarme. Cuando terminó, entró Ruthie para ayudarme con el vestido y acomodarme la peluca, y para ponerme las alhajas para esa noche. Esa estupenda peluca con su fleco y su color platino me encantó. Mi vestido color plata fue un diseño de Narciso Rodríguez, alguien que conocí hace muy poco tiempo, pero hemos tenido una química tan buena porque ese niño tiene un ángel muy bonito. Me encanta trabajar con él.

Cuando llegué al Teatro Jackie Gleason, me recibió mi público con un cariño tan grande como nunca. Era la primera vez que me presentaba en público después de pasar estos percances de salud. ¡Caramba! Esa noche me di cuenta cuánto me quiere la gente. A veces ni yo misma me doy cuenta. Pero esa noche me esperaba una de las experiencias más gloriosas de mi carrera: ver a todos mis compañeros ahí para celebrar mi vida. Allí estaban esperando Gloria y Emilio Estefan, Patti LaBelle, Marc Anthony, Gilberto Santa Rosa, Victor Manuelle, Gloria Gaynor, Ana

Gabriel, Rosario Flores, La India, Milly Quesada, Albita, Los Tríos, José Alberto, Johnny Pacheco, Tito Nieves, Alicia Villareal, Alfredito de la Fe, Arturo Sandoval, Luis Enrique, Paulina Rubio. Esa noche a Marc Anthony y a Gloria les tocó la difícil tarea de ser los conductores del evento. Pero esa noche también comprobé que Marc Anthony me quiere mucho.

Ese homenaje fue algo precioso. Salió Rosario cantando *Burundanga* como su mamá, La Faraona, y yo lo habíamos hecho. Gilberto Santa Rosa me cantó *Bemba colorá,* y eso fue tremendo, ya que al momento de los coros los tenía a todos cantándome a mí. Gloria y Patti me cantaron *Químbara,* con la participación de Arturo Sandoval. Victor Manuelle hizo unas inspiraciones fabulosas jugando con los últimos treinta segundos que le quedaban a su actuación. La orquestación fue manejada por el gran maestro Cuco Peña, trabajando con los mejores músicos de Puerto Rico. Quedé muy impresionada con el talento de todos esos jóvenes artistas. Y eso me dio mucha esperanza de que mi música va a seguir por más generaciones. Finalmente, salió mi Pedro cantándome la canción *Quizás.* No tengo palabras para describir lo que sentí cuando bajó del escenario hasta donde yo estaba sentada, para llevarme con él de vuelta al escenario.

Desde el escenario tuve la oportunidad de darle las gracias a todos por ese regalo tan lindo que me hicieron. También les pedí que le pidieran a Dios por mí, para que se me quitara la malanga esa. Cuando terminó el homenaje todo el mundo me felicitaba, pero yo era la que tenía que felicitar a cuatro personas que fueron las que hicieron posible este derroche de alegría: Emilce Elgarresta, Tony Mojena, Johnny Rojas y Christian Riehl. Viví una noche irrepetible.

Después del tributo de Telemundo, regresamos a Nueva York.

Se terminaron los trámites de la compra del *penthouse* y todo estaba listo para la mudanza. En esos días, tuve que hacerme unos análisis de rutina en el hospital. Omer se encargó de toda la coordinación de la mudanza, mientras que la decoración del apartamento estuvo a cargo de Javier Fernández.

Finalmente, el 1 de abril me llevaron a mi nueva casa como una reina. «¡Qué linda esta mi casita!», fue lo primero que le dije a Pedro. «Qué bueno que te gusta, Negra». Caminé por toda mi casa disfrutando de cada espacio. En la otra casa tenía todo un piso para guardar mis trofeos y mis recuerdos, premios, pergaminos, discos de oro y todos los regalos que la gente me mandaba. No sé cómo hicieron Omer y Pedro para acomodar todo, pero lo lograron. Quedó muy bonito.

En este nuevo apartamento tengo una sala preciosa con ventanas del piso al techo que dan a una terraza grande. Me gusta salir y almorzar con el sol de la mañana y con la luz de mis ojos, Pedro. De noche, la terraza tiene una vista impresionante de Nueva York. En una esquina de la sala hay un piano de cola blanco, con fotos de nosotros con personas importantes y famosas que hemos tenido el gusto de haber conocido. Frente a la ventana hay un sofá donde Pedro y yo nos sentamos a ver la puesta del sol. En una o dos ocasiones, hemos visto el amanecer desde las ventanas de nuestra habitación, que también da al balcón y al río Hudson. Es una dicha ver cómo cambian los colores del cielo de azul violeta a rosa y de rosa al blanco del día. Lo veo y no me canso. Quiero cargar con ese recuerdo toda una eternidad.

Johnny Rojas vino a verme, y como no conocía la casa, lo primero que hice fue enseñarle cada pieza. Nos pasamos un día divino conversando y comiendo. Recordamos aquellos tiempos

en los que nos pasábamos los días soñando en aquel viejo banco de los sueños, nunca imaginándonos los vuelcos que darían nuestras vidas.

Otra persona que me ha demostrado una linda amistad y preocupación por mí, pues todos los días me llama para saber de mi progreso y cómo me siento, ha sido Don Francisco. Hay un dicho que dice que en los momentos malos es cuando se sabe quiénes son las amistades de verdad, y yo sí he comprobado eso.

Gloria y Emilio vinieron a verme y me dio tanto gusto. Tenemos una amistad de más de treinta años. Pero en los últimos diez se han convertido en miembros de mi familia ya que hemos compartido tanto con ellos. Me llevo muy bien con Gloria Fajardo, la mamá de Gloria, y me encanta el carácter de Nayib. Emilio y Gloria; Mati y Marco; Pedro y yo; somos la realeza de la farándula cubana porque nuestros matrimonios han sido duraderos. Como parejas hemos sabido cómo llevar el matrimonio por la vía del negocio y la intimidad. Esa no es una tarea fácil, muy poca gente la logra y por eso creo que tenemos la admiración de tantos.

En esos días, también se unieron Marcos y Cristina. Le pregunté: «Mati, ¿cuándo nos vamos a pasear a Atlantic City?». «Cuando tú quieras mi hermana», me dice ella.

Algo que me alegró muchísimo fue la sorpresa de ver en mi casa a Mary, a Zoila y a Brujita. Desde que llegaron, a cada una le di una tarea. A Mary le tocó darme masajes en las piernas. A Zoila le tocó lo habitual, el maquillaje, y a Brujita le tocó hacerme harina, ya que a mí me gusta como ella la hace. Pasamos tres días maravillosos.

Luisito había dejado su negocio y sus asuntos en California por venir a quedarse con Pedro y conmigo. Se quedó aquí con Leticia y el más chiquito, Benjamín, que todavía no se ha bautizado, por lo cual hicimos los planes. Omer se pasaba todos los días y los fines de semana también aquí conmigo. Luis y Omer se encargan de todo. Sin ellos dos, todo hubiera sido demasiado difícil para Pedro. Por eso digo que ellos son mis hijos.

Ruthie viene casi todos los días. Me peina y me maquilla para que me vea muy linda. Me dice que me quiere, lo cual yo ya sé. Sólo espero que ella también sepa cuánto la quiero. Siento mucha paz y mucha tranquilidad en esa casa. Disfruto de la compañía de mis amigos y mi familia, quizá más de lo que pude disfrutar en la otra porque me pasaba la vida viajando. Pedro me trae mi café a la cama, como lo ha hecho por tantos años. Le gusta ponerle una florcita amarilla a la bandeja en la que me trae el café. Antes no me gustaban esas flores, pero ahora me han llegado a gustar mucho. En todo caso, se acerca nuestro aniversario de cuarenta y un años de casados, y tenemos que preparar la celebración.

Me dio mucha alegría cuando salió el sencillo *Ríe y llora*. Fue el primero en salir de *Regalo del alma*. Lo estaban tocando en la radio, sobre todo en Miami. Yo lo ponía seguido y marcaba el tiempo. Quedó muy bien, y Omer dice que pegó muchísimo. Quería ver cómo iba a quedar la carátula ya que sólo tenía un *demo* con todos los números que grabé.

En esos días, tuve el gran apoyo y la comprensión de una amiga de muchos años, Zeida Arias. La pobre venía casi a diario para pasar tiempo conmigo. Todos los días me traía el periódico en español y todas mis revistas latinas. Con ella compartía mucho en el balcón, viendo la babel de hierro como si fuera una postal desde la tranquilidad de mi hogar.

A través de los años siempre grabé anuncios públicos para diferentes campañas contra la diabetes, el cáncer del seno, creando conciencia en mi comunidad sobre estas terribles enfermedades. Pero luego me tocó a mí en lo personal y espero que mi experiencia les sirva a los demás para que se den cuenta que es un tipo de enfermedad que no tiene misericordia alguna y a cualquiera le puede tocar. Pero hay que enfrentarla con fe y firmeza, y pensar que estamos aquí hasta el día que Dios nos necesite.

Pedro me prometió llevarme en crucero en cuanto me sienta mejor. Él sabe cómo disfruto de los cruceros. Me gusta el mar, pero la playa no la frecuento mucho porque me afloja las cuerdas vocales. Nunca he sido de las personas que les gusta tomar el sol. Las playas, aunque son bellas, son bulliciosas. Las olas vienen y van, se estrellan en la arena y las rocas. Es demasiado movimiento. Yo prefiero la tranquilidad que me inspira ver el horizonte sin poder verle el fin al mar.

Johnny vino a verme seguido. Me pasé muy buenos ratos conversando con él y con Cuqui. Un día nos quedamos Johnny y yo en la sala solos. De pronto se quedó a un lado la conversación y nos quedamos tranquilos.

Me puse a pensar en lo grande que es Johnny. Ha sido un amigo fiel. Es un gran músico, un compositor del más alto calibre y, encima de todo, fue la persona que salvó mi música. Lo admiro y lo quiero mucho.

Enseguida viré la cabeza y me le quedé viendo. El corazón se me llenó de agradecimiento y le pedí que me ayudara a pararme. Quería arreglarme un poco, y él me ayudó a levantarme del sofá. Me ayudó a caminar hasta la puerta del vestíbulo que da a mi habitación y al baño. Antes de que me soltara, le apreté el brazo con todas mis fuerzas y le dije: «Yo te quiero muchísimo». Noté que le salieron lágrimas. Me viré y entré a mi habitación.

No me arrepiento de nada de lo que he hecho en mi vida, y en esta edad tardía me doy cuenta de lo afortunada que he sido. Con Pedro, mi familia, mis amigos y el eterno amor que siento por la música que Dios me dio la oportunidad de cantar, sé que puedo sanar. En lo más profundo de mi alma sé que si tuviera que vivir de nuevo no cambiaría absolutamente nada.

Con la excepción de mi adorada Cuba, mi vida ha sido un regalo de Dios. Tengo la esperanza de que cuando mejore un poco mi salud, pueda volver a irme de gira por el mundo, haciendo lo que mejor sé hacer: cantar para mi público, haciéndolos bailar y gozar hasta el amanecer.

Epílogo

LA SEMANA DEL 9 DE JULIO ME TRAJO UNO DE LOS momentos más difíciles que he tenido que enfrentar: la realidad de los resultados médicos que nos presentaron a Pedro, a Cuqui Pacheco y a mí, en el hospital New York–Presbyterian. A pesar de la gran cantidad de radioterapia, el tumor que tenía Celia en el cerebro había crecido y duplicado. Sabiendo lo que se nos avecinaba, hablé con Pedro y le dije que desgraciadamente teníamos que enfrentarnos a algo muy duro: preparar el velorio de una persona tan amada como ella. Y aunque no sabíamos cuando sería ese día, sí sabíamos que llegaría.

El 11 de julio decidimos visitar la funeraria Frank E. Campbell, cuya experiencia en manejar velorios magnos era renombrada. Esa noche, en las oficinas de la funeraria en Manhattan, se prepararon y organizaron todos los detalles que, en el momento dado, nunca hubiéramos podido hacer. Fuimos Pedro, Luisito y yo. También nos vimos en la necesidad de escoger en el cementerio Woodlawn del Bronx un terreno donde se pudiera construir un mausoleo cuando llegara el día de su muerte. Nunca nos imaginamos que ese día llegaría en menos de una semana.

El fin de semana que precedió su fallecimiento nos llegaron por Federal Express las mezclas de los primeros cinco cortes de lo que sería el álbum *Regalo del alma*. Ese mismo domingo, Pedro, la enfermera y yo vimos a Celia disfrutar mucho de ese disco. Marcó el tiempo con los dedos y lo escuchó varias veces en un día. Esa noche, Leticia y Luisito venían en camino desde Los Ángeles a Nueva York. Era el aniversario de bodas de Pedro y Celia. Ese lunes, 14 de julio de 2003, cumplieron cuarenta y un años juntos. Sin embargo, el deterioro causado por su enfermedad era notable.

Cuando Pedro le preguntó, «Negra, ¿tú sabes que día es hoy?», su respuesta fue simplemente una lágrima, lo que le dejó saber que sí.

Dado el estado tan delicado en que se encontraba, ya presentíamos que el tiempo era corto. Había llegado el momento de tomar decisiones firmes para resolver cualquier situación que se nos presentara. Alrededor de las diez de la mañana, por medio de Janet de Armas, me comuniqué con Emilio Estefan, que se encontraba en Machu Picchu en la filmación del vídeo de Gloria Estefan para su álbum *Unwrapped*. Le dije, «Emilio, creo que el momento que no queríamos se está acercando y necesito que me ayudes, por favor. Tengo que planear un velorio que sea digno de Celia. Ya que en una ocasión ella me dijo que de no morir en Cuba, quería que fuese velada en Miami porque es el lugar más cercano de los Estados Unidos a Cuba y es la capital del exilio cubano. Creo que el lugar perfecto, por lo significativo que ha sido en nuestra historia, es la Torre de la Libertad. Cada vez que la veía, Celia me decía que miles de cubanos pasaron por sus puertas de la represión a la libertad».

Enseguida, Emilio llamó por la otra línea a Jorge Mas Santos, propietario de la torre, quien no vaciló ni un segundo en decirnos que estaba a nuestra entera disposición. Fueron momentos cruciales y extremadamente difíciles. No había un segundo que perder. Por eso, sin dudarlo un momento, llamé a un gran amigo a quien Celia también quiso mucho, y que resultó ser la clave para que todos nuestros deseos se realizaran de una manera eficiente y digna. Ese amigo era Jorge Plasencia.

Jorge es el vicepresidente de Hispanic Broadcasting Corporation. Veinte minutos más tarde, ya yo tenía en conferencia telefónica al alcalde de la ciudad de Miami, el señor Manny Díaz, y al señor Álex Pienelas, el alcalde del condado de Miami–Dade. Ambos estaban dispuestos a hacer lo que fuera necesario para asegurarnos que toda la gente que quisiera pudiera verla. A nuestra disposición quedaron todas las agencias cívicas, como la policía, los bomberos, el departamento de parques municipales y el departamento de tránsito. La madrugada del 15 de julio se hizo una reunión de los directores de la ciudad de Miami para alertarlos a todos de la gravedad de nuestra amada Celia. Entre todo esto, la noche antes de su muerte, nadie durmió. En la casa de Pedro y Celia nos encontrábamos Luisito, Cuqui, dos enfermeras, Ruth Sánchez, Pedro, su sobrina Linda que había llegado esa tarde manejando desde el estado de Virgina y yo. La mañana siguiente, ya toda la prensa se encontraba a dos cuadras de la casa, donde especulaban sobre lo que estaba pasando. Fue noticia en el país entero que la salud de Celia se deterioraba. Para nosotros, eran los últimos momentos con un ser querido, y lo último que necesitábamos era un circo de prensa que, entendíamos, simplemente estaba haciendo su trabajo. A las seis de la mañana del 16 de julio, desperté a Blanca Lasalle con una llamada telefónica a su casa, diciéndole que necesitábamos encontrar un sacerdote para que le diera los Santos Óleos a Celia. Alrededor de las dos de la tarde de ese mismo día, llegó el padre Carlos Mullins, quien se reunió con Pedro, Linda, Gladys, Leticia, Luisito, las dos enfermeras, Cuqui, Cachita y Blanca Lasalle antes de darle a Celia su bendición final. Johnny Pacheco, al no poder soportar la despedida de su «Diosa Divina», salió de la habitación y sufrió a solas en la sala de la casa.

En el momento que recibió ese sagrado y bendito óleo, Celia respiró profundo y suspiró, comunicándonos una paz y tranquilidad conmovedoras. Una hora después, a las 4:45 p.m., Celia dejó para siempre su lucha contra el tumor canceroso que le invadió el cerebro, dejó su existencia física y desprendió su espíritu, el cual nos acompañará siempre. Todos la rodeamos y nos quedamos a su lado por unos minutos. Nos abrazamos y nos consolamos ante la devastadora realidad de su muerte. Ese momento fue terrible para mí. Nunca en mi vida había yo visto a alguien morir. Ni tan siquiera había tenido experiencia con velorios o sepelios. Lo que pudo haber sido un momento aterrador, fue para mí un momento lleno de bendición y espiritualidad. Yo sentí una luz serena que me llenó por completo. Lloré y le pedí a Celia que me diera toda la fuerza y valentía que iba a necesitar para planear el homenaje que se merecía. Dios fue con Celia como ella fue con el mundo. Le concedió una muerte como si fuera la bella durmiente.

Luis y yo nos preocupamos por Pedro, y fuimos inmediatamente a su lado. Después de unos momentos, dejé a Luis con Pedro, y le pedí a Blanca que por favor saliera conmigo a la terraza del apartamento. Ahí, le dije que creía necesario informarle a la prensa sobre lo sucedido. Simultáneamente, ambos llamamos a las dos cadenas de habla hispana, Univision y Telemundo. Fue una enorme sorpresa ver que a partir de ese momento las dos suspendieron su programación para dedicársela totalmente a Celia.

Volvimos a entrar, y para entonces las enfermeras ya habían hablado con el doctor Manuel Álvarez, y todos nos quedamos esperando su llegada. Se iniciaron las llamadas para informarle a la familia y a los amigos más cercanos. Pedro habló con Cuba, mientras yo hablaba con Gilda y Rolando, Cristina Saralegui y Marcos Ávila, Gloria y Emilio, quienes hacían una escala en Panamá en tránsito a Miami desde el Perú. Finalmente llamé a Mario Kreutzberger, «Don Francisco». Cuqui se encargó de llamar a Zoila, Brujita y Mary. En eso llegó el doctor Álvarez. Entró a la habitación y declaró a Celia Cruz muerta.

Celia salió de su casa rumbo a la funeraria Frank E. Campbell escoltada por la policía de Nueva York. Luis y yo acompañamos el cadáver. Todo parecía haber sucedido tan súbitamente que yo aún no me percataba del todo lo sucedido. El carro fúnebre seguía lentamente hacia el puente George Washington. Lo cruzamos y nos encontramos en el barrio de Washington Heights, en el cual la mayoría de la población es de procedencia dominicana. Ahí, a la salida del puente, se extendía ante nosotros una multitud, con flores en mano, llorando y tratando de tocar el carro mientras pasaba. Por necesidad, el chofer tuvo que ir muy despacio. Al disminuir su velocidad, la gente se acercó aún más para besar el carro que llevaba a su reina fallecida. No fue hasta ese preciso momento que pude comprender la realidad de la muerte de Celia Cruz. No lo puedo explicar. Hasta ese momento creo que sólo caminaba y hacía las cosas que se tenían que hacer de manera automática. Pero ahí vi un aspecto diferente de lo que para mí había sido algo muy personal.

El cariño y el amor no se pueden imponer. Tanto amor de parte de toda esa gente congregada a los lados de la calle Broadway fue un bello comienzo a una triste jornada. Lo mismo sucedió al pasar por el barrio de Harlem. De igual manera, los afroamericanos rindieron sus respetos y su propio homenaje a la diva cubana.

Cuando llegamos a Frank E. Campbell, Ruth Sánchez nos es-

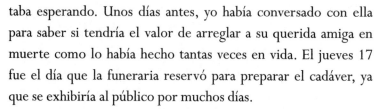

taba esperando. Unos días antes, yo había conversado con ella para saber si tendría el valor de arreglar a su querida amiga en muerte como lo había hecho tantas veces en vida. El jueves 17 fue el día que la funeraria reservó para preparar el cadáver, ya que se exhibiría al público por muchos días.

Ruthie llegó, la peinó y la maquilló para lo que resultaron ser sus últimas presentaciones en este mundo. Se habían comprado dos trajes de color blanco, como símbolo de la pureza de su alma, y dos pelucas. Un traje con su correspondiente y espectacular peluca se usó para su día en Miami, y el otro para el de su día en Nueva York. Mientras tanto, en Miami todo se preparaba para recibir por última vez a su reina. Todo giró en torno a su muy anticipada llegada.

El viernes 18 arribó al Aeropuerto Internacional de Miami, alrededor de las ocho de la noche, un vuelo de American Airlines que transportaba el cadáver de Celia Cruz. Éramos más de veinticinco de los más allegados a ella los que la acompañaban en su último viaje a Miami. Aterrizó el avión y nos dejaron salir por la rampa, donde nos esperaban los carros que nos transportarían a la Torre de la Libertad. Al pie de la escalera por la cual bajamos sus amigos, mientras los demás pasajeros desembarcaban por la terminal, se encontraban Emilio Estefan y Manny Díaz. Ahí nos percatamos de que el aeropuerto de Miami estaba paralizado. Centenares de empleados de las diversas aerolíneas se habían congregado alrededor del avión. Cuando se abrieron las puertas de la bodega y el féretro salió, no pudieron contener su emoción y se pusieron a llorar. Se formó una fila y cada uno desfiló frente a él con solemnidad y respeto. Mientras unos pasaban y tocaban el ataúd en un gesto de despedida, los demás se encontraban arrodillados reverentemente esperando su turno. Eso fue una sorpresa conmovedora. Para nosotros, la linda cubana era algo muy grande, pero no nos habíamos dado cuenta de lo grande que fue para tantísima gente de todo el mundo. Su cortejo fúnebre la transportó desde el aeropuerto hasta la Ermita de la Caridad, donde hizo su última visita cumpliendo aún en muerte su promesa de llegar ahí en cada visita a Miami, y allí su cadáver recibió la bendición de parte de Monseñor Agustín Román. De la Ermita siguió hasta la Torre de la Libertad, donde se encontraba el personal de la funeraria neoyorquina Frank E. Campbell, quienes esperaban para recibir y arreglar al lugar donde el día siguiente llegarían miles y miles de personas.

Las autoridades municipales se comprometieron en todo. El sistema de transporte público —Miami MetroRail— y los autobuses transportarían a cualquier persona desde determinados puntos en diversas áreas de la ciudad hasta la Torre sin costo alguno. Las puertas de la Torre se abrieron al público a partir de las diez de la mañana. Sin embargo, la gente se había empezado a congregar desde las seis, y para las diez las colas de gente eran de varias cuadras. Para las tres de la tarde la cantidad de personas en fila para despedirse de Celia había superado las 250.000.

A las siete de la noche en punto las puertas de la Torre cerraron, dejando así a miles de personas sin haber podido entrar. Fue necesario hacer esto para poder transportar el cadáver a la iglesia Gesú, donde el padre Alberto Cutié celebraría la misa fúnebre. Desde la Torre de la Libertad hasta la iglesia se hizo una procesión a lo largo de la calle Biscayne Boulevard. Detrás del carro fúnebre seguíamos Pedro, los demás familiares y amigos y miles de personas con solemnidad hasta llegar a las gradas de la iglesia. La cantidad de gente que se congregó fue tan grande que el tráfico se paralizó por todo el centro de Miami y sus alrededores. El ruido de los helicópteros de las emisoras de televisión y radio era ensordecedor. Volaban sobre las cuadras que rodean la iglesia, y eran tantos que parecían libélulas sobre una laguna. El padre Alberto nos esperaba a la entrada del templo. El féretro fue cargado por el personal de seguridad municipal que lo introdujo al santuario. Fue una misa bonita que contó con la participación musical del Coro de Miami. Al terminar, el cadáver regresó a la Torre y se preparó para su partida final hacia Nueva York, donde sería sepultado. Más de 150.000 personas fueron a despedirse de ella.

La mañana del 20 de julio salimos del Aeropuerto Internacional de Miami y llegamos al aeropuerto John F. Kennedy al medio día. De ahí fuimos directamente a Frank E. Campbell. Al día siguiente, las puertas de la funeraria se abrirían al público para darles también a los neoyorquinos la oportunidad de despedirse. Esa noche hubo lluvia y truenos por todo Nueva York. La funeraria, cerrada al público, recibió al gobernador Pataki, a la senadora Hillary Rodham Clinton, a Marc Anthony y a muchas otras celebridades más.

Llegó la mañana del 22, con lluvias y un fuerte calor. Sin embargo, las colas llenaban los alrededores de la funeraria. La gente lloraba, cantaba y bailaba al compás de sus canciones que se escuchaban en todas partes de la ciudad. La gente comenzó a llegar a la Frank E. Campbell desde las cinco de la madrugada y siguió de esa manera hasta las once de la noche. Al principio, la funeraria tenía planeado cerrar a las ocho, pero por orden del gobernador se extendió la velada hasta la once. Al día siguiente llegaron los familiares y amigos más cercanos a Celia a la funeraria, donde se celebró una íntima reunión y despedida final. Afuera esperaba una carroza blanca tirada por un par de caballos blancos que la transportarían desde la funeraria hasta la Catedral de San Patricio. Inmediatamente detrás de la carroza seguía un auto convertible conducido por el señor Manito, un gran amigo y admirador de la reina guarachera, en el cual se transportaba una estatua hermosa de la Virgen de la Caridad del Cobre que pertenece a la Casa de la Caridad de Union City, Nueva Jersey. La procesión siguió por toda la Quinta Avenida y la calle 82 hasta llegar a la calle 50. Miles y miles de personas congregadas en las aceras de la ciudad fueron testigos de la solemne marcha. Detrás del convertible que procedía la carroza había diecinueve limosinas. En la primera estábamos Pedro y yo, Luisito, Ruth Sánchez, Blanca Lasalle y Jorge Plasencia.

La lluvia volvió a caer con una furia aterradora, acompañada por truenos y relámpagos. Sin embargo, la gente en las calles no abandonó la procesión. Al llegar a la puerta de la catedral nos esperaban Su Excelencia Josú Iriondo, obispo auxiliar de Nueva York, quien sería el celebrante de su misa final. Junto a él los demás celebrantes fueron los reverendos Carlos Mullins, Carlos Rodríguez, Tomás del Valle, Michael Meléndez, Alberto Cutié, Roberto Pérez, Hugo Martínez y Manuel Rojas.

Fue una misa preciosa con una homilía elocuente de parte del obispo Josú Iriondo, quien nos recordó a todos los congregados que «su azúcar quedó derretida en el café de su pueblo». Los portadores de las ofrendas fueron Antonio Banderas, Paquito D'Rivera, Jon Secada y Rubén Blades. Después de la comunión, Patti LaBelle interpretó el *Ave María*. Eso fue toda una belleza. La canción final la ofreció Víctor Manuelle.

La funeraria calculó que por sus puertas pasaron más de 100.000 personas. Después de la misa, las limosinas fueron al cementerio Woodlawn del Bronx, donde más de 10.000 personas esperaban para despedirla. La lluvia continuó con fuerza, pero una vez más, la gente nunca la abandonó. Y para cumplir con uno de sus últimos deseos, en su ataúd la acompaña ese puñito de tierra cubana que trajo de Guantánamo.

¿Quién iba pensar que esa pobre negrita, nacida en el humilde barrio de Santos Suárez, llegaría, al fin de su vida, a andar en una carroza tirada por caballos blancos, como si fuera un cuento de hadas, y paralizar a la capital del mundo?

Los sepelios son para los vivos más que para los fallecidos. En el caso de Celia Cruz, eso fue más cierto que nunca. Su velorio fue el último regalo que ella le dejó al mundo. Fue tan enorme el derroche de cariño y de tristeza que se regó —en todos los cinco continentes— que sólo se podía dar cabida a tantas emociones en un evento fúnebre de tal magnitud como fue el de Celia.

Celia siempre dijo que quería darle oportunidad a su público de velarla y llorarla. Ella sabía que el gran amor que ella le tenía a su gente era completamente correspondido. Siempre se entregó totalmente durante toda su vida, y en su muerte se volvió a entregar. Esa entrega tan espléndida fue un reflejo del respeto tan grande que Celia le tenía a su público.

Su legado

Además del gran tesoro de grabaciones que realizó en tantísimos años que vivió en el escenario, Celia dejó establecida The Celia Cruz Foundation, una fundación cuyo propósito es ayudar a los niños de bajos recursos a estudiar música y a las instituciones que se dedican a combatir el terrible mal que lamentablemente le dio fin a su vida y a la de su mamá. Aunque Celia ya no está físicamente con nosotros, a través de esa fundación que ella formó deseamos seguir ayudando al prójimo como ella siempre lo hizo en vida.

Aparte de la fundación, Celia Cruz dejó un ejemplo a seguir

de lo que debe ser el comportamiento de un artista o un famoso. Ella daba sus consejos cuando se le solicitaban con la misma generosidad y sinceridad que daba su cariño. Con una trayectoria tan larga, hubo muchos artistas jóvenes y aquellos que ya habían hecho su nombre sonar por todas partes, cuyas carreras ella influenció. Celia les decía:

No se olviden nunca que ese público que está ahí es el que nos paga. No es el empresario el que nos paga. No son los sellos discográficos los que pagan tampoco. Al fin de todo, es el público, porque si ellos no compran nuestros discos y no nos vienen a ver, nosotros, como artistas, no tenemos más nada. Lo digo porque cuando eso pasa, los empresarios y las empresas nunca sacarán de su bolsillo para darnos como lo hace la gente. Los empresarios y los sellos viven del artista, pero el artista vive de su público. Entonces, lo más importante en la vida de un artista siempre debe ser el amor y el respeto al público. Sin esas dos cosas no se puede ser agradecido con ellos, y si no se les agradece, no se quedan con nosotros. ¿Cómo le demuestra un artista respeto a su público? Tratándolo de la misma manera que el artista quiere que se le trate. Parece muy fácil. Pero no lo es porque cuando uno se hace famoso, es muy fácil pensar que lo hizo uno sólo o que se lo merecía por su talento, o su belleza, o cualquier otra cosa por el estilo. Pero eso no es verdad.

La fama y la fortuna son dos cosas que el público le presta al artista. Es prestado, porque cuando ya no quieren darlo simplemente no lo dan y el artista se queda solo, preguntándose, '¿Dónde está mi público?'. Prueba de ello son los centenares de artistas que en su día fueron la cosa más grande del planeta y ahora ¿quién sabe de ellos? El secreto no está en la última moda de la música y el espectáculo, ni tampoco en andar en cueros. Aunque yo soy muy innovadora, y he incorporado otros estilos en mi música, no he ido correteando a otros estilos sólo porque estén de moda. El secreto está en el trato que el artista le da al público. Se le tiene que corresponder, entregándole lo mejor de su arte. Por eso digo yo que el que no pueda ni quiera hacerlo de esta manera, mejor que ni se meta.

Celia era enemiga de los guardaespaldas que golpean o maltratan a la gente que trata de acercársele a un artista. Era de la opinión de que el artista tiene que enseñarle a su público lo mejor de su persona, empezando con su manera de vestir y acabando con su comportamiento en el escenario y en la calle. Celia nunca tuvo guardaespaldas porque nunca los necesitó. Ella se hacía a respetar y se dejaba querer. Y donde hay un verdadero amor, no hay temor.

Celia detestaba la desfachatez y la vulgaridad. Lo estrafalario y lo extravagante siempre formaron parte de su espectáculo. Sin embargo, nunca se valió de eso más que de su arte, que consiste de su voz y su forma de cantar y animar a los espectadores. Celia comprendía que deberse al público tenía sus inconvenientes, como cuando quería ir de compras tranquila y no lo podía hacer por la cantidad de gente que la rodeaba para tocarla y hablar con ella, o cuando no podía terminar de comer en un restaurante porque las colas para conseguir su autógrafo eran muy largas. Sin embargo, ella no se quejaba ni le resentía eso al público. Celia estaba consciente de que era la única realidad de la fantasía que es la fama. Por lo tanto, construyó su propio mundo de amigos íntimos y parientes donde se refugiaba —cuando era necesario—, pero nunca se desquitaba como aquellos personajes que como celebridades son muy grandes pero como personas son muy poca cosa.

Celia disfrutó poco más de medio siglo de una buenísima y productiva relación con los medios. La prensa, como su público, era su aliado. Nunca los maltrató a todos por las maldades de unos, que por falta de creatividad y ética moral sucumben a lo morboso y amarillista. La prensa la quería de verdad, y ella la quiso también. Por eso, cuando ella más los necesitó, se pusieron a su lado en solidaridad.

Su filosofía saturaba cada palabra y cada hecho de esa sencilla y sincera mujer, Celia Cruz, y vino a reflejarse maravillosamente en la pompa y serenidad de su velorio.

Omer Pardillo-Cid

Gracias

DESDE QUE EMPEZAMOS CON ESTE ASUNTO DEL LIBRO HE visto cómo tantísima gente se ha preocupado y ha trabajado muy duro para que se convierta en realidad. Pero cuanto más lo pienso, no debería sorprenderme, ya que en la vida uno recibe lo que da, y Celia era una persona tan querida y afectuosa que su cariño sigue presente en los corazones de todos aquellos que han participado en la publicación de sus memorias.

En sus últimos meses Omer, «nuestro hijo», convenció a Celia de que no era cierto que las cosas lindas no venden hoy en día. Le ayudó a ver lo importante que era que ella contara sus anécdotas a través de su propio libro. Como profesora que siempre quiso ser, se dio cuenta de lo importante que sería darle a su «aula» (como ella le decía al mundo) una última lección con estas memorias que son en realidad una canción de adiós.

Nuestro sueño era que Celia viviera para tener este libro en sus manos y disfrutarlo. Pero Dios no lo quiso así. Celia se nos fue y nos dejó este proyecto encomendado. No siempre fue fácil recordar, ni los tiempos felices ni los tiempos de tristeza en nuestra vida de matrimonio, especialmente los recuerdos de sus últimos días. Pero poco a poco fui sintiendo mucha fuerza que yo creo que Celia misma me dio.

De las cosas que Celia me dejó encomendadas pienso que este libro, la fundación The Celia Cruz Foundation y la película de Whoopie Goldberg son los más grandes. Pero proyectos como estos necesitan la colaboración de muchas personas. Considero justo mencionarlas y darles las gracias aquí mismo. Primeramente, le agradezco mucho a Omer Pardillo, que ha sido como un hijo para nosotros, porque la ayudó a ver lo importante que sería este libro. Raymond García, otra persona que ha trabajado sin descanso desde un principio para realizar este proyecto. Ana Cristina Reymundo que le puso todo su corazón. También le agradezco a Blanca Lasalle, Alfredo Santana, Luisito Falcón, Michelle Zubizarreta, Mary García, César Campa, Elia Pérezdealejo, Zoila Valdés, Ruth Sánchez, Gilda y Rolando Columbie, Roberto y Mitsuko, Tongolele, Beatriz Hernández, Miguel Cubiles, Carlos Pérez, María García, Narcisco Rodríguez, Johnny Rojas, Johnny Pacheco y Cuqui Pacheco, India, Omar Cruz, Carlos Rodríguez, Michelle García, el fallecido Ernesto Montaner y Lourdes Montaner, Leonela González, Amalia Gómez, Ángel Carrasco, Luciana Evangelina García, Manuel Álvarez, Iván Restrepo, Felix Lam, Maggie Rodriguez, Roberto Cazorla, Gladys Rodríguez-Dod, José Lucas Badué, René Alegría, Andrea Montejo, Jeff McGraw, Justin Loeber, Jean Marie Kelly, Carie Freimuth y Cathy Hemming. Gracias también a la Dra. Maya Angelou por sus bellas palabras que adornaron la introducción de este libro.

Quisiera agradecerles en particular a Gloria y Emilio Estefan, Cristina Saralegui, Marcos Ávila, Jorge Plasencia y Mario Kreutzberger, que con su cariño y apoyo han hecho que mi vida sin Celia sea soportable. Empezaron siendo amigos y colegas, y con los años se han convertido en familia.

Finalmente, quiero agradecer a mi bellísima esposa, mi negra, Celia Cruz. De todos sus admiradores, soy sin duda el más afortunado.

Pedro Knight

Discografía

Secco

CELP 432—Cuba's Foremost Rhythm Singer with Sonora Matancera

SSS 3001—Mi Diario Musical, Celia Cruz

SCLP 5197—Con Amor: Celia Cruz Con La Sonora Matancera

SCLP 9067—Canta . . . Celia Cruz

SCLP 9101—La Reina del Ritmo Cubano, Celia Cruz

SCLP 9124—Grandes Éxitos de Celia Cruz

SCLP 9136—La Incomparable Celia y Sonora Matancera

SCLP 9171—Su Favorita, Celia Cruz

SCLP 9192—La Dinámica Celia Cruz

SCLP 9200—Reflexiones de Celia Cruz

SCLP 9215—Canciones Premiadas de Celia Cruz

SCLP 9227—México, Qué Grande Eres, con Celia Cruz

SCLP 9246—La Tierna, Conmovedora, Bamboleadora, Celia Cruz con La Sonora Matancera

SCLP 9263—Celia Cruz con Orquesta: Canciones que Yo Quería Haber Grabado Primero

SCLP 9267—Canciones Inolvidables, Celia Cruz

SCLP 9269—Homenaje a Los Santos con Celia Cruz

SCLP 9271—Sabor y Ritmo de Pueblos, Celia Cruz

SCLP 9281—Homenaje a Los Santos, Celia Cruz, Vol. II

SCLP 9286—El Nuevo Estilo de Celia Cruz

SCLP 9312—Homenaje a Yemayá de Celia Cruz

SCLP 9317—Festejando Natividad con Celia Cruz

SCLP 9325—Celia Cruz Interpreta El Yerbero y La Sopa en Botella

Tico

SLP 1136—Celia Cruz y Tito Puente, «Cuba y Puerto Rico Son»

SLP 1143—Son con Guaguancó

SLP 1157—Bravo, Celia Cruz

SLP 1164—A Ti, México, Celia Cruz

SLP 1180—Serenata Guajira

SLP 1186—La Excitante Celia Cruz

SLP 1193—El Quimbo Quimbumbia, Celia y Tito Puente

SLP 1207—ETC., ETC., ETC., Celia Cruz

SLP 1221—Alma con Alma, Celia Cruz y Tito Puente

SLP 1232—Nuevos Éxitos de Celia Cruz

SLP 1304—Algo Especial para Recordar, Celia y Tito Puente

SLP 1316—The Best of Celia Cruz

SLP 1423—A Todos mis Amigos

Vaya

VAYA 31—Celia y Johnny

VAYA 37—Tremendo Caché

VAYA 52—Recordando el Ayer: Celia, Johnny, Justo y Papo

VAYA 77—The Brilliant Best of Celia Cruz

VAYA 80—Eternos

VAYA 84—La Ceiba, Celia Cruz with La Sonora Ponceña

VAYA 90—Celia, Johnny with Pete «El Conde» Rodríguez

VAYA 93—Celia y Willie Colón

BARBARO 212—Feliz Encuentro, Celia with La Sonora Matancera

FANIA 623—Tremendo Trío, Celia, Baretto y Adalberto

FANIA 651—Ritmo en el Corazón, Celia con Baretto

VAYA 105—Homenaje a Beny Moré, Celia con Tito Puente

VAYA 106—De Nuevo, Celia with Johnny Pacheco

VAYA 109—The Winners, Celia Cruz

VAYA 110—Tributo a Ismael Rivera, Celia Cruz

RMM

RMM 80985—Azúcar Negra

RMM 81452—Irrepetible

RMM 82201—Celia's Duets

RMM—Celia and Friends

Sony Music

SONY—Siempre Viviré

SONY—La Negra Tiene Tumbao

SONY—Regalo del Alma

Premios y honores

Recibe tres premios Billboard «Mejor Album Latino» y «Mejor Album Música Tropical Femenina» por *Regalo del Alma* y «Mejor Artista del Año».

ABRIL, 2004

Obtiene un Premio Lo Nuestro de la cadena Univision.

26 DE FEBRERO DE 2004

La semana del 16 de febrero es dedicada a Celia Cruz en los Carnavales de Santa Cruz de Tenerife. Allí igualmente se nombra una calle en su honor.

FEBRERO, 2004

Obtiene un Grammy en la categoria de Mejor Album Salsa/Merengue del Año con *Regalo del Alma*.

8 DE FEBRERO DE 2004

Recibe la Medalla Congresional de Oro, alto honor que otorga la nación de los Estados Unidos.

28 DE JULIO DE 2003

El Alcalde de la Ciudad de Nueva York, Michale R. Bloomberg, nombra una Escuela Superior en nombre de Celia Cruz en el Condado del Bronx, y dedica el Festival Latino de Nueva York a Celia.

20 DE AGOSTO DE 2003

Los Miami Dolphins dedican el juego y el *half–time* a Celia Cruz. Pedro Knight recibe camisa de los Dolphins con el nombre de Celia.

21 DE SEPTIEMBRE DE 2003

El Congressional Hispanic Caucus Institute le presentó homenaje a Celia Cruz en su gala. Ricky Martin le entregó a Pedro Knight reconocimiento especial.

24 DE SEPTIEMBRE DE 2003

El Premio de la Gente en Las Vegas es dedicado a Celia Cruz.

16 DE OCTUBRE DE 2003

New Jersey nombra una calle en su honor: Celia Cruz Way, en la ciudad donde ella vivió en los ultimos años.

23 DE OCTUBRE DE 2003

Recibe una nominación al Grammy por su grabación más reciente, *Regalo del Alma*.

24 DE DICIEMBRE DE 2003

Recibe cuatro premios Lo Nuestro de la Cadena Univision.

5 DE FEBRERO DE 2003

Recibe su quinto Grammy en la categoria de Mejor Album Salsa.

23 DE FEBRERO DE 2003

La Cadena Telemundo le dedica el homenaje *Celia Cruz: Azúcar,* con la participación de muchos de sus amigos y compañeros.

MARZO, 2003

El Desfile Nacional Puertorriqueño escoge a Celia como su Madrina Internacional.

JUNIO, 2003

Condecoración Nacional de la Orden «Vasco Nuñez de Balboa,»
República de Panamá.

1 DE FEBRERO DE 2002

Honores y llaves de la ciudad de Orlando, Florida.

ORLANDO, FL., 22 DE ENERO DE 2002

Honores y llaves de la ciudad de Mérida, México.

DÍA DE CELIA CRUZ EN MÉRIDA. 6 DE ENERO DE 2002

Premio Grammy—Segundo Premio Grammy Latino. «Mejor
Album Topical Tradicional».

LOS ÁNGELES, CA., 2001

Instituto Smithsonian. «James Smithson Bicentennial Medal»,
Washington, D.C.

OCTUBRE, 2001

Proclamación de la cuidad de Miami Beach. «Celia Cruz's Day in
Miami Beach».

19 DE MAYO DE 2001

Ingreso al Jackie Gleason Theatre of the Performing Arts, Walk
of Stars y llaves de la ciudad. Miami Beach, Fl.

2001

Premio Grammy, Primer Premio Grammy Latino. «Mejor Inter-
pretación Salsa», Los Angeles, Ca.

2000

Premio Gaviota de Plata, Festival de Viña del Mar, Chile, 2000.
Premio Artista del Milenio, Cadena Televisiva Telemundo,
Miami, Fl.

1999

Premio The Recording Academy Heroes Award, (Éxito de Vida), Nueva York, Nueva York

1999

Doctorado, Título honorario en música, Universidad de Miami, Coral Gables, Fl.

1999

Nominación Premio Grammy, Mejor Album Musica Tropical, *Mi Vida Es Cantar*, Los Ángeles, Ca.

1999

Medalla Presidencial en las Artes, República de Colombia, Bogotá, Colombia.

1999

Premio ASCAP, *Exito de Vida*, Nueva York, Nueva York.

1999

Medalla Cruz Sebastián de Belalcázar, Cali, Colombia.

1998

Premio Hispanic Heritage Awards, Premio Éxito de Vida, Washington, D.C.

1998

Medalla Festival Acapulco 1998, Acapulco, México.

1998

Premio Ace, Mejor Actuación en Club Nocturno, Nueva York.

1998

Nominación al premio Grammy, «Mejor Actuación en rap por un dúo o un grupo», *Guantanamera*, junto a Wyclef Jean y Jeni Fujita, Nueva York.

1998

Proclamación de la Ciudad de San Francisco, Día de Celia Cruz en San Francisco, 25 de octubre de 1997, San Francisco, Ca.

1997

Smithsonian Institute, Premio Éxito de Vida, Washington, D.C.

1997

Premio Ace, Mejor Concierto de Musica Tropical, Nueva York.

1997

Estrella en el Paseo de las Luminaras, San José, Costa Rica.

1997

Estrella y huellas en el Paseo de las Luminarias, Plaza Galería, Ciudad de México.

1997

Reconocimiento especial del estado de Nueva York por el concierto *The Lady and Her Music,* Nueva York.

1996

Premio Andalucía, Artista Universal, Coral Gables, Florida.

1996

Premio Ace, Artista Extraordinaria del Año, Nueva York.

1996

Venezuela, Paseo de la Fama Amador Bendayan, Caracas, Venezuela.

1995

Premio Casandra, Homenaje a Celia Cruz, República Dominicana.

1995

Premios Desi, Éxito de Vida, Hollywood, California.

1995

Premio Ace, Mejor Vídeo Musical, Nueva York.

1995

Premio Angel, Ole la Vida, Hollywood, California.

1995

Premio ACCA, Pan Art, Miami, Florida.

1983–1995

Recibe de manos del Presidente de los Estados Unidos, Bill Clinton, President's Award for the National Endowment for the Arts, La Casa Blanca, Washington, D.C.

1994

Premio Lo Nuestro/Univision (Nominaciones), Miami, Florida.

1992, 1993, 1994, 1995

Premio Salón de la Fama, Revista *Billboard,* Miami, Florida.

1994

Universidad de Panamá, Premio Éxito de Vida, Panamá.

1994

Premio La Musa de Oro, Premio Éxito de Vida, Caracas, Venezuela.

1994

Estatua en el Museo de Cera Movieland, Buena Park, California.

1993

Premio Aplauso 92, Mejor Vocalista Femenina, Miami, Florida.

1989, 1991, 1992

Premio Encuentro, Premio Éxito de Vida, Washington, D.C.

1992

Doctorado, Título honorario en música, Florida International University, Miami, Florida.

1992

Premios Desi, Actriz favorita de cine, Hollywood, California.

1992

Estatua en el Hollywood Wax Museum, Hollywood, California.

1992

Premio Mujeres exitosas, Estado de Nueva York.

1992

Estrella en el Paseo de la Calle Ocho, Miami, Florida.

1991

Premio Golden Eagle, Premio Éxito de Vida, Hollywood, California.

1991

Honrada en el Pasillo de la Fama, Garden Greats, Madison Square Garden, Nueva York.

1991

Premio Lo Nuestro, Univision/*Billboard,* Premio a la excelencia, Miami, Florida.

1990

Calle Ocho de Miami nombra Celia Cruz Way, Miami, Florida.

1990

Premio Grammy, Mejor Álbum de Música Tropical, Los Ángeles, California.

1989

Doctorado, Título honorario en música, Yale University.

1989

Premio OTTO, Éxito de Vida, Miami, Florida.
1989

Estrella en el Paseo de la Fama de Hollywood, Hollywood, California.
1987

Premios Ace, Éxito de Vida, Nueva York.
1987

Medalla de la Libertad, Liberty Island, Nueva York.
1986

Nominaciones al premio Grammy.
1979, 1983, 1985, 1986, 1987, 1988, 1992, 1993

Premio Daily News Front Page, Mejor vocalista femenina, Nueva York.
1975, 1976, 1977, 1979, 1980, 1981, 1982, 1985

Libro de Records Guinness, Carnaval Tenerife, Concierto de mayor público presente, Islas Canarias, España.
1987

Premio Bravo, Mejor Intérprete de Música Tropical.
1986

Premio Monarch Merit Award.
1986

Premio Tu Música, Mejor Intérprete Femenina.
1984

Tributo en el Madison Square Garden, Nueva York.
1982

Premios y Honores

Premio Ace, Mejor Intérprete Femenina, Nueva York.

1978, 1980

Premio Latin Music New York, Nueva York.

1975, 1976, 1978

Premio Billboard, Mejor Álbum Tropical, Nueva York.

1977

Medalla Rita Montaner, Miami, Florida.

Premio El Heraldo, Mejor Intérprete de Música Tropical, Ciudad
de México.

1967, 1968, 1970

AUG 2 3 2004 WI